長谷川博史著

戦国大名尼子氏の研究

吉川弘文館

目　次

序論

Ⅰ 問題の所在

本書における主たる問題関心は、戦国期に一国規模あるいはそれ以上の支配権を有し、各国内最大規模の有力領主をはじめとする大半の諸領主をその統制下に組み込んでいた存在が、何によってその特異な存在形態を形成・維持しえたのか、その歴史的性格をどのように位置づけるべきか、ということである。以下、このような存在を「戦国大名」あるいは「戦国期大名権力」と称するが、すでに様々な概念を付与されてきた既存の言葉と一応区別しておくために、原則として「戦国期大名権力」という呼称を用いる(1)。

研究史上においてこの問題に一つの回答を与えた有力な学説が、「戦国期守護」論であり、その典型とされたのが甲斐武田氏・駿河今川氏・周防大内氏、あるいは出雲尼子氏であった。

「戦国期守護」論は、一九七〇年代以前の段階において、後北条氏などの東国大名研究によって主導された、独自な一円的・領域的・自己完結的な強固な大名領国支配のイメージに対する、アンチテーゼとして登場した。その提唱者が、今岡典和・川岡勉・矢田俊文の三氏である(2)。そして、一九八〇年代以降の研究史は、これをはじめとして、「地域的一揆体制論」、「移行期村落論」、「地域社会論」といった議論の展開の中で、「戦国大名」を相対化する方向性が主流をなした。そのような流れを作り出した起爆剤の一つとして、「戦国期守護」論は高く評価されるべきものと思われるが、その画期性ゆえに数多くの批判的研究が現われた。「戦国大名」という曖昧な概念は必要ないとする矢田氏の見解が、研究を活性化させた。

中でもとりわけ厳しい批判を加えたのは、池享氏である。独自な「大名領国制」論を展開した池氏は、「戦国期守護」論が、社会構造の変化とりわけ階級関係の問題に配慮を加えないまま、あるいは領主階級の広域的結集という大名領国制形成の前提自体の認識が欠落したまま、戦国大名による独自な支配体制の存在を否定しようとしているとし、これでは近世以降への展望が見出せないと述べた(3)。また戦国大名支配下の「地域的領主」論を展開した黒田基樹氏は、「戦国期守護」論には大名と地域的領主（他国衆）との政治的関係の在り方に対する認識が欠落しており、実態認識が欠如しているとし、戦国大名にとって「守護」は名目的な家格を示すものでしかないと述べた(4)。池・黒田両氏の見解は、戦国大名の相対化に歯止めをかけた、本格的な戦国大名論からする「戦国期守護」論の全面的な否定として、研究史上重要な意味を持つと考えられる。

本書における最大の課題は、以上の全く相反する見解を踏まえ、あらためて戦国期大名権力の歴史的性格を再検討しようとするところにある。その際にまず気になるのは、「戦国期守護」論をめぐる議論が、どこか噛み合っていないような印象を与えることである。その理由は、「戦国期守護」論そのものが論者によってかなり異なっていて、実はこれ自体「曖昧な概念」であることによっていると考えられる。

この点に関して特に重要と思われるのは、「戦国領主」の規定性・重要性を論じた矢田俊文氏が、その論理展開の中から「戦国期守護」の概念化へ辿り着いたのに対し(5)、今岡典和氏は十六世紀前半期における「幕府—守護体制」の根強い継続という認識を大前提に、「強大な」「戦国期の守護権力」の存在を予め見通していることである(6)。矢田氏が「守護権限」の形態的継承を重視し限定された権力として「戦国期守護」という概念を導き出してきたのに対し、今岡氏は権力の「強大さ」を重視してその根拠を幕府権力と守護権限とに一挙に結び付けて論じているのであり、論の構築方法も、「戦国期守護」「戦国期の守護権力」という用語の持つ意味も大きく異なっている。さらに川岡勉氏は、当初は「戦国期守護」「戦国期の守護権力」という言葉を概念としては用いず、十五世紀後半には「室町幕府―守護体制」が変質・後退したとしているので、少なくとも今岡氏とは立場が異なっていた。(7) 矢田氏は、十六世紀前半を「幕府が全国支配権の主要な部分を放棄」した「守護全盛の時代」(8) であるとしているから、川岡氏の理解に近く、三氏の説が一致しているのは、十六世紀前半に「強大な守護権力」が存在したとする点であると言える。しかし、川岡氏がそのような存在を基本的には一類型としてとらえているのに対し、今岡氏の場合、「守護としての大内・尼子氏は決して「例外的」な存在ではなかった」とし、東は上杉・武田氏、西は大友氏といった程度の範囲における十六世紀前半の一般論として論じようとしている。(9) 矢田氏の場合、論の根幹はあくまでも「戦国領主」論であり、具体的にどの権力が「戦国期守護」であるかは副次的問題としてそれほど重視されていないと考えられる。

換言すれば、「戦国期守護」の概念の内容は何であるのかという基本的問題について、全体としては位置づけが定まっていないのである。「戦国期研究の課題と展望」(10) は、三氏の説を最もトータルな形で提示したものとしてよく知られているが、既存の政治体制に視座を据えた時代区分の共通認識を拠り所に、異なる見解を密接不可分のものとして再構成しようとしたため、かえって矛盾を抱え込んだように思われる。その「曖昧さ」が、さらなる拡大解釈の危険性をも生み出した。

「戦国期守護」論への批判が最も具体的なレベルにおいて展開されたのは、甲斐武田氏である。その主要な論点は、武田氏の穴山・小山田両氏に対する優位性・強権性の強調であり、穴山・小山田氏権力の強大さが武田氏との関係によって成り立っていた側面を重視したことである。(11) これらは、矢田氏の論理展開や実証方法に対する批判として重要である。ところが、これで「戦国期守護」論全体に対する批判になっているかという点については、なお難しい問題を含んでいる。それは、十六世紀前半を「守護全盛の時代」とみる今岡・川岡・矢田三氏の共通認識からすれば、戦国期における武田氏の強大化そのものが守護権に裏づけられていたとする反論すら予想できるのであり、その点を論じなければ批判にならないと考えられるからである。もちろんこれは矢田氏の論旨とは必ずしも一致しないが、こうした拡大解釈によって、個別実証的な批判が「戦国期守護」論全体の「曖昧さ」に呑み込まれてしまう可能性は残されている。

「戦国期守護」論において、矢田氏のいう「戦国期守護」は十六世紀後半に特有の概念であるとされており、中でも武田氏は、守護家でありながら没落することなく（矢田氏のいう）「戦国期守護」に転化した例外的存在と位置づけられている。(12) つまり、矢田氏の論理展開や実証方法を批判したとしても、それだけでは十六世紀前半＝「守護全盛の時代」という位置づけを再検討することにはならないのである。従って、まず何よりも十六世紀前半の「強大な」領域的権力を「守護権力」と規定することが妥当か否かを再検討することこそ、最も重要な課題であると考えられる。

本書において出雲尼子氏を検討対象に取り上げるのは、そのような問題関心によっている。

II　戦国期研究と尼子氏

戦国期の研究史において、出雲尼子氏は明らかに主流から取り残された存在であったと言える。「太閤検地」論争から、「兵農分離」論、戦国法、貫高制論、検地論等に至るまで、戦後における戦国大名研究の主要な論点と切り結んでいくための素材に恵まれていなかったし、そもそも史料の発掘・公刊の遅れによって全国レベルでの議論の対象とはならなかった。もちろん個別には興味深い諸研究がいくつか存在したが、(13)基本的には概説や啓蒙書がそのまま尼子氏研究をリードしたのである。一九七〇年代以前において、尼子氏は、戦国期研究に必要不可欠な分析対象とはならなかった。この段階の一般的理解は、尼子氏を富田城奪回＝「下克上」によって登場した代表的戦国大名と考えるにとどまっていた。

尼子氏が研究史上において注目されたのは、一九八〇年代以降の戦国大名権力の相対化に絡む議論においてである。松浦義則氏の「戦国大名の領主層掌握について——出雲尼子氏を例として——」(14)は、尼子氏の分析を通して、「特定の個人や家への奉公としてではなく、「国」の公的支配者への一般的義務として観念」され、「将軍・守護・戦国大名の命令に対して、自分だけを例外とするのでなく他の国人と同等の奉公をする」という「国並」奉公の論理・観念を発見し、戦国大名全般の権力構造分析に新たな視角と切り口を与えたものである。これは、同時期に東国の戦国大名研究が直面し始めていた自立的有力領主の位置づけをめぐる議論に、(15)理論的回答を試みたものと考えられ、一次史料の博捜のされ方においても、それまでの尼子氏研究とは次元が異なっている。

この松浦論文を重要な前提として、尼子氏権力自体の歴史的性格に踏み込んだのが、今岡典和氏の「戦国期の守護権力——出雲尼子氏を素材として——」(16)である。今岡氏は、松浦氏が尼子氏の出雲国支配権は京極氏の一国支配権を継承したものと指摘した点を高く評価するとともに、「国並」奉公を尼子氏権力の性格との関わりにおいて理解する必要性を指摘し、結論を次のように結んでいる。

戦国大名としての尼子氏の性格が通説のように幕府—守護体制に対する反逆・独立をその本質とするものではなく、京極氏の守護権を継承して戦国期幕府—守護体制の一環に加わる事によって一国支配を確立し得た事、換言すれば尼子氏を戦国期の守護権力として捉え得る事が明らかになったと考える。それ故に尼子氏は強大な守護家である大内氏に対抗し得たのであり、一六世紀前半の中国地方の政治史は両者の対抗を軸として展開した。そこから、大内氏が滅亡し、尼子氏も守護の系譜を持たぬ毛利氏に圧倒されてゆく一六世紀後半の状況が改めて問題とされねばならないのである。

さらに今岡氏は、「戦国大名尼子氏家臣団に関する一考察」[17]において、京極氏旧臣に依存して中核部分を形成した尼子氏家臣団の構造は、「戦国期における守護権力としての尼子氏の性格を表現するもの」とした。

今岡氏は、いわゆる「戦国期守護」論の重要な論拠・典型として尼子氏に着目したのであり、研究史的に重要な位置を占めている。川岡勉氏が、「中世出雲における守護支配と国人一揆」において、京極氏の守護権限強化の結果として尼子氏の登場を見通し[18]、矢田俊文氏が十六世紀前半の「守護全盛の時期の典型的守護」として大内氏・尼子氏・今川氏を挙げたように[19]、基本的観点として「尼子氏＝戦国期守護権力」論は他の多くの研究や叙述に受け入れられ、尼子氏がようやく客観化された形で議論の俎上に上るようになったと言える。「戦国期守護」論を批判した池享氏でさえも、こと尼子氏に関しては、大内氏とともに「中央権威秩序依存」型の典型ととらえ、今岡論文を典拠に「尼子氏は、まさに戦国期の守護権力から脱却できないまま、滅亡したのである」としている[20]。少なくとも類型論としては、尼子氏は「戦国期守護」の典型的存在と認知・承認されているとみられる。

今、尼子氏を研究課題として取り上げる必要があると思われる最大の理由は、十六世紀前半の中国地域を「戦国期守護」の時代ととらえることが可能かどうか、またそのようにとらえることにどのような意味があるかという点にある。「戦国期守護」論や、それを発展させた石田晴男氏の「室町幕府・守護・国人体制」論は[21]、ほぼ武田・今川・大内・河野氏など室町期以来の守護家や畿内近国の事例によって成り立っているのであり、それゆえに中国地域の非「守護家」尼子氏が、研究史上において「戦国期守護」の典型であるとされていることの持つ意味が重いのである。

まず第一編「尼子氏権力の実像」においては、尼子氏の「権力」（＝尼子氏が自らの軍事的経済的政治的実力に基づく強制力を現実に独自に及ぼしうる可能性の領域）がどのように形成・拡大され、どのような展開を示したかを追究する。「権力」の本質は、まずは武力の結集のされ方の中から求められるべきであり、大名領国（本書においては、周囲から一大名権力の支配領域と見なされていたと考えられる地理的範囲を、「大名領国」と仮称する）の基幹部分の構成のされ方を明らかにする作業は、何よりも優先される検討課題であると考えられる。そしてその際には、尼子氏と何らかの関係を取り結んだ全ての領主層を視野に入れ、各領主の側の論理・志向性に視点を置き、領主層の武力の結合体としての戦国期大名権力像を明確化したい。

第二編「尼子氏権力の性格」においては、戦国期大名権力の歴史的性格を探るため、一つには時代を遡って公的領域的支配権の歴史的変遷の中に尼子氏権力を位置づけるとともに、もう一つは支配領域内の諸地域社会との関わりを復元し、尼子氏が行使しようとした公的領域的支配権の実態と性格を追究する。それを踏まえて、室町期守護権力から継承した部分における「守護権限」がどこに位置づけられるかを明らかにしたい。ここでは、公役賦課権・寺社興行権・裁判権など、大名権力の実態（＝武力の結集）を構成した領主層レベルを越えて、さらに公的領域的一円的に影響力を及ぼすために獲得しようとした全ての「権限」を検討対象とする。もちろん史料的制約は大きいが、公役賦課権・寺社興行権・裁判権・立法権のそれぞれに深く関連する、杵築大社・都市杵築と大名権力との関わりを室町期以前に遡って追究し、最終的には戦国期大名権力が地域社会へ独自に介入していった可能性と限界性を明らかにしたい。

III　史料に対する基本姿勢

本論に入る前に触れておきたいのは、尼子氏を検討対象とする際の史料の問題である。

既に述べたように、尼子氏の研究蓄積は少ないが、その一方で『陰徳太平記』『雲陽軍実記』『中国兵乱記』『吉田物語』など後世の軍記物に依拠しながら、特に山中鹿介の人物伝などを中心に、論じられる機会の少なくない大名であり、尼子氏に関する出版物は相当な数にのぼっている。

近世に書かれた軍記物を利用しないことは、決して望ましいこととは思わない。ただ、その膨大な叙述の中から歴史的事実と虚構を見分けていく方法論は、今のところほとんど鍛えられていないのである。とりわけ尼子氏においては、従来は信頼のおける一次史料（同時代史料）が限られているため、軍記物に拠らざるをえないと考えられてきたようである。尼子氏に関する幾多の出版物は、例外なく軍記物の記述をほとんど無批判に典拠としており、尼子氏が研究対象となりづらい一因をなしていた。

例えば、米原正義氏の著書『風雲の月山城――尼子経久――』（一九六七年、のち『出雲尼子一族』と改題）は、尼子氏の全体像を浮き彫りにしたものとして著名であり、現在なお通説的位置を占め続けている。しかし、書物の性格上致し方ないが、出典がほとんど省略されている点、依然として多くの部分が軍記物によって叙述されているという点において、問題を残している。現段階においては、素朴ではあるものの、一次史料のみによって事実を復元することが何より急務であると考えられる。

そのような中で、藤岡大拙氏編の『尼子氏の総合的研究』（一九九二年）においては、初めて尼子氏関係史料目録が作成されており、一次史料に基づく尼子氏研究の進展に大きく寄与するものと思われる。ここに提示された史料は相当な数にのぼっており、尼子氏研究は史料的に困難であるから軍記物等に依拠せざるをえないという、従来の認識に大幅な修正を迫るものと言ってよい。

また、杵築大社関係の史料を網羅して刊行された『大社町史　史料編　古代・中世』（一九九七年）には、全くの新出史料を含め多くの尼子氏関係史料が収載された。特にその編纂過程において、従来から誤読・誤植の多いことで知られていた『鰐淵寺文書の研究』（一九六三年）、『新修島根県史　史料篇』（一九六六年）のみならず、『出雲国造家文書』（一九六八年）、『出雲意宇六社文書』（一九七四年）などにも多くの誤植が発見され、あらゆる意味で『大社町史　史料編　古代・中世』は、質・量ともに従来の当該地域史関係史料集を超えている。驚くべきことではあるが、これによってようやく旧『島根県史』（中世部分に当たる六～八巻は一九二七～九年刊行）を総合的に乗り越えていく素地ができたように思われる。本書においても、典拠となったほとんどの史料を同書によって提示することができた。(22)

さらに、従来一般には入手困難な『島根県史』によるしかなかった「佐々木文書」については、古代文化センター編『戦国大名尼子氏の伝えた古文書――佐々木文書――』（一九九九年、佐伯徳哉氏執筆）が刊行され、東京大学史料編纂所の影写本等を写真掲載している。尼子氏研究の基盤は、格段に整備されつつあると言ってよい。

本書においては、これらの目録と史料集を全面的に活用し、あくまでも一次史料に基づきながら、基本的・基礎的な部分を含めて尼子氏の発展過程と構造、及びその歴史的性格について根本的な再検討を行いたい。なお、本書において『大社町史　史料編　古代・中世』収載史料を引用する際には、特に断らない限り「『大社』一〇六五」のように、文書番号を付して略記することとする。同様に、『新修島根県史』は『新島史』、『鳥取県史』は『鳥県史』と略記し、頁数を付すこととする。

註

（1） 本書においては、一国規模に満たない有力領主をそれ単独で「戦国期大名権力」として取り上げることはしない。支配領域面積の問題ではなく、権力が一国規模に拡大すれば必然的に旧来の国支配権をいかに継承・克服・改編していくかという問題に直面せざるをえなかったと推測され、それ以下の規模の個別領主とは立場が質的に異なっていくことを意味しているからである。もちろん分郡支配の問題を無視することはできないが、ここでの主たる問題関心は、戦国期に出現した一国規模を越える巨大な権力体がいかにしてその特異な形態を形成・維持しえていたのかという点であるので、おおよそ伊達氏・北条氏・甲斐武田氏・今川氏・越後上杉氏・越前朝倉氏・若狭武田氏・斎藤氏・織田氏・徳川氏・宇喜多氏・大内氏・尼子氏・毛利氏・長曾我部氏・大友氏・島津氏・竜造寺氏などを中心にそれぞれ形成された権力体を「戦国期大名権力」の具体例と見なす。

（2） 「戦国期守護」という言葉が「戦国大名」の概念に替わるものとして使用されたのは、矢田俊文「戦国期甲斐国の権力構造」（『日本史研究』二〇一〈一九七九年〉、のち同著『日本中世戦国期権力構造の研究』〈一九九八年〉収載）である。また川岡勉氏は、「大内氏の知行制と御家人制」（『日本史研究』二五四〈一九八三年〉）において、「戦国期研究の深化は、戦国期の諸権力を十把ひとからげにして戦国大名として捉える方法に反省を求めているように思われる。とくに、後北条氏などの東国大名こそ戦国期権力の典型だとする理解は、戦国期の諸段階と地域的多様性をふまえた上で統一的時代把握にむかうためには、むしろ有害ではないだろうか」と述べている。きわめて重要な指摘であると言える。

（3） 池享「大名領国制試論」（永原慶二・佐々木潤之介編『日本中世史研究の軌跡』〈一九八八年〉、のち同著『大名領国制の研究』〈一九九五年〉収載）。

（4） 黒田基樹「戦国大名と地域的領主」（佐藤和彦他編『日本中世史研究事典』〈一九九五年〉）、同「戦国期外様国衆論」（同著『戦国大名と外様国衆』〈一九九七年〉）。

（5） 前掲註（2）所引矢田氏論文。

（6） 今岡典和「戦国期の幕府と守護――近江守護六角氏を素材として――」（『ヒストリア』九九、一九八三年）、同「戦国期の守護権力――出雲尼子氏を素材として――」（『史林』六六―四、一九八三年）。

（7） 川岡勉「大内氏の軍事編成と御家人制」（『ヒストリア』九七、一九八二年）、前掲註（2）所引川岡氏論文、同「中世後期の守護と国人」（有光友学編『戦国期権力と地域社会』〈一九八六年〉）。ただし、現在の川岡氏の見解（同氏「守護権力の変質と戦国期社会」〈本多隆成編『戦国・織豊期の権力と社会』一九九九年〉）は、類型論的な捉え方を脱して一般論へと展開されており、以前は「室町期守護権力」として滅びたとしていた大内氏についても、「戦国期守護権力」の重要な一角に位置づけられている。この場合も、戦国期についてはこれらの議論の軸が、あくまでも「守護権力」でなければならない必然性が、十分には説明されていない。

(8) 今岡典和・川岡勉・矢田俊文「戦国期研究の課題と展望」（『日本史研究』二七八、一九八五年）の「三　一六世紀中葉から統一権力成立までの課題」。

(9) 今岡典和「幕府—守護体制の変質過程——十六世紀前半の「国役」を中心に——」（『史林』六八—四、一九八五年）。

(10) 『日本史研究』二七八（一九八五年）。

(11) 柴辻俊六『戦国大名武田氏領の支配構造』（一九九一年）、堀内亨「武田氏の領国形成と小山田氏」（『富士吉田市史研究』三、一九八八年）、笹本正治『戦国大名武田氏の研究』（一九九三年）、前掲註(4)黒田基樹氏論文。

(12) 今岡典和・川岡勉・矢田俊文「戦国期研究の課題と展望」（『日本史研究』二七八、一九八五年）の「二　一五世紀中葉から一六世紀中葉の守護権力」。

(13) 尼子氏関係の個別の問題について論じた論文（あるいはそれに準じるもの）及び論文集を、列挙しておきたい。

筧泰彦「多胡辰敬家訓の研究」（同著『中世武家家訓の研究』一九六七年）、米原正義「出雲尼子氏の文芸」（同著『戦国武士と文芸の研究』一九七六年）、勝田勝年「尼子経久の出雲富田城攻略説に就て——尼子政権の成立に関連して——」（『國学院雑誌』八六〇　一九七八年）、勝田勝年「尼子経久画像の研究」（『國学院雑誌』八七七　一九八〇年）、藤岡大拙「尼子氏の独立」（『歴史公論』七—一一、一九八一年）、勝田勝年「戦国大名尼子氏家臣の時勢観——家臣河本隆政の「雲陽軍実記」より——」（『國学院雑誌』九一—六、一九八三年）、遠藤浩巳「戦国大名尼子氏の寺社政策について」（島根県文化財愛護協会編『季刊文化財』四九、一九八三年）、藤岡大拙「松江洞光寺蔵尼子経久画像について」（島根県文化財愛護協会編『季刊文化財』五四、一九八四年、のち同著『島根地方史論攷』〈一九八七年〉収載）、藤岡大拙「惟高妙安と尼子氏」（『山陰史談』二二、一九八七年、のち同著『島根地方史論攷』〈一九八七年〉収載）、藤岡大拙編『尼子氏の総合的研究』（一九九二年）。

この他、論文集ではないが、単著として注目されるものに、高橋正弘『山陰戦国史の諸問題』（一九九三年）がある。なお、尼子晴久の出生年が通説（永正十一年）より十五年程早いとする論旨については、それを裏づける史料がない。ちなみに、戦国期に書かれた神魂・伊奘諸両社先例覚書（「秋上家文書」〈『大社』一四〇八〉）によれば、天文二十四年の晴久社参記事に「甲戌ノ歳」

と明記されている。祈念において出生年は重要な意味を持ち、詐称や誤記の可能性が最も低い部類の事柄であるので、永正十一年（甲戌年）生まれをあえて疑う必要はないのではなかろうか。

なお、ここではあえて取り上げていないが、妹尾豊三郎氏、岡崎英雄氏、松本興氏らをはじめ地元における地道な尼子氏研究の積み重ねに対して、深く敬意を表したい。

(14) 松浦義則「戦国大名の領主層掌握について——出雲尼子氏を例として——」（『福井大学教育学部紀要』III—三〇、一九八一年、のち岸田裕之編『戦国大名論集6　中国大名の研究』〈一九八五年〉所収）。

(15) 小和田哲男「東国戦国大名論」（『戦国史研究』一、一九八一年）。

(16) 今岡典和「戦国期の守護権力——出雲尼子氏を素材として——」（『史林』六六—四、一九八三年）。

(17) 今岡典和「戦国大名尼子氏家臣団に関する一考察」（『山陰史談』一九、一九八三年）。

(18) 川岡勉「中世出雲における守護支配と国人一揆」（藤岡大拙編『尼子氏の総合的研究　その一』一九九二年）。

(19) 今岡典和・川岡勉・矢田俊文「戦国期研究の課題と展望」（『日本史研究』二七八、一九八五年）の「三　一六世紀中葉から統一権力成立までの課題」。

(20) 池享「大名領国制の展開と将軍・天皇」（『講座日本歴史4　中世2』一九八五年）。

(21) 石田晴男「室町幕府・守護・国人体制と『一揆』」（『歴史学研究』五八六、一九八八年）。

(22) なお以上の目録と史料集の刊行に当たって、その作業を分担させていただいたことが、筆者の尼子氏に関する研究を進める上で、どれだけ役に立ったか計り知れない。これらを中心となって進められた井上寛司氏には、深く敬意を表するとともに感謝申し上げたい。ただ、これは全く筆者の責任であるが、絶対的な時間の不足も相俟って、なおいくつかの脱漏や多くの誤植・誤配列を訂正しきれなかったことが悔やまれる。これは、今後の宿題としたい。

第一編　尼子氏権力の実像

第一章　戦国期出雲国における大名領国の形成過程

はじめに

米原正義氏は、出雲国における尼子氏権力拡大の過程について、文明十八年（一四七六）の「富田城奪回」（＝下剋上）以後「出雲国は尼子経久の切取り次第」となり、長享二年（一四八八）頃には「国内統一戦は終わりを告げ、領国支配の段階になる」と述べられた(1)。これに対し、今岡典和氏は、尼子氏権力の基本的性格を「京極氏の守護権を継承」した「戦国期の守護権力」と規定する立場から、既存の大名領国の継続という捉え方を提示され、米原氏に代表される従来の通説に反論され、これが通説的位置を占めるに至った(2)。この全く相反する両氏の説は、尼子氏権力の歴史的性格に直接関わる論点であるがゆえにきわめて重要であるが、必ずしも実態としての尼子氏権力の消長を充分追究した上で導き出された結論とは言い難い。

そこで、本章においては、あらためて尼子氏の「権力」（＝尼子氏が自らの軍事的経済的政治的実力に基づく強制力を現実に独自に及ぼしうる可能性の領域）の拡大過程に分析の焦点を絞り、第一節において応仁文明の乱以前の尼子氏権力の実態と歴史的課題を、第二節において基本領国出雲国における尼子氏権力拡大の過程を追究し、尼子氏領国の基幹部分の形成過程を明らかにしていきたい。その際、検討の指針として最も重視すべき視角は、以下の二点であると考えられる。

まず第一に、応仁文明の乱を中心とする十五世紀後半期における、出雲国内領主層の動向を明らかにすることである。応仁文明の乱は、守護京極氏による出雲国支配の矛盾と限界、換言すれば領主層が室町幕府―守護体制とは異なる論理で動く側面を、最もあからさまに露呈した出来事であり、従って、それを中心とする十五世紀後半期は、尼子氏がその「権力」を拡大していこうとする際に直面する様々な桎梏を、極めてクリアに表出した時期であったといえる。このような視角の重要性は、応仁・文明年間の尼子氏権力の実態を検討していく中において、自ずと明らかになってくるものと思われる。

第二は、第一の点と極めて密接に関連するが、室町・戦国期出雲国内における経済的要地と諸勢力の関わりに注目することである。このことは、特に水運（日本海・宍道湖・中海・河川の各水運）[3]を中心とする地域的流通の活発化による、当該期地域経済の発展が、非常に重要な背景をなしている。[4]今この点に注目しなければならない理由は、重層的に存在する地域流通の結節点（市場・港津）の内のいくつかが、十五世紀後半期に尼子氏の直面した桎梏（＝対立する領主勢力）を根底で支える基盤となり、同時に、尼子氏によるそれらの掌握が国内諸勢力を現実に統制していくための最高の切り札となりうるものであったと考えられるからである。その意味において、尼子氏権力による広域的支配権確立の成否は、如何に的確かつ有効に、流通の結節点のキーポイントを捉えて他領主の権益を排除できるかにかかっていると言える。これらの点については、第二節において尼子氏権力の拡大過程を検討していく中で、具体的に裏づけられていくものと思われる。

一　応仁文明の乱における尼子氏の軍事的基盤

尼子氏の出雲国における活動を最初に確認できる永享十一年(5)（一四三九）から、応仁文明の乱に至る三十年近い年月を勘案すれば、尼子氏の出雲国下向（時期の特定は不能）以後、尼子氏が地域における実勢力としての側面を強めてきていた可能性は、充分に想定できる。その具体的過程や実態を窺うことは非常に難しいが、それこそ尼子氏による領国形成の根源的基盤であるとの認識から、この点を、応仁文明の乱における尼子氏の軍事的基盤を検討することによって追究してみたい。

応仁文明の乱が出雲国に最も緊迫した軍事情勢を招来したのは、応仁二年（一四六八）のことである。出雲国における戦況は、隣接する石見・備後・伯耆三ケ国の守護職をいずれも西軍山名氏一族が所持している関係から、直接的には、東軍の有力者である出雲国守護京極持清と西軍（＝反京極方）の国人領主との対立という構図で展開したが、その実態は、守護代尼子清貞を含む守護に加担した国人領主達と、固有の論理（地域的利害）に基づく自立的な国人領主連合との、武力衝突である。そのような中にあって、尼子清貞は、ほとんど孤立無援といってよい極めて厳しい状況下に置かれながらも、松田備前守を中心とする海辺領主等の連合軍を退けている。(6)問題は、そうした尼子清貞の戦争遂行能力を支えた基盤が何処にあったかという点にある。

尼子氏は守護代として入国しているのであるから、守護京極氏の権益と権限が、当該期尼子氏の軍事行動に多大な恩恵を与えたと考えるのは、当然のことのように思われる。ここで言う恩恵とは、具体的には、守護領とその在地土豪層、守護方にとどまった国人領主層、及び東軍が出雲国に送り込む援軍の存在を指している。

室町期出雲国内にどれだけの守護領が存在したか明らかではないが、守護所富田荘をはじめ、美保関[7]（現八束郡美保関町）・法吉郷[8]（現松江市法吉町）・立原[9]（現大原郡加茂町）・多祢郷[10]（現飯石郡掛合町）等、室町期に確認できる京極氏所領など、この他にもなおいくつかの守護権益が存在した可能性が高い。守護領は、軍事的基盤として尼子氏の戦争遂行能力を支える素地をもっているが、それが実際に機能するかどうかは、全く別の問題である。それは、守護領内の在地土豪層の動向が問われなければならないからである。

例えば、文明元年（一四六九）か二年のものと思われる四月二十六日京極持清書状（「佐々木文書」）は、松田氏が守護方に復帰した段階のものであり[12]、持清は当初、美保郷内の福浦（現美保関町福浦）・諸久江浦（現美保関町諸喰）を松田三河守に遣わしたが、「百姓中」が「起請文」を作成して、両浦は「美保関」に含まれていると訴えてきたため、「美保関代官職」を有する尼子氏の管轄下へ組み込むよう命じたものである[11]。これは、両浦をめぐる尼子氏・松田氏間相論の発端であるが、文中の「百姓中」は両浦の船持層以下浦人を指すものと考えられ、在地土豪層以下直接生産者に相当するものと思われる。ここからは、「百姓中」が主体的な動きを示すことによって守護の同意を得たというプロセスが確認でき、時と場合によって主体的な判断で行動できるほど、諸浦の結び付きが緊密であったことを窺わせている。こうした在地土豪層以下の主体性からは、守護領といえども、そのことのみでは尼子氏の安定的な軍事的基盤たりえない危険性を窺える。

応仁文明の乱において当初から守護京極氏に加担した国人領主として、赤穴氏・牛尾氏・三刀屋氏が確認できるが[13]、東軍方領主の主要メンバーは、ほぼこれらの諸氏に限られるものと思われる。このような事態は、守護権限の機能する領域自体が、非常に限定されていたことを示すとともに、多くの守護権益が西軍の勢力下に置かれ、守護領が尼子氏の軍事的基盤とならない状況が広範に出現した可能性をも窺わせている。従って、応仁文明の乱において尼子氏が京極氏の権益・権限に依存しうる領域は、かなり限定された非常に不安定なものであったと言わざるをえないのである。また、東軍の総帥細川勝元が出雲国に派遣した「山名九郎」[14]など、一定の援軍が送り込まれたことは確かであろうが、畿内・他地域の戦闘を考慮すれば、おそらく充分なものではなかったと推測される。

以上のように、戦時において京極氏から尼子氏にもたらされる恩恵を想定しても、それのみでは、尼子氏が応仁二年に直面した極めて困難な戦況を何故克服できたのか、充分に説明することができない。そのため、在地における実勢力として、尼子氏が独自に有する軍事的経済的基盤を明らかにしなければならず、以下では、この点を追究していきたい。

応仁元年以前の段階における尼子氏の経済的基盤は、その居城が所在する富田荘（現能義郡広瀬町）内をはじめとし、出雲国内所々で京極氏から宛行われた給地を中心として構成されていたと考えられる。[15]給地は、京極氏との結び付きを前提として戦時平時を通じ尼子氏の経済基盤たりうる素地をもっていたが、それらを現実に支えていたものは、尼子氏と在地土豪層との結び付きであったと思われる。そして、在地土豪層を直接主従制下に組み込むなどして、当初守護に付与された範囲を越える新たな収取権を獲得していくところに、はじめて尼子氏の独自性が表われてくるものと推測できる。

文明二年十二月十三日京極政高感状（「佐々木文書」）は、尼子氏ほか東軍方国人領主が多大な損害を被った「神西湊」（現出雲市西神西町）の合戦[16]における尼子清貞の奮戦を賞したものであり、そこには「被官人三十六人討死、其外数輩被疵由承候」と記されている。同年十二月二十五日室町幕府奉行人連署奉書（同上）は、この合戦に関連して幕府から尼子清貞に宛てた感状であるが、その文言に「被官人以下或討死或被疵云々」とあることは、先の京極政高感状の「被官」が、尼子氏の直属家臣であって、守護のそれではないことを明示している。そして、これら「被官」達が、危機的な状況下において、なお現実に尼子氏独自の軍事力を支えていたことが確かめられるのである。

この「被官」が、多様な実態――例えば、もともと京極氏家臣であった者など、様々な出自や階層差――を含み込んだ総称であることは言うまでもないが、それらの中に尼子氏が出雲国へ下向して以降独自に掌握した在地小領主・土豪層が含まれていることは、間違いないものと思われる。当該期尼子氏「被官」として史料上に表れる「清水弾正」(17)「神保与三左衛門尉」(18)「福頼与五郎」「立原十郎左衛門尉」「多久三郎左衛門尉」(19)なども、そうした存在であると考えられる。それらの本拠地を勘案すれば、尼子氏が掌握した在地勢力の分布は、少なくとも能義郡北部・意宇郡東部・大原郡北部、さらに宍道湖北岸に及んでいたと思われる。これが、そのまま尼子氏の領域的な支配圏を意味しないことは言うまでもないが、概ねこの範囲内に、直接的な尼子氏の基盤が散在していた蓋然性は認められる。このことは、天文年間以降の尼子氏家臣団の大部分が、この範囲に名字の地や本拠地を有していたと考えられることからも窺える。さらに尼子氏は、応仁文明の乱を通じ、新たに「利弘荘（現安来市利弘町）」「能義郡奉行職（任命権）」「中須（現安来市中津町カ）」「舎人保（現安来市赤崎町周辺）」「生馬郷（現松江市東生馬町・西生馬町）」「美保関代官職」「安来領家分代官職」「安来地頭分」といった所領諸職を京極氏から宛行われており(20)、それらを梃子として、さらにその支配を強化・深化させていったものと思われる。

ところで、尼子氏は在地勢力掌握の一環として、水上勢力を捉えていこうとする志向性を有していたと推測される。文明二年四月二十六日京極持清書状（「佐々木文書」）は、守護京極持清が美保関代官尼子清貞に対し、隠岐国に船籍地のある船の「美保関役」未進分を取り立てるよう命じたものである。この未進取り立てが貫徹されたかどうか確認できないが、未進分の「懸沙汰」と難渋者の「成敗」を行なう主体は美保関代官尼子氏に他ならず、しかも、「美保関役」未進分について「如先々於若州小浜可有懸沙汰」しと記されていることは、美保関―小浜間における恒常的流通

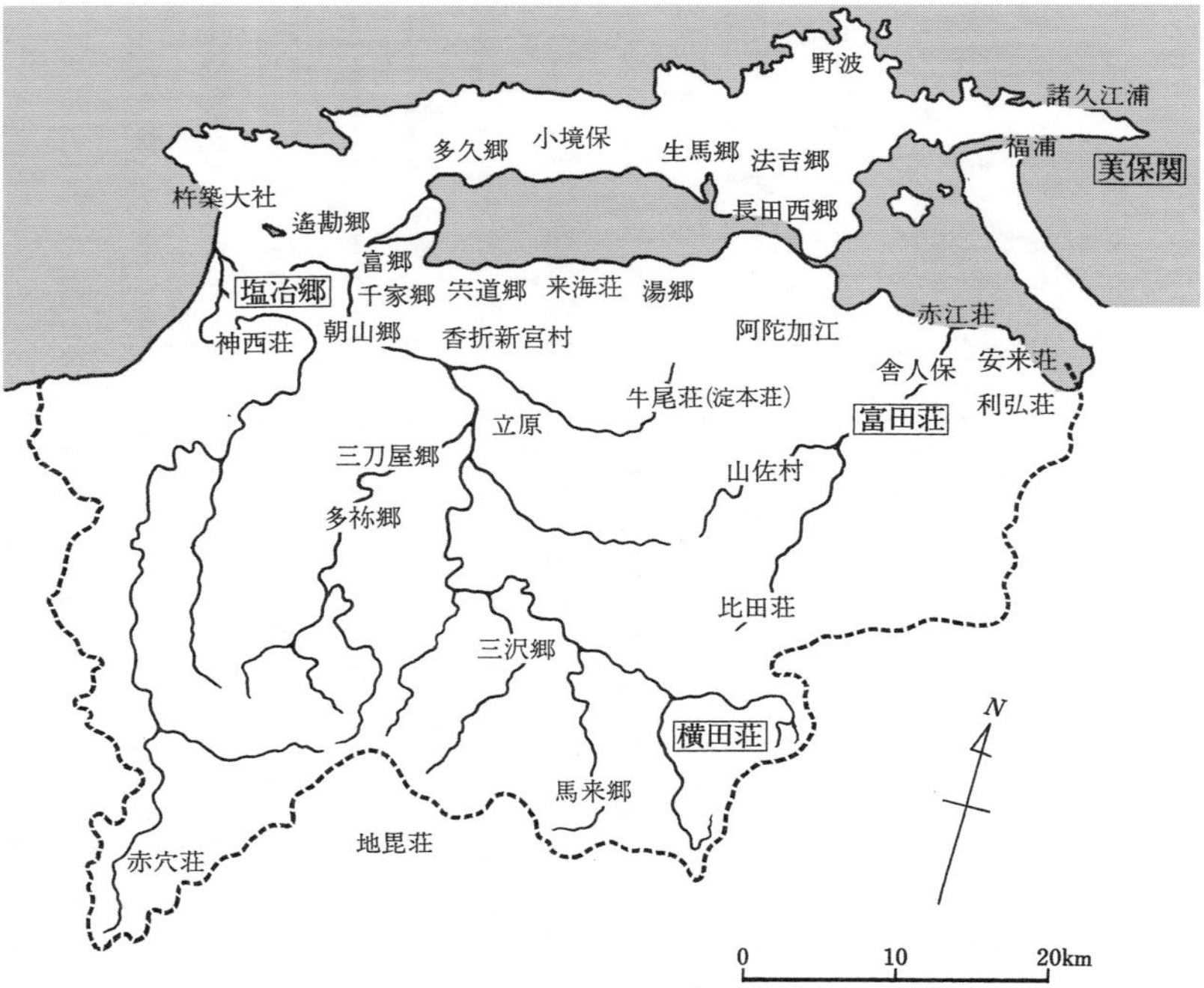

図１　戦国期出雲国関係地図

ルートの存在を裏づけているので[21]、尼子氏が独自に、一定の海上輸送手段と小浜における拠点を有していた可能性は極めて高い。そして、武力として尼子氏の下に編成された水上勢力がすでに存在したことも、京極氏がこうした命令を発しえた前提として、認めてよいと思われる。さらに、富田川河床遺跡から多数の中国・朝鮮陶磁器が出土し[22]、富田城跡から対馬金石城（現下県郡厳原町）のものと酷似した李朝系滴水瓦が出土した事実等[23]は、尼子氏の本拠富田が日本海水運と密接な繋がりをもっていたことを示しており、富田の政治的経済的軍事的位置そのものが、中海・日本海の水上勢力の存在を前提としてはじめて意味をもつものと考えられる。尼子氏にとって美保関の必要性はまさにこの点にあると言えるが、後に実現した美保関の直轄支配自体、水上勢力の力なくしては実現不可能であるはずであり、永正十五年（一五一八）十一月の美保神社末社客殿神社棟札銘[24]に尼子氏直轄領美保関の代官として名を連ねている「湯原吉綱」「和多田重武」などは、その具体例であろう。例えば、湯原氏は宍道湖北岸の満願寺城（現松江市西浜佐陀町）城主と言われており、和多田氏は中海北岸の和田多鼻に関わりを持つ存在ではないかと思われる。いずれも海上勢力として広い活動範囲と豊かな経済力を有していたと推測され、尼子氏による美保関制圧・支配は、こうした水上勢力を配下に組み込むことによって、はじめて実現できるものであった。尼子氏が掌握していった水上勢力の実態は全くと言ってよいほど不明であるが、尼子氏の海上における戦闘・補給や流通支配を支えたものが早くから存在したこと自体は、確実である。

以上述べてきたことより、尼子氏が応仁文明の乱に入る以前の段階ですでに、実勢力として独自な動きをとりうる素地を持っていたこと、言わば一有力領主としての側面を着々と築きあげてきていたことは、明らかであろう。しかしながら、当該期における尼子氏権力の実態は、大名権力への成長過程・領国形成過程の前提にすぎず、なお多くの限界性・不安定性を有している。そのような限界性・不安定性は、構造的には、以下の三点に整理して論ずることが可能である。

まず第一に、守護京極氏に完全に依存している側面の存在である。例えば、応仁文明の乱において尼子氏の軍事指揮下にあった牛尾氏は、能義郡に隣接する大原郡北東部の国人領主であるが、文明十六年（一四八四）、幕府が尼子経久（清貞の子息）の「退治」を命じた際[25]には、守護の命により、三沢氏と共に尼子氏を攻撃している[26]。このことは、牛尾氏にとって、尼子氏と結び付く内的必然性が比較的乏しかったことを窺わせている。従って、尼子氏と東軍方国人領主との統一的軍事行動は、守護権限が現実に意味を持つ領域がいかに限定されているにせよ、守護の存在を前提としてはじめて実現しうる段階にあったと言えるのである。

第二に、文明八年の「能義郡土一揆」に象徴される、尼子氏と在地土豪層との結び付きの不安定性である。この点は、普遍的な階級間の緊張関係がその根底にあるので、尼子氏固有の問題とは言えない。ただ、在地土豪層の動向は周辺国人領主の動向に大きく左右されるものであると考えられ、「能義郡土一揆」の場合にも、松田氏による策動・調略の結果、尼子氏・松田氏の政治的対立の狭間で在地土豪層が切実な選択を迫られ、引き起こされたものである可能性が高い。(27)

従って第三に、対守護関係・対在地勢力関係における限界性・不安定性を直接規定している、尼子氏と周辺国人領主との関係が問題となってくるのである。すなわち、第一第二の点を解消するため、さらには経済的要地を掌握するためにも、国内国人領主に対する独自な対策こそが、当該期尼子氏にとって最大の歴史的課題であったと考えられるのである。

二　尼子氏権力の拡大過程

出雲国における尼子氏権力は、①応仁・文明年間の松田氏制圧＝美保関掌握、②十六世紀初頭〜天文年間初頭の塩冶氏掌握・討滅＝塩冶郷掌握、③天文十年代の三沢氏への圧迫＝横田荘掌握、という三つの大きな画期を経て、段階的に拡大し、その歴史的課題を克服していったと考えられる。本節では、前節で検討した応仁文明の乱以前における尼子氏権力の実態をふまえ、同氏が出雲一国規模に権力を拡大していく過程を、具体的に跡付けていきたい。

1　海上勢力松田氏の制圧——日本海・中海水運の要衝美保関の掌握——

松田氏は、承久の乱後に安来荘（現安来市）地頭職を獲得して出雲国に下向した西遷地頭であり、(28)中海水運を直接の基盤とする出雲国最大の海上勢力であった。松田氏の居城といわれる十神山城は、「出雲国風土記」に「砥神嶋」と記されたように、中海に突出した峻嶮な海城であり、中海水運を基盤とする海上領主の拠点にふさわしい戦略的地理的位置を占めている（中世においてなお島であったかどうかは不明である）。その麓に所在する安来荘は中海最大の港を有し、戦国期の史料で確認できるその町場は、[29]遙かに以前から存在していたものと思われる。

さらに、『海東諸国紀』には、応仁元年（一四六七）李氏朝鮮へ使者を遣わした人物として「出雲州見尾関処松田備前太守藤原朝臣公順」の名が記されており、室町期の松田氏が美保関を拠点として日本海水運にも深い関わりを有し、非常に広域的な活動を行なっていたことを示している。[30]美保関は、中海と日本海を繋ぐ結節点であると共に、当該期山陰海域最大の要衝であり、鎌倉期以来一貫して守護領であったという事実や、[31]また文明年間に確認できる守護に納められる「美保関公用」の請負額年五百貫という数字が示すように、[32]極めて重要な位置を占めていた。室町期松田氏は、この美保関の事実上の支配者であった可能性が高い。[33]

この松田氏は、応仁文明の乱において当初西軍（反京極方）に属し、守護代尼子清貞と激戦を繰り広げている。その際注目される点は、同氏が周辺の海辺領主と同盟し、その中核的役割を演じていることである。

去一日令勢遣、松田備前守地頭所と上城（十神）詰落、田中左京亮・白紙帯刀・湯宗左衛門尉・綿貫兵庫助・同与次郎・坂田掃部助・布弘弟、備前守親類被官人、伯州・隠州国人等、百余人加退治、内者数輩被疵条、無比類忠節候、恩賞之地可相計候、弥可被抽戦功候也、恐々謹言、

（京極持清）生観（花押）

応仁弐
七月廿八日

尼子刑部少輔殿（清貞）

この史料[34]に挙げられた諸氏は、「備前守親類被官人」と明らかに区別されていることより、松田氏と行動を共にす

る中小国人領主であると思われる。例えば、白紙氏は嶋根郡河原村（現松江市川原町）の領主、[35]湯氏は意宇郡湯郷（現八束郡玉湯町）の領主であるので、この連合体は、島根半島中東部から伯耆隠岐両国にかけての、非常に広域的なものであったことが知られる。これだけの範囲の諸領主を結び付けた直接の契機は、西軍山名方としての軍事的結集であるが、それを現実に支える共通の基盤は日本海・宍道湖・中海水運に他ならず、その最大の要衝美保関を有する松田氏の存在は中でも極めて大きかったと推測される。松田備前守は、『海東諸国紀』の「松田備前太守藤原公順」と同一人物であると思われるが、海辺領主層を糾合してその中核的役割を演じていることは、まさにこうした海上勢力としての同氏の性格を、不可欠の前提とするものである。

以上のような松田氏の性格と動向をふまえるならば、尼子氏にとって美保関を掌握することが如何に大切な課題であったかは、すでに明らかであろう。すなわち、尼子氏による美保関掌握は、単にその経済的基盤を拡大するのみならず、松田氏の勢力削減、さらには他の海辺領主の統制をも可能とし、出雲国東部における尼子氏権力が飛躍的に強化されることを意味しているのである。しかも、富田荘と美保関が鎌倉期以来共に守護領であったことや、中海・島根半島東部を見渡せる富田城本丸からの景観を勘案すれば、尼子氏の本拠富田の政治的経済的軍事的位置は美保関の存在を前提とするものと考えられ、出雲国東部に確固たる基盤を形成するために、美保関掌握は避けて通れない極めて重要な課題であったと言えるのである。

尼子氏による美保関支配は、応仁二年十二月二十九日の守護京極持清による「美保関代官職」補任を重視して論じられることが多いが、この補任は、尼子清貞による「美保郷并美保関」の軍事的制圧[36]（同年九月二十五日）を前提とするものである。尼子氏は軍事的制圧によって事実上の美保関支配権を掌握したと考えられ、「代官職」補任は、支配の正当性を付与する事後承認であったと思われる。尼子氏が応仁二年の極めて困難な戦況を克服して事実上の美保関支配権を獲得したことは、松田氏に致命的な打撃を与えたと思われ、こののち松田氏の当主として現われてくる松田三河守は、基本的に東軍守護方として活動している。前述「福浦・諸久江浦」相論を想起すれば、尼子氏と松田氏の関係も、なおしばらくは不安定な状態が続いたと思われるが、文明八年「能義郡土一揆」以後、両氏が直接武力衝突した徴証は見出せない。さらに、尼子氏が、応仁二年十二月二十九日京極持清書状（「佐々木文書」）で「安来領家分代官職」、文明八年四月十七日京極政高書状（同上）で「松田三河守跡安来地頭分除松田備前守跡」を宛行われていることは、同氏が松田氏の本拠安来荘をも事実上の支配下に組み込んでいたことを示している。勿論、尼子氏が美保関・安来荘を文明年間を通じ一貫して安定的に確保できたとは言いがたいし、松田三河守は文明五年守護領「法吉郷」代官に補任され[37]、「美保郷」にも基盤を保持しているので[38]、松田氏の勢力を過小評価することはできないが、尼子氏による美保関制圧と安来荘進出によって、海上勢力としての松田氏の固有性は大きく損なわれたと思われる。

尼子経久の嫡男政久の女婿として諸系譜に記される松田誠保は、永禄・元亀年間を通じ一貫して尼子方に踏みとどまり、毛利氏に最後まで抵抗している。特に法吉郷に所在した白鹿城の攻防戦では、その中心的役割を果たしている。従って、この時期に至るまでに、松田氏の尼子氏への帰属性が、非常に強固なものとなっていたことを指摘できる。戦国期松田氏関係の史料は皆無に近いので、その過程を追究することができないが、応仁文明の乱における尼子氏による軍事的制圧を直接の契機として、次第に尼子氏の下に組み込まれていったものと思われる[39]。尼子氏が松田氏の有用性を尊重して取り結んだと思われる婚姻関係は、それを補強・徹底するための手段であったと考えられる。

以上のように、尼子氏は、文明年間初頭の美保関の軍事的制圧を契機として、松田氏との間に次第に新たな関係を取り結び、従来に比して容易に広範囲の海辺領主層を統制下に組み込むことが可能となり、また経済的基盤を飛躍的に高めたものと考えられ、これによって出雲国東部における支配を著しく進展させたものと思われる。

2　奉公衆塩冶氏の掌握とその討滅——河川水運の要衝塩冶への進出——

尼子氏による塩冶氏の掌握・討滅は、尼子氏権力の拡大過程において最も重要な画期であったと考えられる。この問題は、戦国期大名権力の形成や本質に関わる重要なものであると考えられるので、ここでは、ひとまずその歴史的意義について要点のみを指摘し、具体的考察は次章において行いたい。

塩冶氏は、鎌倉期出雲国守護佐々木氏の直接の子孫であり、戦国期に至るまで塩冶郷とその周辺地域に基盤を有し、室町期には幕府奉公衆となっている。尼子経久は、十六世紀初頭の段階で三男興久にこの塩冶氏の家督を継がせ、言わば強固な同盟関係を形成することによって、事実上その所領・諸職・諸権益を掌握し、自らの統制下に組み込んだ。そして、興久との武力衝突を経て天文年間初頭には最終的に塩冶氏を討滅し、その基盤をすべて継承するに至っている。

塩冶氏は典型的な幕府奉公衆であったので、十五世紀段階の尼子氏が守護代という地位に基づいて守護権限を行使したとしても、塩冶氏は基本的にその対象外に置かれていたと考えられる。また、塩冶氏の本拠地塩冶郷や塩冶氏が代官を務めた幕府御料所朝山郷は、出雲国二大河川である斐伊川・神戸川が、最初に接近してから日本海に注ぐまでの下流域一帯を占めており、河川水運の要衝として出雲国最大級の経済的要地であった(40)。ここには、豊富な鉄を中心とする諸物資の多くが集散したものと思われる。さらに、室町期の塩冶氏は、宍道湖・中海・日本海水運に積極的に関与していたものと思われる。

尼子氏による塩冶氏掌握・討滅の歴史的意義は、一つには以上のような塩冶氏の幕府体制内部における権限や地位を解消し、また出雲国内におけるとりわけ重要な経済基盤の数々を継承した点にあったと考えられる。

塩冶氏掌握・討滅の意義としてさらに重要な点は、塩冶氏が隣接する杵築大社両国造家（千家氏・北島氏）・古志氏との間で形成していた、強固な自立（自律）的地域秩序を解体しえたことである。これら諸領主の基盤が出雲国西部における要地の大部分を占めていること、宗教的権威でもある杵築大社の両国造家が含まれていることは、この領主連合の政治的・経済的実力や影響力が強大なものであり、出雲国一国に多大な影響を及ぼす勢力であったことを窺わせている（第二章・第二編第一章参照）。

従って、尼子氏は、塩冶氏を掌握することによって、塩冶氏とその周辺領主との結び付きをも継承して出雲国西部を勢力下に組み込み、尼子氏権力を一国規模に拡大していくための重要な基礎を形成できたものと思われる。中でも、杵築大社を掌握することは、尼子氏が一国支配権を確立して統治権を行使しうる権威を獲得していこうとする際に、避けて通れない極めて重要な課題であったと推測される。塩冶氏掌握は、そのための重要な足掛かりであったと考えられるのである。

さらに、以上の諸点を踏まえるならば、尼子氏は、かつて塩冶氏が積極的に関与していた宍道湖・中海・日本海水運をも、尼子氏自体の重要な基盤として安定的に掌握・確保できたものと考えられ(41)、すでに勢力下に組み込んでいた出雲国東部における支配を、さらに強化・深化していくことが可能となったものと思われる。

以上のように、塩冶氏掌握・討滅は尼子氏権力の拡大にとって決定的とも言える大きな意味を持っていたが、尼子氏がすでに出雲国東北部を勢力下に収めていたことは、それが実現されるための不可欠の前提であったと考えられ、尼子氏による松田氏制圧・美保関掌握の重要性をあらためて裏づけるものと言わなくてはならない。

3　出雲国内最大の領主三沢氏への圧迫――鉄の産出地横田荘の直轄化――

三沢氏は、西遷地頭飯島氏の子孫であり、室町期には本貫地三沢郷（現仁多郡仁多町）のみならず、皇室料所横田荘（現仁多郡横田町）をも支配下に組み込み、現在の仁多郡・大原郡南部・能義郡南部にわたる広大な領域を支配する国内最大の領主として、室町・戦国期を通じ強い自立性を保っていた。[42] 尼子氏は、一貫してその対応に苦慮しており、三沢氏の実力と影響力をどれだけ削減・排除できるかが、尼子氏の出雲国における最大の課題であったと思われる。

室町期の三沢氏は、守護の遵行命令をうけ現地でそれを執行するなど守護領国支配の一端を担っているし、[43] 文明年間には幕府から「守護被官人」と認識されていたことも確かめられる。[44] しかし、戦国期を通じ反復常ならない有力領主の代表格であった事実が示すような三沢氏の自立的性格は、室町期の早い段階からすでに確認できる。例えば、「香折新宮村」（現大原郡加茂町）を基盤とする三沢氏庶子家のものと思われる、永享八年（一四三六）六月三日某譲状（「三沢家文書[45]」）によれば、「今度九州就御発向ニ、雖為無足、御屋形様御大事と申、殊ニ惣領方大儀たる間、罷向者也」[46] との記述が見出せる。これは、幕府が出雲国守護京極持高等に命じて大友持直・少弐嘉頼を討たせた時のものであるが、幕府・守護の賦課する軍役を忌避しようとする三沢氏惣領の姿勢を窺える。平時において京極氏との結び付きを確認できる三沢氏が、応仁文明の乱において反京極方国人一揆の中核的役割を演じた背景には、すでにこのような同氏の自立的志向性が存在したのである。

雲州国人等少々企一揆、成敗趣不可令承諾候由、連署案披見候、殊近年為宗三沢対馬守（為信）、有一揆同心、致緩怠候、就其張本人致其沙汰候処、無幾程如此所行一段子細候、所詮彼張本人注別紙加判候、先以彼等知行分可被押置候、委細尚多賀豊後守（高忠）可申候、恐々謹言、

（文明二年）六月二日　　（京極持清）生観（花押）

尼子刑部少輔殿（清貞）

（京極持清）（花押）

知行分可被押置人衆事

多胡宗右衛門尉

山佐五郎左衛門尉

佐方民部丞

飯沼四郎右衛門尉

下笠豊前守

野波次郎右衛門尉

小境四郎左衛門尉

文明二

六月二日

これらの史料(47)は、文明二年（一四七〇）六月二日、守護京極持清が尼子清貞に対して、一揆を企てた国人の知行分差し押さえを命じたものである。この「一揆」には直接的には三沢氏は加担していないが、「近年」三沢氏惣領の為信を中心とする国人が一揆同心して京極氏に「緩怠」し、京極氏が何らかの処分を行なったと述べていることからすれば、七名が三沢氏と無関係であると考えるのは不自然である。大原郡西北部の飯沼氏・下笠氏と、飯石郡北端の佐方氏の三氏は、地域的に近接する領主であるが、中海西岸の多胡氏、[48]能義郡西部の山佐氏、島根半島北端の野波氏、宍道湖西部北岸の小境氏は、いずれも本貫地が出雲国中北部に分散している。これらの領主相互を結び付けた直接の契機は西軍山名方としての軍事的結集であると思われるが、その歴史的前提として三沢氏との直接的結び付きがすでに存在していたのではないかと推測される。

応仁二年（一四六八）七月一日安来荘十神山城で松田備前守と共に戦った「布弘弟」[49]や、同二十八日に「岩坂・外波両所」（現島根県八束郡八雲村・鳥取県日野郡日南町）の合戦で討死した「三沢代官福頼十郎左衛門尉」[50]の存在は、松田氏と三沢氏との連携を明示しており、しかも守護京極持清をして「三沢城事肝要候、早々落居候者可令祝着候」[51]と言わせたほど、三沢氏の影響力は大きかった。応仁文明の乱における三沢氏は、当初明確に反守護方として行動しており、出雲国内の西軍方国人領主を統括できるほどの実力と影響力をすでに有していたと考えられるのである。[52]

ここで問題となるのは、このような動向を示す三沢氏の内的必然性がどこにあったかという点であるが、これについては、出雲・備後両国の山間地域領主層に日常的な結び付きが存在したこと、及び三沢氏自体に北へ向かう積極的な拡大志向があったことの、二つの側面から説明することができる。

まず第一の点については、当該地域領主層の所領の分布からこれを窺うことができる。例えば、三沢氏は文明年間初頭の段階で備後国三上郡信敷荘（現庄原市）内に所領を持っていたが、[53]馬来郷（現仁多郡横田町）の領主馬来氏も同荘西方に給分を持ち、備後国北部の国人領主山内豊成に年貢徴集請負を依頼している。[54]一方、史料的に確認できるのは十六世紀に入ってからであるが、備後国恵蘇郡地毘荘新市（現比婆郡高野町）を本拠とする多賀山氏は、出雲国飯石郡内にも多くの所領や拠点（現飯石郡吉田村・掛合町・頓原町）を持っていたし、[55]山内・多賀山両氏は横田荘にも権益を有した時期がある。[56]このように、山間地域の国人領主が備雲国境を越えて所領を有していたことは、領主相互間の結び付きを前提とし、さらにその結び付きを深める重要な契機となったものと思われ、系図類に記された三沢氏・馬来氏・山内氏・多賀山氏の婚姻関係は(57)、これら諸氏の結び付きの強さを窺わせるものと言えよう。応仁文明の乱の当初段階において、三沢氏が西軍山名方に属したことは、日常的結び付きに強く規定されて、山内氏・多賀山氏と統一行動をとろうとしたためではないかと思われる。

第二の点について、まず注目されることは、十五世紀後半の三沢氏が出雲平野に多くの所領・権益を有していたことである。例えば、応仁元年十一月十日三沢為信書下は(58)、三沢氏が稲頼荘（現簸川郡湖陵町）に所領を獲得していたことを窺わせており、文明八年（一四七六）六月二十七日三沢為忠寄進状(59)からは塩冶郷荻原村（現出雲市荻杼町）の中に三沢氏所領があったことを確認できる。さらに文明十三年には、富郷・鳥屋郷・千家郷・遙勘郷・石塚郷等における領家山科家の権益が三沢氏によって「押領」されたが、これらは、現在の簸川郡斐川町西部から出雲市北部にかけて分布し、中世の斐伊川右岸下流域に展開していた杵築大社十二郷の内の諸郷である(60)。そして、明応三年（一四九四）四月二十七日には遙勘郷（現簸川郡大社町）を領家山科家から八十貫で買得し(61)、同年十一月十六日には富郷・千家郷（現簸川郡斐川町）の公用十ケ年分を担保として十貫文を山科言国に貸与しており、その借用状案に「過十ケ年候者、無不法懈怠之儀、為請切之地、公用可渡給候」とあることから、惣領三沢為忠が両郷の代官であったことが知られる(62)。これらの事実は、三沢氏権力が出雲平野への進出志向を有していたことを明示している。明応五年に来海荘（現八束郡宍道町）の弘長寺宗順が同寺支証目録を三沢氏に提出していることは、三沢氏が出雲平野の権益を足掛かりとして、宍道湖水運に直接関わり得る来海荘にも権益・拠点を獲得していた可能性を示している(63)。さらに、三沢氏は、出雲平野のみならず、能義郡南部の守護京極氏給人領「比田山」（現能義郡広瀬町）を「押領」し(64)、また守護領「立原」（現大原郡加茂町）を「懇望」したほか(65)、文明十六年と同十九年に隠岐国美多荘（現隠岐郡西ノ島町）内の地を笠置氏に宛行った「為清」と「三沢式部」も三沢氏関係の人物といわれている[66]。三沢氏が早くから隠岐国に拠点を有していた可能性については、十六世紀に確認できる三沢氏専属の大工棟梁都万忠綱が[67]、都万（現隠岐郡都万村）を名字の地とする人物と思われることよりも窺える。これらの事実は、三沢氏権力が、北へ向う非常に積極的な拡大志向を有していたことを明示している。

応仁文明の乱に際して形成された三沢氏を中心とする国人一揆は、以上のような備雲国境を越えた山間地域領主層の緊密な結び付きと、三沢氏権力の北へ向う積極的な拡大志向とに、密接に関わるものであったと考えられる。問題は、このような三沢氏の性格と動向をふまえ、尼子氏がどのような対応を示したかという点にあるが、この点に関して最も注目されるのは、鉄の産出地であり三沢氏の支配下にあった皇室料所横田荘を直接掌握することによって、三沢氏へ圧迫を加えたことである。

横田荘は斐伊川最上流に位置する古代以来の良質な鉄の産出地であり、鎌倉初期から石清水八幡宮領、建武新政下と室町期初頭以後は皇室料所、及び後円融院追善料所泉涌寺領にもなっている[68]。三沢氏は室町初期に横田荘へ進出し、地頭請という形を取りながら、事実上その経済的基盤を飛躍的に拡大したと考えられる。鉄は、戦国期にかけて特にその重要性を高めていくが、横田荘はその産出地であると共に、中心地中村の市場を核とする拠点として鉄の流通の起点でもあったため、諸権力にとってはまさに垂涎の的であった。

「岩屋寺快円日記」[69]によれば、尼子経久は永正十一年（一五一三）十月に横田荘を攻撃し、三沢為忠は同荘藤ケ瀬城に籠城してこれを撃退している。さらに、同日記と「杠文書」[70]の享禄四年（一五三一）八月六日三沢為国宛行状によれば、享禄四年八月頃にも三沢氏が藤ケ瀬城に籠城したことを確認できる。典拠が必ずしも明らかでないが「絲原家古代ヨリ聴書」[71]等の後世の記録によれば、この時の戦闘は尼子氏とのものであり、惣領三沢為国は降伏して富田へ幽閉されたとあり、少なくとも尼子氏が横田荘を攻撃したこと自体は事実と考えられる。

このように、尼子氏は確認できる限りでも二度にわたって横田荘を攻撃しており、横田荘への進出志向が明らかであるが、天文十二年（一五四三）八月には、ついに同荘を直接的支配下に組み込んでいる。[72] これは、三沢氏が前年以来出雲国に侵攻した大内氏に一旦は与同したことを口実に、また惣領三沢才童子丸（後の為清）が未だ幼少であることを好機として断行されたものであろうが、以後永禄五年に至るまで、尼子氏は家臣を荘内各村代官に任命して直轄支配を行なっている。中でも、横田荘中心部中村の代官森脇氏は、実際に現地に在番し横田荘全体を管掌したが、尼子氏がその職務内容を列記した次の史料は、直轄支配の方針や内実を窺わせるものとして、特に注目される。

　就横田在番申付条数、

一、自然我等子共一人茂横田於申付者、中村・大呂之事、代官ニ可申付事、

一、大呂公用百九拾弐貫八百文可有沙汰候、然者以是京都江御公用、大裏様・泉涌寺・八幡御公用沙汰候て、あまり候ハ此方へ可有沙汰事、

一、其之子共一人者、爰元ニ可置事、

一、大呂之内別所給所相（可脱カ）抱候、在陳之時者、如此間池田可為同陳候、例式者要害可番作候、但在陳之時茂雑説共候者、相備城ニ可置事、

一、中村市場目代之義、石原九郎左衛門尉申付候、如近年不可有相違候、但諸役等之儀者、如三澤代可申付事、

一、安本ニ遣候給所事者、不可有諸役事、

一、其之代にても候へ、自然無沙汰之事候者、別人ニ可申付事、

一、要害普請之儀、六ケ村江如前々可申付事、

一、六ヶ村堺目、可為如近年事、
一、番匠・山大工之儀者、其之可為計事、
一、此外代官公用等、少茂不可有無沙汰之事、
一、堺目依成加番可申付事、
一、阿部六郎左衛門尉給所七貫二百前儀、可為如近年之事、
　以上、条数拾三ヶ条也、
天文十四年十二月廿四日　　　晴久（尼子）　判
　　森脇山城守殿

この史料[73]からは、代官森脇家貞が、荘園領主である天皇家・泉涌寺・石清水八幡宮と尼子氏に納める公用の徴集（二ヶ条目）、さらには荘内諸物資の集散する中村市場の目代を介した商職人に対する諸役の徴集（五ヶ条目）、藤ヶ瀬城と推測される「要害」の守備・常駐と普請（四・八ヶ条目）、番匠と山大工の差配（十ヶ条目）といった、非常に多岐にわたる職務を担わされたことを確認できる。その管轄範囲は、荘内全六ヶ村（中村・大呂村・竹崎村・原口村・下横田村・八川村）の境界を確認していること（九ヶ条目）、普請夫の調達を六ヶ村に命じていること（八ヶ条目）より、基本的には荘内全域に及んでいたと考えられる。さらに注目されるのは、晴久が、いずれは自分の子息を横田荘に在番させようと考えていたこと（一ヶ条目）、尼子氏に代官任免権が有ることを明記した上で（七ヶ条目）、直属家臣の森脇氏から人質を取っていること（三ヶ条目）である。これらの事実は、横田荘直轄支配にのぞむ尼子氏の非常に積極的な姿勢を如実に物語ると共に、同氏が如何に横田荘を重視していたのかを極めて明確に裏づけているのである。

尼子氏による横田荘の直轄化は、荘園領主・尼子氏給人の存在（二・六・十三ヶ条目）や、直轄化後に尼子氏が八川（尾

薗）村を遣わした備後国多賀山氏の存在から窺えるように、決して一円的なものではないが、少なくとも、より多くの鉄の安定的掌握を可能とし、加えて鉄を中心とする諸物資が集散する中村市場を捉えたことにより、経済的基盤の大幅な拡大をもたらしたものと推測される。さらに、十六世紀初頭に三沢氏所領であったことを確認できる比田荘をはじめ、能義郡南部はやはり鉄の産出地であったが、尼子氏は、横田荘を掌握することにより、本拠地富田の存立に不可欠なこの地域をも安定的に確保できるようになったと考えられる。しかし、何よりも注目しなければならないのは、横田荘直轄化が、三沢氏自体の経済的基盤の大幅な削減をもたらし、同氏の勢力を著しく弱体化させた点である。十五世紀後半期における動向をみれば、三沢氏が戦国期に大名化する可能性は極めて高かったと思われるが、尼子氏が軍事力を背景に横田荘を直轄化したことにより、三沢氏の基盤は大きく損なわれたのである。もっとも、尼子氏による横田荘支配そのものは様々な限界を有していたし、三沢氏の力に依拠せざるをえない側面が存在するので、三沢氏の実力を過小評価することはできない。しかし、尼子氏による出雲国内領主層統制は、三沢氏への圧迫を以て、それまでとは比較にならないほど進展したものと思われ、出雲国において尼子氏権力が最も強大化した時期は、横田荘を直轄領とした天文十二年以降のことと考えられる。

以上のように、尼子氏は、横田荘を直轄化したことによって、経済的基盤をさらに拡大したのみならず、出雲国最大の領主三沢氏の勢力を弱体化させることに成功したのである。さらに、このことによって斐伊川最上流域を掌握した尼子氏は、すでに掌握していた下流域一帯＝出雲国西部を、より一層安定的に確保できるようになったものと推測される。ここで、あらためて注目しなければならないのは、以上述べてきたような三沢氏への圧迫は、尼子氏が塩冶氏を掌握して斐伊川下流域に進出し、十五世紀末に平野部への進出志向が顕著であった三沢氏の勢力拡大を阻止できたことによって、初めて可能であったと考えられることである。尼子氏にとって、塩冶氏の掌握が必要不可欠であり、避けて通れない道であったことは、この点から見ても明らかなのである。

おわりに

本章の分析により、尼子氏の「権力」は、出雲国内最大の経済的要地である美保関・塩冶郷・横田荘を順次掌握し、そのそれぞれを基盤として大きな実力を有していた松田氏・塩冶氏・三沢氏を制圧・掌握・討滅・圧迫することによって、次第に出雲一国規模へ拡大されていったことが明らかとなった。ここで、大名権力の構造に関わって特に重要であると思われる点は、これら三つの大きな画期を経ることによって、十五世紀後半期に松田氏・塩冶氏・三沢氏のそれぞれと領主連合を形成した歴史的経緯を有する、他の多数の国内諸領主についても、尼子氏が独自に統制しうる条件が、格段に拡大されたと考えられることである。すなわち、本章において明らかにできた尼子氏権力の拡大過程とは、単に地理的な領域の拡大のみを意味しているのではなく、尼子氏自体の軍事的経済的実力に基づく強制力を実際に及ぼせる可能性の領域が段階的に拡大し、他の領主に対して軍事指揮権・軍役賦課権を現実に独自に行使できる条件が次第に拡大していったことを意味している。以上のような尼子氏の「権力」拡大過程における諸画期は、出雲国においてはそれぞれ非常に重要であるが、特に塩冶氏の掌握・討滅は、尼子氏「権力」が他国への侵略が可能なだけの領主統制能力を有する広域的なものへと拡大していく過程における最大の画期であると考えられる。

従って、尼子氏の国内領主統制能力は、研究史が指摘しているような、「富田城奪回」[77]という一事件を契機として早期に獲得されたものでもなければ、京極氏の守護権限を継承することのみによってもたらされたものでもなく、尼子氏が存亡の危機を幾度となく乗り越えていく中で順次獲得した政治的経済的基盤によって、次第に実現・強化されていったものと考えられるのである。

最後に、尼子氏の出雲国内領主統制の全体を見通すために、応仁文明の乱に際し東軍守護方に与した国人領主について、その代表的存在である赤穴氏・三刀屋氏を例に関説しておきたい。[(78)] 石見国佐波氏の支流赤穴氏は、神戸川最上流に位置する陰陽交通の要衝赤穴荘（現飯石郡赤来町）の領主である。室町期赤穴氏は、基本的には佐波氏や高橋氏等隣国の領主と同一行動をとっており、応仁文明の乱で東軍に属した最大の理由もそこにあるものと思われるが、[(79)] 永正二年七月十四日赤穴郡連置文[(80)]などを勘案すれば、守護への帰属性が比較的強かった可能性を指摘できる。三刀屋氏は、斐伊川最大の支流三刀屋川下流に位置する三刀屋郷（現飯石郡三刀屋町）の領主であり、軍記物には三沢氏に次ぐ出雲国内勢力の代表的存在として描かれている。しかし、室町期三刀屋氏の関係史料からは、周辺領主との関係や独自な志向性をほとんど窺うことができず、守護との結び付きを示す事実が多数確認できる。[(81)] 従って、あくまでも三沢氏・塩冶氏等と比較してのことであるが、応仁文明の乱で東軍に属した諸領主は、元来守護への帰属性が強い領主であったと評価することができる。問題は、これらを尼子氏がいかに掌握したかという点にあるが、三刀屋氏については天文十一年大内義隆の出雲遠征以前に、また赤穴氏については永禄五年毛利元就の出雲侵攻以前の段階で、それぞれ尼子氏と直接対立抗争した事実を確認できないので、比較的スムーズに行なわれたと言ってよい。たまたまこのような性格の領主家の伝来文書のみが残されたために、尼子氏の対領主層統制策は、随分片寄ったイメージでとらえられる結果を招いた。しかし、ここで注目しておかなければならないのは、尼子氏による両氏の家督・所領安堵[(82)]（永正十五年・大永二年）が、少なくとも永正十五年以前に実現した塩冶氏掌握と、密接に関わっていたと考えられることである。すなわち、塩冶氏が斐伊川・神戸川水運に関与し大きな影響力を有していたことを想起すれば、塩冶氏の掌握を前提とせずに赤穴氏・三刀屋氏を独自に統制することは、尼子氏にとってなお困難ではなかったかと推測され、塩冶氏を介し、同じ水系における利害を共有する中ではじめて、現実にも両氏との強固な結び付きを形成できたものと考えられるからである。このことは、従来から守護への帰属性が強い国内有力領主の統制でさえも、単に守護権限を継承するだけでは実現不可能なものであり、その統制を強化していくことは表立った対立抗争を経ていないがゆえに、むしろ様々な困難を伴った可能性を窺わせているのである。

大名権力の本質を追究するために何よりも大切な検討課題は、守護権の有無ではなく、軍事動員権・軍事指揮権・検断権等が現実に意味を持つ強制力として発動される最も重要な裏づけが何処に求められるかであると思われ、本章はその具体化を試みたものである。そして本章の分析によれば、少なくとも戦国期出雲国における尼子氏権力最大の存立基盤と固有性は、室町期の段階において守護権の及びにくかった領域に、独自な楔を段階的に打ち込めた点にこそ求められるべきであると考えられる。

註

(1) 米原正義『風雲の月山城――尼子経久――』(一九六七年、のち『出雲尼子一族』と改題〈一九八一年〉)九一・九五頁参照。
(2) 今岡典和「戦国期の守護権力――出雲尼子氏を素材として――」(『史林』六六―四　一九八三年)。
(3) 中世においては、「宍道湖」「斐伊川」「神戸川」の呼称が用いられた例を確認できないが、便宜上これらの呼称を使用する。
(4) 鈴木敦子氏は「中世後期における地域経済圏の構造」(『歴史学研究』一九八〇年度別冊特集)において、地域市場を核とする地域経済圏の存在を想定され、活発化してきた地域内・地域間流通の実態を構造的に追究された。本章においてもこのような視角から、流通の大きな結節点を核とする地域的流通構造を重視したいが、地域経済圏については、流通構造自体が重層的で多様な実態を持つものと推測されるので、具体的に想定はしないこととする。
山陰地域における水運の全体像については、井上寛司氏の「中世山陰における水運と都市の発達」(有光友学編『戦国期権力と地域社会』一九八六年)が最先端の成果である。
(5) 永享十一年十一月日御崎一神子言上状(「日御碕神社文書」〈『大社』七〇六〉)。

（6）この間の戦況については、『美保関町史上巻』（一九八六年）二四九頁参照。

（7）室町期美保関は幕府御料所であったというのが通説である（『美保関町史上巻』二四八頁）。しかし、「佐々木文書」（東大史料編纂所架蔵影写本）の京極氏発給文書に見られる「料所」「不私料所」や、守護奉行人発給文書に見られる「御料所」という言葉は、守護領を表すものであり、美保関代官職補任権や美保関公用宛行権を京極氏が有していたことより、室町期の美保関が守護領であったことは間違いないものと思われる。

（8）文明五年二月十一日京極政高宛行状（「小野家文書」〈『大社』二六二〇〉）。

（9）年未詳十一月七日京極政高書状（「佐々木文書」）。

（10）応永二十四年五月二十一日足利義持袖判御教書案（「佐々木文書」）。

（11）尼子清貞が「美保関代官職」を宛行われたのは応仁二年十二月二十九日のことであり、京極持清は文明二年八月に没している。

（12）松田備前守は、応仁二年九月美保関を尼子清貞に制圧されて以降活動を確認できない。その跡を継いだと思われる松田三河守は、基本的に京極氏に帰属している。

（13）赤穴氏については、「中川四郎氏所蔵文書」（『萩藩閥閲録』巻三七にも収載）の諸文書、牛尾氏については、文明元年の八月二十三日京極持清書状（「佐々木文書」）、三刀屋氏については、応仁元年七月二十七日京極勝秀感状（「三刀屋文書」〈『三刀屋氏とその城跡』（一九八五年）四三頁〉）。

（14）年未詳三月二十七日細川勝元書状（「佐々木文書」）。

（15）「佐々木文書」に見られる「阿陀加江」（現八束郡東出雲町）や「下今津」（現安来市今津町）は、その具体例ではないかと思われる。

（16）文明二年の十二月十日多賀高忠書状（「中川四郎氏所蔵文書」、『萩藩閥閲録』巻三七〈中川与右衛門〉にも収載）。

（17）応仁二年七月六日京極持清感状（「佐々木文書」）。清水氏は現安来市清水町の在地土豪ではないかと思われる。

（18）応仁二年十月二十日京極持清感状（「佐々木文書」）。神保氏は、鎌倉期大原郡に所領を有していた在地小領主である。

（19）文明八年五月十七日京極政高感状（「佐々木文書」）。立原氏は大原郡北部、多久氏は宍道湖西北岸の小領主である。

（20）「佐々木文書」の応仁二年九月十一日京極持清宛行状、同年十月十五日京極持清宛行状、同年十月二十二日京極持清宛行状、同年十二月二十九日京極持清書状、文明八年四月十七日京極政高感状。

(21) 井上寛司「中世山陰における水運と都市の発達」(有光友学編『戦国期権力と地域社会』一九八六年) 四六四～四六五頁。
(22) 島根県教育委員会編『富田川——飯梨川河川改修に伴う富田川河床遺跡発掘調査報告(4)——』(一九八四年) 七一～七七頁参照。
(23) 渡辺誠「富田城の李朝系滴水瓦」(『歴史手帖』二〇—一、一九九二年)。
(24) 「横山家文書」(『八束郡誌　文書篇』〈一九二六年〉七一一頁)。
(25) 文明十六年三月十七日室町幕府奉行人連署奉書(「吉川家文書」〈『大日本古文書　家わけ九』三一七号〉)。
(26) 勝田勝年「尼子経久の出雲富田城攻略説に就て」(『國学院雑誌』一九七八年十二月号) 所引の「集古文書」。
(27) 文明八年五月十七日京極政高感状(「佐々木文書」) から「能義郡土一揆」は同年四月十四日に蜂起したことがわかるが、同月二十九日京極政高書状(同上) から松田三河守が「舎人保」(現安来市赤崎町周辺) を「押領」したことが知られ、同日付けの京極政高書状(同上) では松田氏と尼子氏の系争地「福浦・諸悔」が尼子清貞に安堵されるなど、松田氏と能義郡土一揆との結び付きは明らかである。
(28) 松尾(原) 慶三「鎌倉期出雲国の地頭に関する一考察」(『山陰史談』一八、一九八二年) 参照。
(29) 永禄十二年の十二月五日秋上宗信書状(「坪内家文書」〈『大社』一七二一〉)。
(30) 根拠は不明ながら『美保関町史上巻』では、『海東諸国紀』に記された「美保関郷左衛門大夫藤原朝臣盛政」「留浦海賊大将藤原朝臣義忠」も松田氏であるとしている(二四九頁)。
(31) 前掲註(7)参照。
(32) 文明六年十一月十七日京極政高書状(「佐々木文書」)。
(33) 『美保関町史上巻』では美保関代官としている(二四九頁)。明確な根拠は無いものの、その可能性は高いと思われる。
(34) 「佐々木文書」。
(35) 元亀四年四月十六日白紙綱正寄進状(「小野雄彦氏所蔵文書」〈『大社』一八七六〉)。
(36) 応仁二年の十月二十三日京極持清書状(「佐々木文書」)。
(37) 文明五年二月十一日京極政高宛行状(「小野家文書」〈『大社』二六二〇〉)。
(38) 文明年間初頭の四月二十六日京極持清書状(「佐々木文書」)。『美保関町史上巻』によれば、室町期松田氏は美保郷地頭であるとされている（二四八頁）。

(39) 天文年間に尼子氏の安芸国方面の軍事行動に重要な役割を演じた松田経通（年未詳正月二十一日松田経通書状〈「吉川家文書」『大日本古文書　家わけ九』四〇六号〉）は、天文九年「竹生島奉加帳」の「出雲州衆」松田越前守である。さらに、天文二十年以降、尼子氏の奉書署判者として松田綱秀が活躍しており、松田氏当主との関係が不明ながら、尼子氏への帰属性が強まっている様子の一端を窺える。

(40) 中世以前の斐伊川は、東西両流して大社湾と宍道湖の両方に注いでいた。第二章図2参照。

(41) この内の宍道湖水運については、応仁文明の乱に際し「国成敗」権を尼子氏から奪取しようと画策した京極氏一族宍道氏の存在（「佐々木文書」の年未詳十一月二十二日京極持清書状）が、なお大きな桎梏として残されたと言わねばならないが、天文十二年以降宍道氏が大内氏家臣となって山口へ逃れ出雲国内における基盤を喪失したことによって、その安定的確保はほぼ完全に実現できたものと推測される。宍道氏については、山根正明「宍道の中世城館について」（藤岡大拙編『尼子氏の総合的研究』〈一九九二年〉）、宍道町教育委員会編『宍道町史　史料編』（一九九九年）参照。

(42) 三沢氏については、『横田町誌』（一九六八年）、高橋一郎「奥出雲の新補地頭三沢氏――仁多郡誌・島根県史・新修島根県史の訂正――」（『山陰史談』一四〈一九七八年〉・二〇〈一九八四年〉）、拙稿「出雲国三沢氏の権力編成とその基盤――三沢氏による鉄の掌握――」（『山陰史談』二六〈一九九三年〉）参照。

(43) 康正二年七月二日京極氏奉行人連署奉書（「小野家文書」〈『大社』七四七・七四八〉）。

(44) 『山科家礼記』文明十三年八月十四日条。

(45) 東京大学史料編纂所架蔵影写本。

(46) 『看聞御記』永享八年二月十五日条、「如是院年代記」（『群書類従』廿　雑部）の永享八年三月八日項参照。

(47) 「佐々木文書」。

(48) 多胡氏は鎌倉期以来意宇郡出雲郷（阿陀加江）の在地領主であり、山口県文書館所蔵毛利家文庫「諸臣証文多胡家」は、同氏の伝来文書である。

(49) 応仁二年七月二十八日京極持清感状（「佐々木文書」）。

(50) 応仁二年十月二十日京極持清感状（「佐々木文書」）。

(51)　応仁二年の十月二十三日京極持清書状（「佐々木文書」）。
(52)　一揆を主導した三沢為信は、引用した史料以後活動が見られない。跡を継いだ三沢信濃守為清は守護京極氏の麾下にあって、文明七年十月に近江国で討死している（「長興宿禰記」同年十一月三日条）。その跡を継いだ三沢右京亮（遠江守）為忠も、直接軍事的に京極氏と対立したわけではない。しかし、応仁文明の乱初期に顕在化した三沢氏自体の独自な志向性は、一貫して認められる。
(53)　文明七年六月二十五日山名政豊判物（「山内家文書」〈『大日本古文書　家わけ十五』一二八号〉）。
(54)　文明二年五月十二日馬来満綱契約状（「山内家文書」一一八号）。
(55)　藤岡大拙「掛合多賀氏について」（同著『島根地方史論攷』〈一九八七年〉所収）。
(56)　天文十二年十月二十四日多賀山通続寄進状（「岩屋寺文書」〈『新島史』三九二頁〉）より、多賀山通続が尼子氏から横田荘八川村を遣わされたことが確認できる。また、年未詳十月二十一日塩冶綱副状（「山内家文書」二一三号）では、同じ頃備後国守護山名氏が横田荘領有を主張し、山内隆通を代官に任じているが、実現しなかったと推測される。
(57)　永禄十二年十二月多賀山通続同家系図案（「山内家文書」二二一号）、高橋一郎「中世横田庄概観」（『奥出雲』一二七号、一九八五年）。
(58)　「日御碕神社文書」（『大社』七八七）。
(59)　「日御碕神社文書」（『大社』八三一）。
(60)　『山科家礼記』文明十三年八月十四日条の同十二日室町幕府奉行人連署奉書案。
(61)　『言国卿記』明応三年四月二十七日条。
(62)　『言国卿記』明応三年十一月十六日条。
(63)　明応五年九月十五日弘長寺宗順支証目録（「弘長寺文書」〈『八束郡誌　文書篇』四六九頁〉）。
(64)　年未詳十一月十日京極政高書状（「中川四郎氏所蔵文書」、『萩藩閥閲録』巻三　七〈中川与右衛門〉にも収載）。
(65)　年未詳十一月七日京極政高書状（「佐々木文書」）。
(66)　文明十六年八月十五日某為清宛行状、文明十九年五月十五日三沢式部宛行状（「笠置家文書」〈『新島史』五二四〜五二五頁〉）。
(67)　「馬場八幡宮棟札写」（横田町コミュニティーセンター所蔵複写版）などの棟札から、天文七年から永禄七年にかけて、三沢氏による寺社造営に携わったことを確認できる「三沢大工」である。

(68) 横田荘の概略については、奥野高廣『皇室御経済史の研究　正篇』（一九四二年）一四七〜一五〇頁、『横田町誌』（一九六八年）、前掲註(42)所引拙稿参照。
(69) 横田町コミュニティーセンター所蔵写真版。
(70) 横田町コミュニティーセンター所蔵写真版。
(71) 横田町コミュニティーセンター所蔵複写版。
(72) 「大永年中古記録」（島根県立図書館架蔵謄写本）。
(73) 「吉川家中并寺社文書　九」（岩国徴古館所蔵謄写本）。秋山伸隆氏のご教示による。
(74) 天文十二年十月二十四日多賀山通続寄進状（「岩屋寺文書」〈『大社』三九二頁〉）など。
(75) 文亀三年九月二十九日岩船権現造営棟札銘より三沢氏による領有を確認でき、天文二十三年八月二十一日岩船蔵王権現造営棟札銘より、尼子氏による領有を確認できる（島根県立図書館架蔵「島根県神社資料」所収西比田村市原神社棟札写）。
(76) 具体的には、永禄三年七月十八日横田荘中村八幡宮造営棟札銘（横田町コミュニティーセンター所蔵馬場八幡宮棟札写）に横田荘「御代官」として当主三沢為清が名を連ねていることなど。
(77) かつて、文明十八年の尼子経久による「富田城奪回」が事実か否かをめぐる論争があり、これを「伝説」と断じた前掲註(26)勝田氏論文は中でも最も説得的ではあるが、現状ではなお判断を保留せざるをえない。それは、軍記物の記述の基礎となるような地域的戦闘が全く無かったとは言いきれないからであるが、仮に「富田城奪回」が何らかの史実を反映したものであったとしても、文明十六年の幕府による尼子経久追討後に、尼子氏が軍事的基盤を完全に喪失したと考える必要はなく、本章の分析によれば、ましてやその「奪回」が画期的大事件であったと評価することはできない。
(78) 両氏の概略については、藤岡大拙「赤穴氏について」（同著『島根地方史論攷』所収）と『三刀屋氏とその城跡』を参照。
(79) 戦国初期の段階で、高橋氏が石見・安芸両国国人領主連合の中核的存在であったことは、岸田裕之「芸石国人領主連合の展開」（同著『大名領国の構成的展開』〈一九八三年〉所収）参照。
(80) 「中川四郎氏所蔵文書」（『萩藩閥閲録』巻三七〈中川与右衛門〉、『日本思想大系　中世政治社会思想　上』〈一九七二年〉にも収載）。赤穴氏が惣領佐波氏との関係及び守護京極氏との関係のそれぞれについて如何に尊重してきたかを記したものであるが、赤穴氏が守護京極氏と対立したのは、京極氏側が恩賞給与を怠ったため惣領佐波氏の意向を尊重する形で戦線を離脱した応永十八年

（一四一一）飛騨合戦の事例のみである。

(81)　岸田裕之氏の「守護支配の展開と知行制の変質」（『史学雑誌』八二―一一、一九七三年、同著『大名領国の構成的展開』に収載）によれば、守護京極氏による三刀屋氏の掌握はかなり早くから実現し、室町中期以降むしろ後退していく傾向にあったとされている。

(82)　永正十五年正月十五日尼子経久家督安堵状（「中川四郎氏所蔵文書」、『萩藩閥閲録』巻三七〈中川与右衛門〉にも収載）。大永二年五月六日尼子経久安堵状（「三刀屋文書」〈『三刀屋氏とその城跡』四五頁〉）。

第二章　戦国期大名権力の形成

——尼子氏による出雲国奉公衆塩冶氏の掌握と討滅——

はじめに

本章は、尼子氏を核とする大名権力の形成過程において、最も重要な画期であると考えられる、奉公衆塩冶氏の掌握、及びその歴史的意義について明らかにしようとするものである。

言うまでもなく、滅び去った家の関係文書が伝存することは稀である。塩冶氏とてその例外ではなく、殊に尼子氏による同氏掌握の具体的経緯については、ほとんど明らかにしえないというのが実情である。尼子氏の出雲国支配推進過程における塩冶氏掌握の重要性が、これまでほとんど看過されてきた背景には、こうした極めて厳しい史料的制約の問題が、大きな影を落としているのである。

そこで本章では、まず第一節において室町期における塩冶氏自体の固有の性格を、さらに第二節において塩冶氏とその周辺領主との密接な関わりについて追究したい。尼子氏による塩冶氏の家督・権益の掌握とその奪取にどのような背景と目的があったかという問題は、これらの点を明らかにすることによって自ずと解き明かされるものと考えられるからである。そして、第三節においては尼子氏による塩冶支配の歴史的展開過程を追究することによって、塩冶氏の掌握・討滅の歴史的意義をより明確化していきたい。

一　塩冶氏の歴史的性格

塩冶氏は、鎌倉期・南北朝初期の出雲国守護佐々木氏(1)の子孫である。しかし、室町期塩冶氏の歴史的性格について、これまで十分な検討がなされたことはなかった(2)。本節においては、室町期塩冶氏の政治的位置とその基盤の地域的特質とをより具体的に検討し、同氏の歴史的性格を明確化し、尼子氏によるその掌握の必要性と重要性がどこに存したかを明らかにしたい。なお、南北朝・室町期塩冶氏の具体像については、拙稿「中世後期の塩冶氏と出雲平野」（『古代文化叢書3　富家文書』一九九七年）を参照していただきたい。

1　室町期塩冶氏の基本的性格

室町期の塩冶氏は、室町幕府の奉公衆である。塩冶氏が奉公衆三番衆であったことは、室町期の「番帳」にいずれも名を連ねていることから明らかであるが、その他にも、将軍に近侍していたことを示す史料が散見する(3)。奉公衆は、制度的には将軍直属の軍事力として段銭京済権などを有し、基本的に守護の職権の及ばない地位であり、幕府御料所の管理などを司る存在であった(4)。従って、その所領経営如何によっては、各地域において重要な政治勢力たりうる可能性を持つ存在であったと考えられる。

今岡典和氏の論考や(5)『大社町史　上巻』（一九九一年）六四八頁には、室町期に守護京極氏やその守護奉行人が発給した国人宛ての遵行状が表にまとめられているが、それらによれば、守護の遵行命令を受けた者は、塩冶氏同族の古志氏、庶流の塩冶備中守、同じく庶流の大熊氏をはじめとする出雲国の有力国人であるにもかかわらず、その中に塩冶氏惣領の名は見出せない。一方、文明四年（一四七二）三月二十日室町幕府奉行人連署奉書は、[6] 御崎社と杵築大社の堺相論を幕府が裁定した際に、出雲国人に対して御崎社検校日置政継代への「合力」と「沙汰居」を命じたものであるが、残された十二通の宛名の中には、「佐々木塩冶五郎左衛門尉」の名が確かめられる。これらの事実は、奉公衆塩冶氏が本来守護権限の及ばない地位にあることを明確に裏づけており、室町期における塩冶氏の所領・諸権益は、守護の「一国公権」に基本的に包摂されえなかったと考えて差し支えないのである。

ところで、塩冶氏惣領は在京することが多かったと思われるが、同氏が出雲国西部における実勢力として現実に存続できた理由として、在地支配を担う一族の存在が注目される。

永享五年（一四三三）三月、塩冶氏惣領の光清は、雲次郎に対し「神東村新八幡宮神主職」を安堵したが、[7] 同年四月には塩冶氏一族と思われる「通綱」が、「惣領方如判形（＝光清安堵状）」くとの文言を含む副状を発給している。[8] また、寛正三年（一四六二）八月二十八日、惣領豊高が日御崎社に対し「塩冶郷内三崎御神田所々」を安堵した際には、同年九月二十五日、「貞昌」という人物が、「去八月二十八日任御判之旨」せて神田八段を打ち渡している。[9] 約一ヵ月という時間差より考えて、通綱や貞昌は、惣領在京中における在地支配を実質的に担う人物と思われる。

高岡村内八幡御神田河骨弐段内壱段者、如此間反銭可有沙汰、壱段段銭自当年御寄進候、又御稲荷御神田壱段年貢計、自当新寄進御立候、坪者小沢頭次郎兵衛分也、反銭者如此間可有沙汰候、何も此旨永代不可有相違之由、被仰出候者也、仍状如件、

文明八（年脱カ）
正月廿八日

資綱（花押）
綱氏（花押）
清春（花押）

神主所

この史料[10]は、文明八年（一四七六）に、塩冶郷高岡村（現出雲市高岡町）八幡宮等に対する寄進の詳細について、惣領貞綱の意を奉じて発給された塩冶氏奉行人連署奉書である。「壱段段銭自当年御寄進候」とあるように、当時の塩冶氏が段銭京済権からさらに踏み込んで、恒例段銭徴収権を有していたことを確認できる史料であるが、三名の署判者については、奥の「清春」が諸系譜に貞綱の弟として見えているほか、日下の「資綱」と二番目の「綱氏」も、「綱」の字より考えて、惣領貞綱と密接な関わりを有する人物と推測される。[11]彼らは、惣領の側近くにあって、いわゆる奉行人としての機能を果たしていたものと考えられる。

　これらの事実は、塩冶氏が、分出した一族庶子を本拠地塩冶と惣領の側近くとに配することによって、在京中の在地支配を的確かつ円滑に行なおうとしていたことを示している。塩冶氏による在地支配は、これらの人物によって、現実に支えられていたと考えられるのである。

　さらに注目されるのは、室町期塩冶氏の周辺に、室町期初期以前に分出したと推測される庶流諸氏が、多数存在していたという事実である。史料的制約により惣領家との系譜関係は系譜類に拠らざるをえないが、出雲国内の庶流諸氏として、大熊氏・広田氏・上郷氏・波根氏を挙げることができる。

　まず大熊氏は、大熊貞季が応永年間に杵築大社「三月会奉行」を務め、[12]守護京極氏から「御三月会酒肴菓子料足」の杵築大社社家への沙汰付を命じられるなど、[13]杵築大社と密接な関係を有する存在であったと考えられる。永正十六年（一五一九）に国造北島氏の被官として「大熊又次郎」、[14]天文十九年（一五五〇）の遷宮、同二十四年の末社阿式社遷宮の「御盤之役」として「大熊次郎左衛門尉」、[15]天正十五年（一五八七）の北島氏領分に「大熊分やしき」[16]が確認でき、戦国末期に至るまで一貫して大熊氏の一族が杵築大社と緊密な結び付きを確保し続けていたことを示している。大熊氏の本拠は不明であるが、明徳三年（一三九二）八月十七日に貞季が日御崎社検校に送った文書に「粟津村」の「御崎神田」に関する記載があり、ここに何らかの権益を有していた可能性も考えられる。粟津村（現出雲市平野町下平近辺）は朝山郷に属しており、おそらく西流していた斐伊川の右岸に位置する水運の一拠点ではないかと思われる。

広田氏の本拠は、大原郡来次荘（現大原郡木次町）であるが、永禄十二年（一五六九）閏五月四日来次市庭中黒印状などより、ここは斐伊川中流域最大の要衝として、「かね《鉄》」の流通の拠点であったことが知られる。

また、上郷氏の本拠上郷（現出雲市上島町）も、斐伊川水運を捉えようとする場合極めて重要な意味を持つ地点である。天文八年に「塩冶上郷兵庫助泰敏」が横田荘（現仁多郡横田町）岩屋寺の四天王の造立檀那として「現物五拾貫文」を勧進しているように、上郷氏は斐伊川を介しその最上流に位置する横田荘と緊密な交流関係を有していたが、その背景には、斐伊川中上流域に基盤を有する出雲国最大の領主三沢氏との結び付きがあったものと思われる。

さらに、応永十九年（一四一二）に足利義持が「塩冶駿河小次郎詮清」に安堵した所領は「塩冶郷内薗村・栃嶋・同国万田本庄・波根保地頭職半分」であるが、この人物は弘治・永禄年間に尼子氏から「波根」「栃嶋」「直江」「求院」「稲岡」「林木」の権益を保護されている「波根駿河守」の祖先である可能性が高い。波根保（現簸川郡斐川町三絡）や、鰐淵寺領の所在する直江郷（現斐川町直江町）は、中世においては湖に面していたのではないかと想像され、他の地点は、「万田本庄」（現平田市万田町）を除き、いずれも下流域の斐伊川に面している。

以上のように、塩冶氏の庶流諸氏はいずれも斐伊川・宍道湖水運に直接関与しうる地に拠点を有しており、隣接する古志郷を領する一族の古志氏をふくめ、佐々木塩冶氏一族は、水運を媒介として、出雲国西部の広範囲に展開する一大勢力であったと言えるのである。「番帳」に記された出雲国内に所領を有する奉公衆としては、塩冶氏以外に朝山・岩山・吉田・杉原の諸氏が挙げられるが、名字の地を持つ朝山・吉田氏をはじめとしていずれも、出雲国内においては確固たる基盤を保持していない。その中にあって塩冶氏は、一族をして在地支配を担わせると共に、周辺に多数の庶流諸氏を配し、実勢力として在地における政治的実力を保持しえた唯一の存在であった。すなわち塩冶氏は、守護家の系譜を引き、しかも有力な地域勢力として確固たる基盤を在地に堅持しているのであり、塩冶郷に隣接する朝山郷等の幕府御料所を預け置かれ、幕府の守護大名牽制・統制策の中核的役割を演ずる、典型的な奉公衆であったと考えられるのである。以下では、以上述べてきたような塩冶氏の基本的性格を現実に支えていた経済的基盤について検討したいが、その際何より注目されるのは、庶流諸氏に共通して見受けられた水運との関わりである。

2　塩冶氏の経済的基盤——水運の掌握——

1　塩冶郷及びその周辺部の地域的特質

以上のような塩冶氏の性格を現実に支えていたものは、同氏の基盤である塩冶郷とその周辺地域に求められると考えられる。以下、その地域的特質の内容について具体的に検討していきたい（図2参照）[23]。

「出雲国風土記」以来の歴史を持つ神門郡塩冶郷は、中世においては、内部に神東村・大津村（現出雲市大津町）・栃嶋村（現出雲市荻杼町）・荻原村（同上）・高岡村・薗村（現出雲市荒茅町・外園町・西園町・東園町）の少なくとも六ヵ村を（戦国期には荒木村も）確認でき、その範囲は古代から格段に拡大し、現在の出雲平野西半の大部分を占めるようになっていたものと思われる。図2によれば、中世段階におけるその範囲は、出雲国を代表する二大河川（斐伊川・神戸川）が最初に接近してから日本海に注ぐまでの下流域一帯に相当している。図3を見れば明らかなように、両河川の流域は出雲国山間地域の大部分を覆っているのであり、従って、その広大な流域の全ての水が塩冶郷を通過していたことになる。山陰道は塩冶郷内を通過しており、遙か以前より流通上の拠点であったことは疑いないが、特に水運の発達が著しかったと考えられる中世後期について見た場合、塩冶郷は、穀倉地帯というよりは、山間部と沿岸部を結ぶ水運の要衝として、出雲国内における最大級の経済的要地であったと推測されるのである。(24)

このことを直接窺える史料は少ないが、例えば、前述した庶流上郷氏の動向などは、塩冶氏と横田荘との密接なつながりを窺わせるものである。特に、初見が弘安元年（一二七八）に遡れる「大津村」(25)は、塩冶氏が斐伊川水運を掌握する上で、極めて重要な意味を持っていたと考えられる。「大津」という地名は、その初見以前より港が存在したことを示しており、横田荘をはじめとする奥出雲に産する鉄の多くが、ここを通過したものと思われる。また、神戸川筋は、古代以来杵築大社の参詣道であると言われており、やはり中国山地に産する鉄の多くが様々な形で取り引きされていたのではないかと推測される。(26)

ところで、塩冶郷に隣接する朝山郷は、室町初期に至るまで朝山氏本領であったが、同氏は南北朝初期に備後国守護として南朝方と戦っている。(27)また、神戸川をはさんで塩冶郷と隣接する古志郷（現出雲市古志町）は塩冶氏の同族古志氏の本領であるが、同氏には備後国南部に同族が存在し、同国沼隈郡本郷村大場山城（現福山市本郷町）等に拠点を持っている。(28)さらに、戦国期には塩冶氏と備後国衆山内氏とが縁戚関係にあったことを確認できるほか、(29)享禄二年に石見・安芸両国にまたがる有力領主高橋氏が毛利氏等に攻め滅ぼされた際には、「塩冶衆」が高橋氏の救援に馳参する動きを示している。(30)これらの事実は、塩冶郷を中心とした斐伊川・神戸川下流域と備後国・安芸国・石見国東部とが、歴史的にかなり密接な結び付きを有していたことを窺わせており、それは塩冶郷とその周辺部の地域的特質に裏づけられた政治的関係であると共に、地域的特質をより発展させる重要な契機であったと考えられる。後年、出雲国に侵攻した毛利氏が、いち早く塩冶郷・朝山郷を奪取して直轄化したことも、以上のような地域的特質を具体的に裏づける事実と言えよう。このような場所には大きな流通の結節点＝市町が存在したと考えられる。慶長年間に確認できる

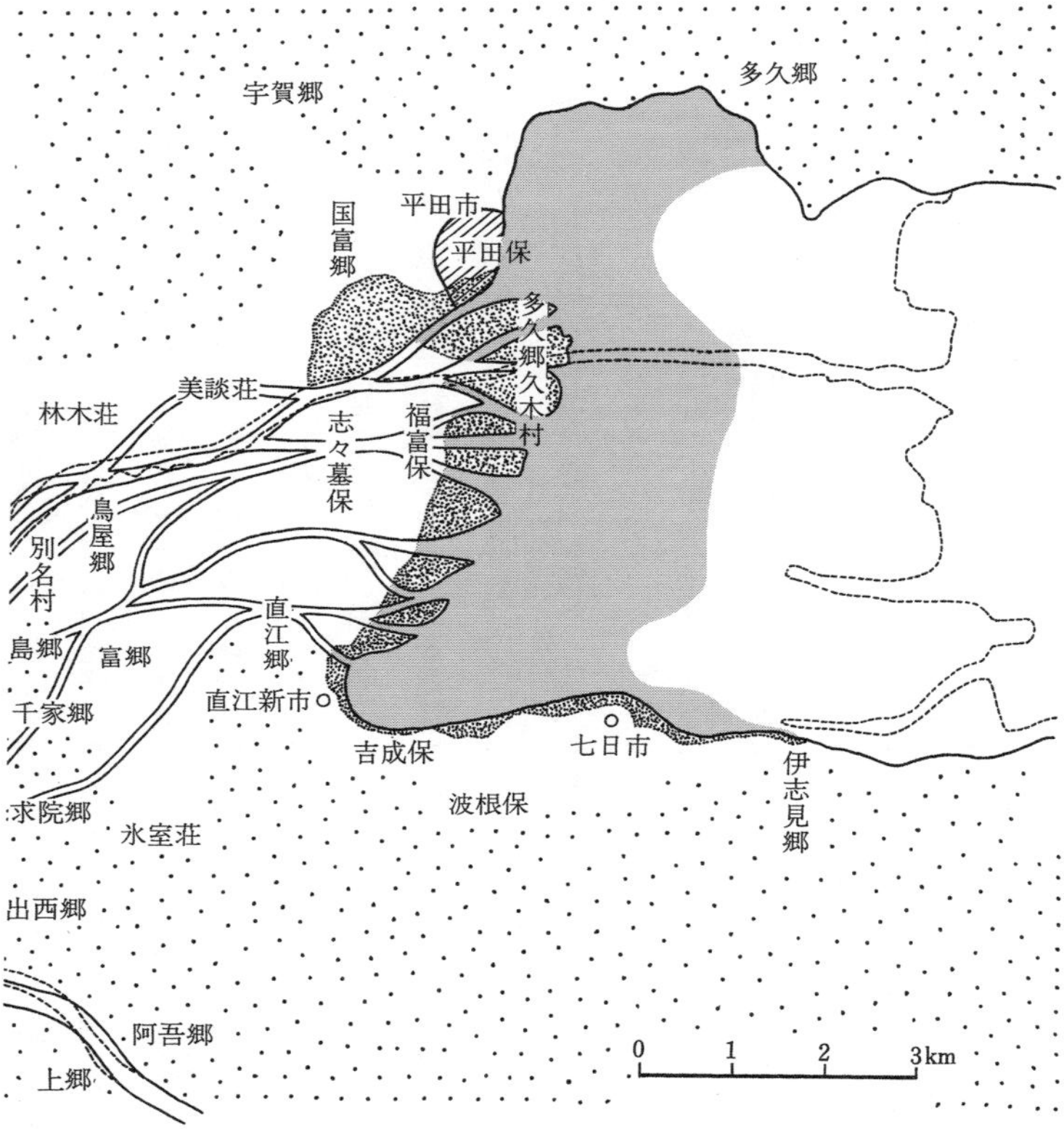

…… 現在の標高10m以上の山地（標高10m以下の部分には中世に低湿地も広く分布）
---------- …… 現在の河川流路・湖岸線・海岸線
塩冶郷＝神東村・大津村・栃島村・荻原村・高岡村・薗村・荒木村
杵築大社＋二郷＝杵築郷・遥勘郷・高浜郷・稲岡郷・武志郷
鳥屋郷・北島郷・千家郷・富郷・求院郷・出西郷
阿吾郷・石塚郷・伊志見郷

出　雲　平　野

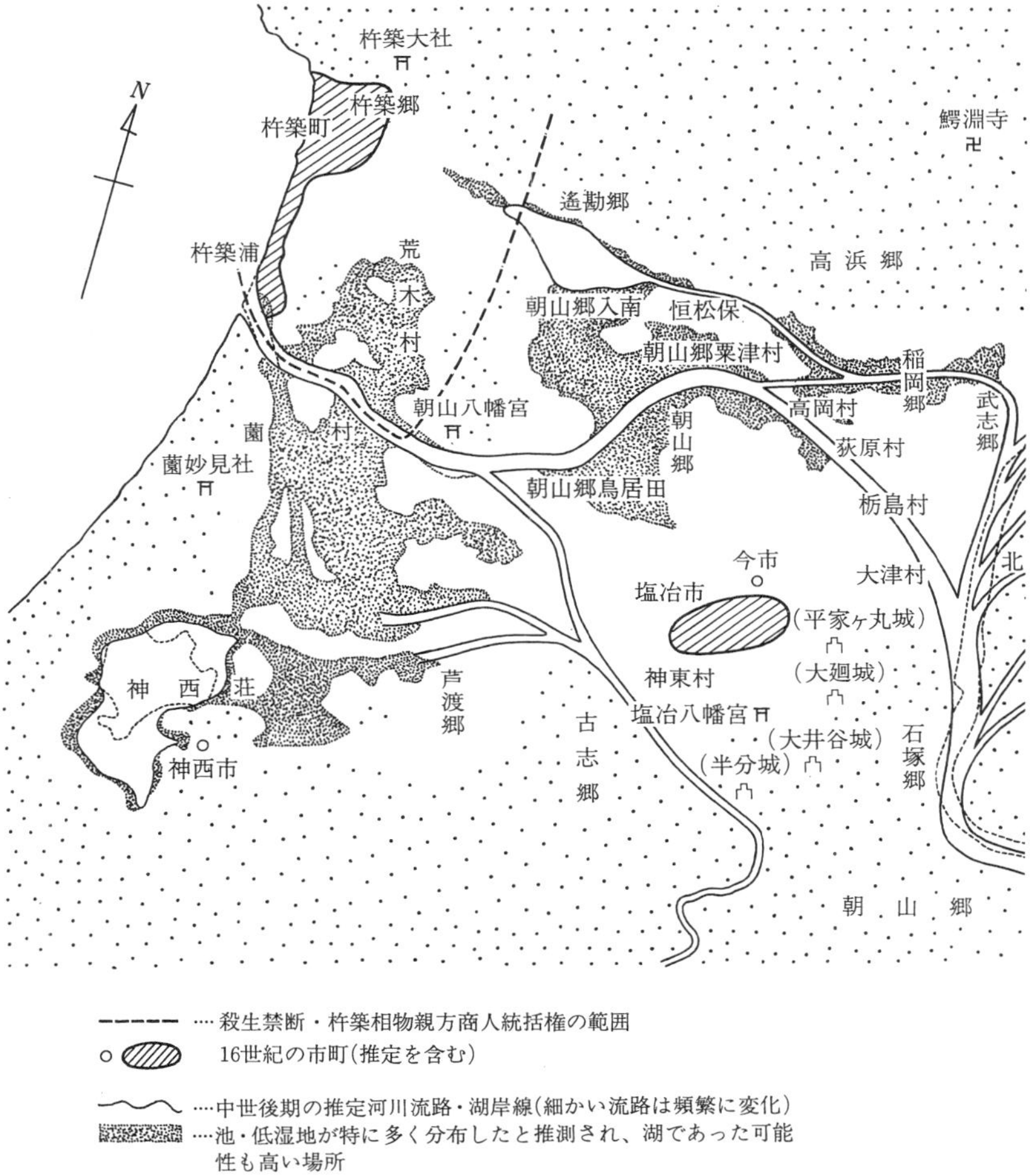
N
杵築大社
杵築郷
杵築町
鰐淵寺
遙勘郷
高浜郷
杵築浦
荒木村
朝山郷入南
恒松保
朝山郷粟津村
稲岡郷
朝山八幡宮
高岡村
武志郷
薗村
朝山郷
荻原村
薗妙見社
朝山郷鳥居田
杤島村
今市
大津村
塩冶市
(平家ヶ丸城)
北
(大廻城)
神東村
神西荘
芦渡郷
塩冶八幡宮
古志郷
(大井谷城)
石塚郷
神西市
(半分城)
朝山郷
……殺生禁断・杵築相物親方商人統括権の範囲
16世紀の市町(推定を含む)
……中世後期の推定河川流路・湖岸線(細かい流路は頻繁に変化)
……池・低湿地が特に多く分布したと推測され、湖であった可能性も高い場所

図2　中　世　の

「塩冶」市は中世に遡るものと考えられ、何らかの形で近世「今市町」に繋がる町場が、塩冶郷内に存在したと推測される。(31)

以上のように、中世における塩冶郷とその周辺部は、出雲国山間地域の水のほとんど全てが集中する巨大な河川水運の拠点として出雲国最大級の経済的要地であったと推測され、出雲国内のみならず、備後・安芸・石見各国とかなり直接的なつながりを確認できる地域的流通の大きな結節点であったことが知られるのである。

2　塩冶氏の所領分布

冒頭でも述べたように、塩冶氏に関する史料は非常に限られているため、所領の全体像は明らかでなく、寄進状等からその断片を窺えるのみである（表1参照）。しかしながら、各時期を通じ、塩冶郷の大部分を確保していたことは確実と思われ、(32)朝山郷代官職をはじめとするその他の諸職・諸権益・拠点等を出雲国内各地に有していたと考えられる（図3参照）。

中世後期の朝山郷は、「出雲国風土記」の時代の朝山郷（塩冶郷の南部で現出雲市朝山町・馬木町・野尻町・稗原町・宇那手町にかけての一帯）ばかりでなく、斐伊川下流域の両岸（現出雲市姫原町・小山町・平野町の一帯と同松寄下町の一部）にも所在しており、塩冶郷を取り巻く形で広大な領域を占めていた。(33)鎌倉期出雲国の守護佐々木氏と在国司朝山氏の本領が斐伊川・神戸川下流域をほとんど独占していることは、この地域の政治的・経済的重要性を端的に裏づける事実であるが、朝山郷は応永元年（一三九四）以降、幕府御料所に組み込まれている。(34)そして塩冶氏は、少なくとも永享三年（一四三一）以前に、この幕府直轄領朝山郷の代官職を獲得しており、(35)これによって同氏は、北部の杵築大社領（遙勘郷・高浜郷・稲岡郷）を除く出雲平野西部一帯を、事実上支配下におさめたものと考えられる。

ところで、鎌倉期守護佐々木氏は、所領として「美保郷」「平浜別宮」を確保していたが、美保関が、中海・日本海水運の結節点として、さらには日本海水運の要港として、重要な意味を持っていたことは改めて言うまでもないし、平浜別宮も「八幡津」「八幡市場」の所在地として、戦国期の「馬潟」に相当する宍道湖・中海間の要衝である。(36) これ

表1　塩冶氏惣領家所領・所職初出一覧

所領・諸職名	年月日	文書名等	典拠（数字は大社町史）
塩冶郷	文永八年（一二七一）一一月	杵築大社三月会頭役結番帳	千家家文書（二八四）
富田荘	文永八年（一二七一）一一月	杵築大社三月会頭役結番帳	千家家文書（二八四）
古志郷	文永八年（一二七一）一一月	杵築大社三月会頭役結番帳	千家家文書（二八四）
美保郷	文永八年（一二七一）一一月	杵築大社三月会頭役結番帳	千家家文書（二八四）
平浜別宮	文永八年（一二七一）一一月	杵築大社三月会頭役結番帳	千家家文書（二八四）
塩冶郷大津村	弘安元年（一二七八）九月　四日	佐々木頼泰寄進状	出雲大社文書（三〇五）
生馬郷	乾元二年（一三〇三）四月一一日	佐々木貞清寄進状	鰐淵寺文書
塩冶郷神東村	嘉暦元年（一三二六）八月一五日	佐々木貞清寄進状写	富家文書（三六五）
稲頼荘	建武三年（一三三六）四月　一日	佐々木高貞寄進状	富家文書（四一五）
塩冶郷栃嶋村	建武四年（一三三七）九月　九日	佐々木高貞寄進状	富家文書（四二五）
塩冶郷薗村	文安四年（一四四七）六月　三日	塩冶高清妙見社神主職安堵状	秦家文書
朝山郷代官職	永享三年（一四三一）九月二二日	幕府奉行人連署奉書案	「室町家御内書案下」
来海荘代官職	永享三年（一四三一）九月二二日	幕府奉行人連署奉書案	「室町家御内書案下」
塩冶郷高岡村	寛正三年（一四六二）正月　六日	塩冶高清佐草氏給分安堵状	佐草家文書（七七一）
塩冶郷荻原村	寛正三年（一四六二）八月二八日	塩冶豊高御崎神田安堵状	日御碕神社文書（七七四）
坪谷村	文明六年（一四七四）一〇月二〇日条		「政所賦銘引付」
赤江荘	文明七年（一四七五）一二月一四日条		「政所賦銘引付」
久多見保	文明七年（一四七五）一二月一四日条		「政所賦銘引付」
遙堪郷代官ヵ	明応元年（一四九二）八月二三日条		『山科家礼記』（九二四）

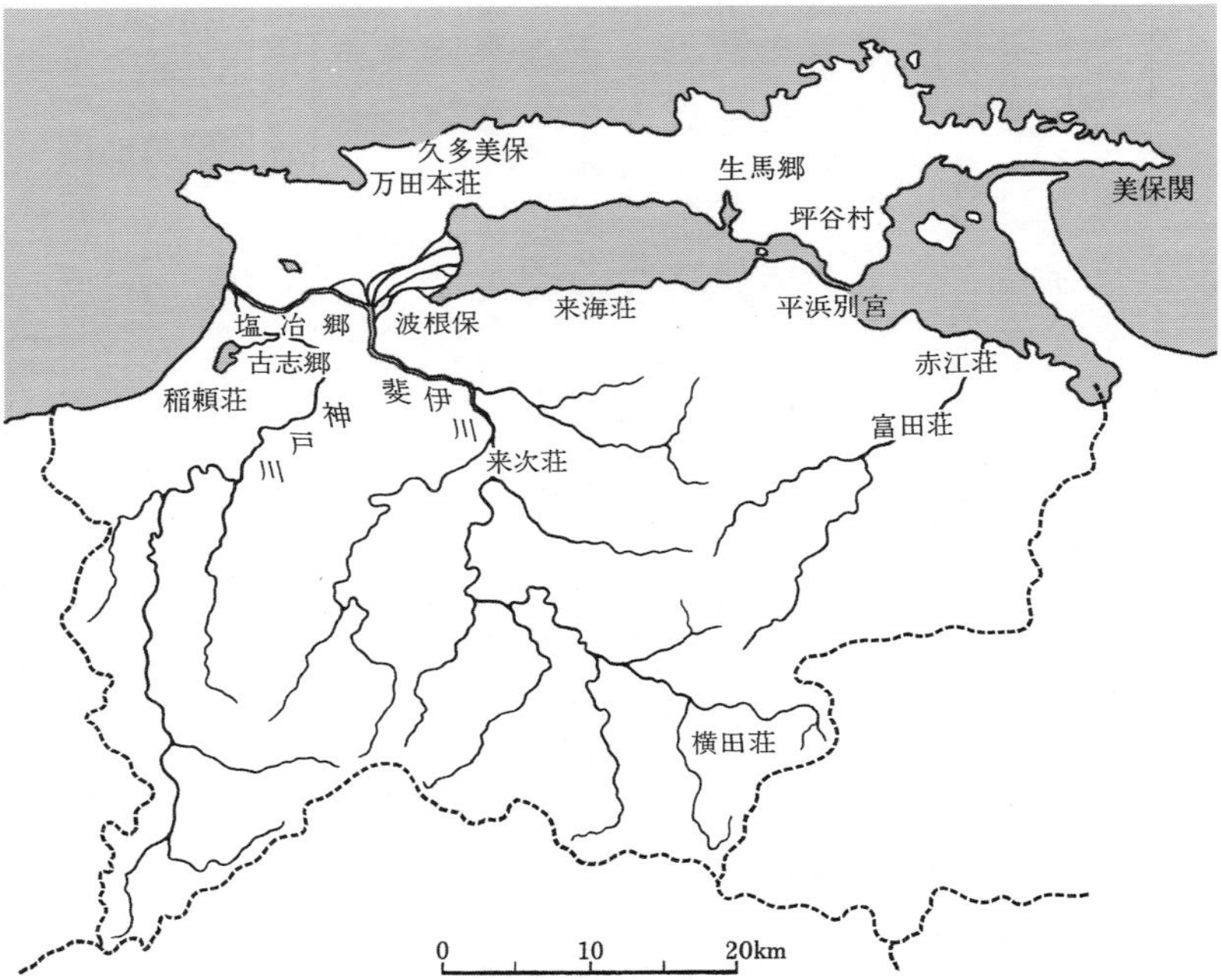

図3　塩冶氏関係地図

らは、基本的には室町期の塩冶氏所領ではないが、塩冶氏が宍道湖・中海水運と深く関わっていく素地は、既に鎌倉中期の段階で整っていたのであり、分割相続による所領の分割が行なわれる際にも、それぞれの子孫が、何らかの形で宍道湖・中海水運に関与しうる拠点・諸権益を各地に保持していた可能性は高い。例えば、永享三年に確認できる来海荘（現八束郡宍道町来待）は、塩冶氏が代官を務める幕府御料所であったと考えられ、中世においては宍道湖南岸の中央部に位置していたし、宍道湖北岸の佐陀荘も歴史的に塩冶氏との結び付きが強い[37]。また、文明六年（一四七四）に確認できる惣領家所領の長田西郷「坪谷村」は、現在の松江市西尾町近辺に位置していたと推測され、当時は宍道湖・中海を結ぶ水路の北岸に面していた[38]。さらに、文明七年に確認できる惣領家所領「赤江庄」は、飯梨川河口に位置しており、富田と美保関を結ぶ中海水運の要衝であった可能性が高い[39]。塩冶郷とその周辺部の地域的特質に支えられている塩冶氏が、その権益をより有効に活用し、発展させていこうとすれば、宍道湖・中海水運との結び付きは何より重視すべきはずのものであり、来海荘・坪谷村・赤江荘や庶流波根氏の本拠波根保などは、室町期塩冶氏がそのような志向性を有していたことを裏づけるものと考えられる。

さらに、斐伊川の河口は日本海水運の拠点であったと思われるが、その南岸や下流域一帯は塩冶郷薗村に含まれていたと考えられ、室町期塩冶氏は日本海水運に直接関わりうる拠点を有していたと推測される。(40) この点に関連して興味深いのは、山名本宗家の家臣で、但馬国二方郡（現美方郡）に本拠を持つ庶流の但馬塩冶氏の存在である。但馬塩冶氏は、明徳の乱で敗走した山名氏に随従したものと思われ、室町・戦国期を通じ、山名氏本宗家の家臣として特に備後国支配に携わり、(41) また、但馬芦屋城（現美方郡浜坂町）を拠点とする但馬・因幡・伯耆の水上勢力（海賊）として活動している。(42) 同氏と塩冶氏惣領家との交流を具体的に示す史料は残されていないが、例えば、年未詳十月十七日山名俊豊書状(43)は但馬塩冶氏の「民部丞」(44)について、「彼者事、雲州へ召仕候」と述べており、十五世紀末の段階で、但馬塩冶氏が出雲国と交流関係を持っていたことを確認できる。但馬塩冶氏の水上勢力としての性格を勘案すれば、それは日本海を介した交流関係であったに相違なく、このことからは、京都との間を往復する経路の問題を含め、塩冶氏惣領家自体が日本海水運に積極的に関与していた可能性を窺えるのではないかと思う。

以上、第一節においては、室町期塩冶氏の歴史的性格について論じてきた。まず、同氏の基本的性格については、鎌倉期守護の系譜を引き、かつ在地に確固たる基盤を有する典型的な奉公衆として、基本的には守護権限の介入を受けない地位にあることを確認した。そして、それを現実に支える経済的基盤については、出雲国最大の河川水運の要地である斐伊川・神戸川下流域一帯全域に権益を有し、河川流通とそれによってもたらされる鉄などを捉えることが可能であったこと、さらには宍道湖・中海水運の拠点をも各地に確保し、日本海水運に直接関わりうる拠点を有していたことを明らかにした。室町期の尼子氏は、中海・宍道湖の水上勢力を配下に組み込み、確保しようとする志向性を有していたが、尼子氏による塩冶氏掌握は、このような側面からみても必要不可欠のものであったといえるのである。

二　十五世紀末における塩冶氏の動向——自立的地域秩序の形成——

室町幕府体制を揺るがす応仁・文明の乱を経て、奉公衆の地位も一定の変質を余儀なくされ、特に明応の政変以降は将軍権力の軍事的基盤という存在意義を事実上喪失していったと考えられるが(45)、このような中にあって、在地に確固たる経済的基盤を有する塩冶氏は、独自の新たな動きを示している。

明応四年（一四九五）、幕府は「年貢難渋」を理由に朝山郷代官塩冶新九郎を召し放ち、かわりに幕府奉行人飯尾清房を代官に補任した(46)。塩冶新九郎は惣領と推測される塩冶三河守貞綱と共に、奉公衆第三番を務めていた人物であるが(47)、幕府のこうした措置に対し、「猶以新九郎及異儀、相語同名参河守以下親類・国人、可発向御料所之趣造意」(48)し、抵抗の意志を示している。

これと同じ年、杵築大社両国造家は、社領と朝山郷の山境をめぐり幕府と対立していたが、再三の「召文」にもかかわらず上洛を拒み、「剰毎度取懸御料所、可及鉾楯」(49)しといったあからさまな示威運動を展開していた。そして、朝山郷をめぐるこれらの緊迫した情勢を直接的背景として、ついに翌明応五年、幕府側の朝山郷「地下人」と「国人」との間に軍事的衝突が引き起こされることとなる。

飯尾加賀守清房申、上様御料所出雲国朝山郷代官職事、帯補任御下知等、知行無相違処、当郷内沢并山境之儀、杵築社両国造背往古例、去年以来致違乱之条、為糺明及三ヶ度雖被成召文、遂彼雑掌不能参洛、剰相語佐々木塩冶・同古志左京亮以下国人等、差寄御料所致合戦、地下人数輩被疵、馬庭平兵衛尉其外一両輩令生涯(害)趣、註進到来之条、前代未聞所行也、不可不誡、所詮於彼論所者、云山境云沢、共以被付御料所訖、至両国造狼藉者、任制法追可有御成敗之上者、有自然之儀者、合力清房代可被致忠節由被仰出候也、仍執達如件、

明応五
四月廿三日　(周防)貞通（花押）
(斎藤)玄茂（花押）

三沢遠江守(為忠)殿

この史料[50]とほぼ同文の奉書が、「朝山家文書」にこれを含めて計六通[51]（『大社』九四八～九五三）残されており、塩冶氏・杵築大社両国造家と同一行動をとった「古志左京亮」を譴責したものを除けば、反幕府方に加わらなかった出雲国内領主（三沢・宍道・神西氏）と代官飯尾清房、及び在地の土豪層以下地下人（名主沙汰人）とのそれぞれに対し、再度の異変があれば一致して戦うよう命じたものである。

これら一連の事件は、その背景に、在地における土豪層（馬庭氏等）以下地下人と代官塩冶氏との年貢収納をめぐる階級間対立、及び奉行人層（飯尾清房等）の台頭という室町幕府体制内部の変動[52]が存在することを見落としてはならないが、直面する課題を克服すべく、国造千家氏・国造北島氏・塩冶氏・古志氏をはじめとする「国人」たちが、反幕府勢力として結集を遂げたことの意味は重要である。以下、このような幕府の公権力を認めない「国人」の連合体が成立した歴史的背景について検討しておきたい。

杵築大社領の主要部分[53]は、上郷の対岸「阿吾郷」を最上流として「遙勘郷」に至るまで、西流する斐伊川の右岸域一帯に展開していた十二郷であり、いずれも塩冶郷に近接する河川水運の拠点である。また「杵築浦」「宇龍浦」を

はじめとする七浦は日本海水運に直接関わりうる島根半島西端の諸浦である。従って、領主権力としての両国造家は、塩冶氏と地理的に近接し、同じ水系を介して利害を共有する存在であったと考えられる。

鎌倉末期の国造出雲泰孝の室は守護佐々木貞清の息女（後の「覚日」）であったが、室町期には、こうした両氏間の婚姻関係を背景とする塩冶氏庶流と大社との密接な関わりが確認できる。例えば、閏七月十六日某武実書状[54]は、応永二年（一三九五）に守護京極高詮の奉行人武実から塩冶氏庶流「塩冶備中守」に対し、大社・御崎両社間相論に関する守護側の意向を内々に伝えたものである。塩冶備中守は、守護と杵築・御崎両社間を円滑に結び付ける役割を果たしているので、これ以前より両社との間に私的で緊密な交流関係があったことを窺わせている。また前述のように、庶流大熊貞季は大社との直接的な結び付きを有した人物である。これらはいずれも、鎌倉末期国造出雲氏と守護佐々木氏との間に取り結ばれた婚姻関係を重要な歴史的前提とするものと考えられる。

このような関係は、非常に近接した歴史的・地理的条件を有していた古志氏についても、想定することが可能である。古志氏は、守護佐々木泰清の子息義信を祖とし、塩冶郷とは神戸川をはさんだ対岸に位置する古志郷を本拠とする国人領主であり、南北朝期には宍道湖北岸や隠岐国において権益を有していたように、水運に関与していた可能性が高い[55]。「佐々木譜」によれば、古志信綱の子に「国造千家直信妻」、古志為信の子に「国造千家豊後（俊）妻」、塩冶貞綱の子に「国造守（高）俊妻」との注記が見られる。国造名の錯誤は明らかに初歩的な誤読によるものであり、明応四年（一四九五）十一月十九日国造千家高俊譲状[56]に「一、宇料事、神西左衛門允押知行候、幸親子事候之間、古志方と母にて候者有談合、可被返執事可然候」とあることによって、古志氏と国造千家氏との婚姻関係については、史料的にも確認できる。

さて、同譲状によれば、千家氏は所領宇龍浦を押領した神西氏を、古志氏と一致して排除しようとしたことが知られ、また「朝山与不慮公事出来半、(中略)猶以有望事者、塩冶方・古志方申合、可達本意候」とも記されていることから、「一揆契状」の類こそ残されていないものの、国造家と塩冶・古志両氏との間に、相互扶助協約関係が取り結ばれていたこと、これらの諸氏が自立的な地域秩序を形成していこうとする志向性を有していたことを確認できる。従って、明応五年に反幕府勢力として統一的軍事行動をとった「国人」連合は、以上述べてきたような婚姻関係や日常的交流関係を前提とし、地域的特質と杵築大社の宗教的権威とを背景として緊密に取り結ばれた相互扶助協約関係に基づくものと考えられる。前掲の明応五年四月二十三日幕府奉行人連署奉書が塩冶氏庶流を宛名としえなかったことは、庶流諸氏も塩冶氏と統一行動をとった可能性を窺わせるものであると思われ、明応九年四月十九日幕府奉行人連署奉書案(57)において、幕府側が塩冶貞綱を朝山郷代官と認めている事実は、反幕府連合側の政治的勝利を端的に示すものと言えよう。

守護権限が及ばず、しかも確固たる経済的基盤を有する塩冶氏が、宗教的権威でもある杵築大社を含め、水運への関与という点で同様の性格を有する周辺諸領主と政治的結集を遂げた場合、出雲国西部の要地は大部分がその傘下に組み込まれることとなり、政治的・経済的・宗教的影響力は強大なものとなったことが予想される。それは、単に限られた地域の問題にとどまらない、出雲国一国に多大な影響を及ぼす勢力であったと思われ、尼子氏が京極氏の「守護権」や「一国支配権」を継承し、「幕府—守護体制」に組み込まれたとしても、これらの勢力を「国並」に動員することが現実にどこまで可能であったのか、甚だ疑わしいと言わざるをえないのである。

三　尼子氏による塩冶支配の展開

本節では、これまで述べてきた室町期塩冶氏の歴史的性格や周辺諸領主との交流関係を踏まえ、尼子氏が出雲一国へ権力を浸透させていく際に不可欠な、塩冶郷とその周辺部に対する支配の歴史的展開過程（①塩冶氏惣領として興久を入部させ、②国久にそれを継承させ、③やがて塩冶郷とその周辺部を直轄領に組んでいくまでの過程）を明らかにし、塩冶氏掌握の重要性を裏づけていきたい。

1　興久の塩冶入部とその「謀叛」の歴史的意味

尼子経久の三男彦四郎興久による塩冶氏の家督継承を確認できる史料的初見は、永正十五年（一五一八）十二月一日塩冶興久寄進状[58]であり、塩冶郷高岡村の田地一町を日御崎社に寄進している。興久は、「塩冶」を称し、塩冶郷内の権益を寄進しており、また一次史料ではないが、享保二年（一七一七）の『雲陽誌』（『大日本地誌大系42　雲陽誌』〈一九七七年〉）や宝暦十四年（一七六四）の秦信安塩冶八幡宮万差出帳[59]に、大永年間初頭に塩冶八幡宮の社殿が炎上し大永二年（一五二二）十月に塩冶興久が再興したとの記録があることなどより、塩冶氏惣領として家督・権益を継承した人物であると考えられる。

しかしながら、興久が何時どの様な経緯で塩冶氏惣領家を相続したかという点については、明らかにしうる史料を見出せない[60]。ただ、諸系譜に見受けられる多数の兄弟・庶子の存在や、種々の合戦にあれほど饒舌な軍記物類に何等の記述も見出せないという事実は、この相続が、塩冶氏自体の血脈が途絶えたための措置ではなく、また尼子氏との戦争の結果などでもなく、いわば塩冶氏と尼子氏が同盟関係を形成するため、塩冶氏の在地支配を実質的に担っていた塩冶氏一族以下家臣団と尼子氏との合意によってなされた施策であることを窺わせている。

興久期塩冶氏の内部構成についても実態を知りうる史料が存在しないが、いま『陰徳太平記』によれば、かなり多数の興久家臣の名が記されている。勿論、これらの全てが事実とは考えがたいが、その内の「松枝」氏は現出雲市高松町松枝を本拠とする土豪、「浅山」氏は朝山氏の系譜を引く人物と思われ、以前よりの塩冶氏家臣と推測される。しかし、それ以外の亀井・米原・池田・岩崎・宇山・牛尾といった諸氏は、いずれも尼子氏直臣「富田衆」の同名や他の領主権力「出雲州衆」の同名であって、興久入部の際に付き従ったりして新たに塩冶氏配下へ組み込まれた者が相当数存在したことを窺わせるものである。天文十九年（一五五〇）、安芸国吉川氏を相続した元春（毛利元就次男）が、新庄入城に際し三十六名にのぼる毛利家家臣を従えていた事実を勘案すれば[61]、塩冶に新たに送り込まれた興久直属の家臣が相当数存在したことは事実と思われる。このことは、尼子氏の塩冶氏掌握に対する主体的で積極的な姿勢を窺わせている。しかも、それが永正十五年以前というかなり早い段階で実現していることは、特に注目される。

尼子氏による奉公衆家の掌握は、次男国久による吉田氏の継承をも合わせ考えるならば、経久が明確な政治的意図を以て推進した一連の政策と推測される[62]。

軍記物における塩冶興久の「謀叛」は、所領加増問題をめぐる経久・興久父子の対立として描かれ、尼子氏衰亡の遠因と評価されている。しかし、この「謀叛」の歴史的意味は、尼子氏の内紛という理解でとらえきれるようなものではない。

享禄三年（一五三〇）のものと考えられる五月二十八日陶興房書状[63]は、大内氏重臣である興房が、毛利氏の家宰志道広良に対し、尼子氏と塩冶氏の戦争に関する情報提供を求めたものである。その中で興房は、当時の戦況について

「令推量候には、只今一旦者塩冶かたも可然候ハんするニて、何となく武略は又富田ニまし候ハんする哉」と述べており、塩冶氏がかなり善戦していたことを窺える。近世初頭に記録された「杵築大社旧記御遷宮次第」[64]においては、興久「謀叛」を享禄三年三月八日のこととしているが、その信憑性は高いと思われる。天文二年（一五三三）の十一月十一日新見国経書状[65]に「尼子方者備後山内へ出陣候、于今在陣候へく候、年内開陣あるへく候哉」とある事は、敗走した興久をかくまった山内直通を尼子氏が攻撃した際のものと思われるので、この頃には戦局の大勢が決していたようである。

従って、『陰徳太平記』などによって、興久の「謀叛」は天文元年八月に開始され一挙に鎮圧されたとされていることは、事実ではない。尼子氏・塩冶氏間の武力衝突は、従来言われてきた以上に長期にわたるものであったことが知られ、また大内氏側の判断を惑わせるほど両者相拮抗した時期があったことが明らかであるので、尼子氏にとっていかに深刻な「謀叛」であったか窺い知れよう。

塩冶興久の「謀叛」の背景として何より重視すべき点は、塩冶氏自体の歴史的性格の問題である。例えば、興久が「謀叛」の開始と同時に杵築大社造営を立願し、柱立を成就したと伝えられることは[66]、塩冶氏が尼子氏に代わって一国支配権の掌握を目指した可能性を示している。また、それは歴史的に塩冶氏との強い結び付きを有した杵築大社両国造家にも、塩冶氏側に加担する動きがあったことを窺わせている。さらに、三沢氏や多賀氏など出雲国を代表する有力領主、あるいは尼子氏の基盤というべき大原郡内からも塩冶氏に与同する勢力が出現したと考えられ、また鰐淵寺が塩冶氏に与したことは史料的に確認できる[67]。その意味では、この「謀叛」は、決して興久の個人的資質の問題などにとどまる規模のものではない。むしろ、尼子氏権力の出雲国西部や南部への浸透に対する根強い反発が存在し、そのような諸勢力が一致して興久を支持したことによって引き起こされたものである可能性が高い[68]。その背景には、室町期における塩冶氏の自立的性格がこの地域においてなお重要な意味を持っていたと推測される。経久が、山内直通を直接攻撃し、実子興久を自刃に追い込むところまで徹底した討滅を断行した理由も、こうした点に求められるのではないかと思われる。これは、出雲国西部や山間地域の主要勢力に支持された塩冶氏と、出雲国東部における基盤を固めてきた尼子氏との間の全面戦争に他ならない。

塩冶氏の「謀叛」とは、中世後期の出雲国における政治構造の転換が決定的となった、きわめて重要な画期であると考えられる。塩冶氏との戦争にかろうじて勝利した尼子氏は、結果的に出雲国における「権力」を飛躍的に強化しえたのであり、尼子氏衰亡の遠因であるとは考えられない。

2　尼子国久の存立基盤と政治的位置

本項では、興久の跡を引き継ぎ旧塩冶氏所領の領有を確認できる、経久の次男国久（孫四郎・刑部少輔・紀伊守）について考察し、尼子氏による塩冶支配の第二段階がどの様な形で推進されたのか明らかにしたい。

塩冶之内大工給室之事、従先代為給地持来間、弥々無相違可申付者也、恐々謹言、

十一月十三日　　国久（花押）

神門次郎左衛門《（国清）》殿

この史料(69)は、杵築大社大工神門国清に対して給分を安堵したものであるが、国久が「塩冶之内」の権益を独自に安堵している事実から、塩冶郷内に国久領が存在したことを確認できる。また、天文二十四年（一五五五）六月二十八日立原幸隆書状(70)は、御崎社神領を含む「薗村地下中」に対し、「近年紀州様《（尼子国久）》より如被仰出候」く「諸色不相替御崎江可致取沙汰候」と命じたものである。天文二十三年十一月、国久以下「新宮党」は晴久の粛清を受けて全滅するが、

この史料は、生前の国久が薗村を領有していたことを示している。国久がこれらの塩冶氏の経済的基盤を継承したとすれば、奉公衆吉田氏のかつての本領吉田荘（現安来市上吉田町・下吉田町）が永正年間以来国久の直接的基盤であったこと、塩冶氏に与同したと思われる多賀氏の旧領（多祢郷など）が国久の嫡子誠久に与えられた可能性があること[(71)]と併せ、強大な軍事的基盤を獲得できたと考えられ、天文年間末から永禄年間初頭のものと思われる二月九日小野政久書状[(72)]で日御崎社の小野政久が「新宮御威勢之砌」と述べ、諸種の軍記物において「新宮党」が尼子氏最大の軍事力と評された理由も、客観的で具体的な裏づけが可能となるのである。

ところで、天文二十一年九月二十五日国久書状[(73)]は、杵築大社国造北島氏の上官佐草氏に宛てたものであるが、その中の文言に「忰者対大熊右京進示預候」との記載が見られる。さらに、同日付で尼子晴久の直臣多賀久幸に宛てた大熊久家書状[(74)]は、晴久への披露を依頼する国久の意向を伝達したものである。ここで注目されるのは、国久側近と思われるこの大熊右京進久家という人物が、その名字よりみて塩冶氏庶流の大熊氏一族と考えられることである。年未詳十一月二十九日鳥屋誠幸・同清誠連署書状[(75)]によれば、大熊久家は佐草氏の許に「祗候」しているが、佐草氏が国造北島氏方最大の上官であり北島氏権力の枢要な位置を占めていたこと、既に述べたように戦国期北島氏の被官として大熊氏の名が確認できることを勘案すれば、大熊久家が佐草氏と尼子氏権力とを結び付ける役割を演じていることは極めて自然なことと思われ、国久が大熊久家を「忰者」として捉えておくことは、塩冶氏以来の周辺領主（特に杵築大社）との結び付きを確保・強化していく上で、非常に重要な意味を持っていたと考えられるのである。

以上のように、国久は、塩冶氏の所領の中核部分とその配下の人物等を継承し、前代以来の周辺領主との関係についても実際に一定度継承できたものと思われる。国久がこれら諸権益を継承した時期については、興久敗退以後天文十三年以前のどの時点であるか、史料的に特定することができない。ただ、『石山本願寺日記』において興久の子息清久が天文七年段階でなお「エンヤ子息」と称せられ（同年十一月十八日条）、家督を継承していない可能性を窺わせているること、尼子氏側が書き記した天文九年「竹生島奉加帳」[76]には「彦四郎　清久」とのみあって同名として扱われていた可能性が高く、同奉加帳に「塩冶」の名も見られないことより、鎌倉期以来出雲国に多大な影響を及ぼしてきた塩冶氏惣領家は、興久の敗死によって断絶・滅亡したと考えられる。従って、国久による塩冶氏所領継承の時期については、経久が、興久撃退後のかなり早い段階で、国久をして混乱の収拾に当たらせ、塩冶氏と塩冶氏に加担した諸勢力の基盤を与えることによって出雲国西部の押さえにしたと考えるのが、最も自然ではないかと思われる。

尼子国久については、従来「新宮党」の領袖として強大な軍事力を有し、尼子氏の柱石と評価しうる重要な役割を果たしたことが、しばしば指摘されてきた。その物的・人的根拠が塩冶氏旧領・諸権益などの継承にあったことは以上述べてきた如くであるが、このことは同時に、国久の尼子氏権力内部における政治的位置や政治的実力にも、様々な形で多大な影響を及ぼしたものと考えられる。特に天文十年、毛利氏攻撃に失敗し安芸吉田郡山城から撤退した尼子氏は、同年十一月の経久逝去と相俟って、かつてない重大な危機に直面する。このような状況下において国久は、尼子氏一族の長老として、若年の当主晴久を補弼できる存在として、極めて重要な役割を果たしている。

杵築大社国造千家直勝（国造高勝に男子が無かったため国造職を相続した高勝女婿西直勝）は、天文十二年六月に病死したが、子息塩童丸が未だ十五歳に満たなかったため、千家氏「親類・被官」と古志左京亮宗信の合議により、東彦十郎慶勝が一期の間国造職を務める事に決定した[77]。この件に関し国久は、六月二十六日、西塩童丸に対し「御親父直勝退転之刻、就御幼少、東彦十郎方社役被存候、慶勝以後貴所可有相続之由、被申定候旨、晴久以一通申候」との書状を遣わしている[78]。晴久の「一通」とは、同日付尼子晴久安堵状[79]を指しており、安堵状のより高い有効性を受給者に認識させるため、国久が副状を発給したものと思われる。同様の例は、同年七月晴久が日御崎社に「宇料浦」を寄進した際にも見受けられ、(80) 九月十日国久書状(81)も杵築大社末社の阿式社神主職を市庭宗右衛門尉に安堵した「民部少輔（尼子晴久）一行」の副状である。

尼子氏当主を補弼する国久の機能は、このほかに裁判権の領域にも及んでいる〔表2・表3参照〕。佐木浦（現簸川郡大社町鷺）と宇道浦（現大社町鵜峠）は、大社七浦に含まれる杵築大社領である。大社北方の日本海に面したこの両浦で山境相論が起こったのは天文十六年初頭であり、同年閏七月十一日と八月九日の二度にわたる晴久裁許状によって、佐木浦側の勝訴に終わっているが、ここで何より注目されるのは、相論当事者（佐木浦代官浄音寺等）が国久に取り成しを求めていること、そして尼子氏直臣達もまた度々国久に意向を確認していることである。このことは、言うまでもなく塩冶氏時代以来の人的交流関係を前提とする国久の地位と実力によるものであり、晴久と

編』による）

2.2	尼子氏奉行人連署書状（1201）
2.2	尼子氏奉行人連署書状（1202）
2.20	下笠重秀書状（1203）
2.20	下笠重秀書状（1203）
閏7.11	尼子晴久袖判奉行人連署奉書（1209）
8.9	尼子晴久袖判奉行人連署奉書（1210）
2.26	尼子氏奉行人連署書状（1204）
2.26	尼子氏奉行人連署書状（1204）

史　史料編』による）

2.19	多賀久幸書状（1253）
2.19	多賀久幸書状（1253）
2.19	多賀久幸書状（1253）
2.19	多賀久幸書状（1253）
2.19	多賀久幸書状（1253）
3.4	多賀久幸書状（1254）
9.22	聖財院文友・神宮寺周善連署書状（1262）
9.22	聖財院文友・神宮寺周善連署書状（1262）
9.25	大熊久家書状（1258）
9.25	大熊久家書状（1258）
9.25	尼子国久書状（1259）
9.25	尼子国久書状（1260）
9.26	尼子晴久書状（1261）
9.26	多賀久幸書状（1256）

表2　佐木浦・宇道浦相論（典拠はいずれも「北島家文書」、文書番号は『大社町史料

1547(天文16) 2．2	尼子氏奉行人より佐木浦代官浄音寺へ、佐木宇道間相論について、やがて尋ねるとの晴久の意向を伝える
2．16	尼子氏奉行人より、宇道地下人が「他出」した事について、「御神領事候間、罷帰候て可然」との**国久**の意向を伝える
2．20以前	浄音寺より、佐木・宇道浦の山境相論について、**国久**へ訴える
2．20	下笠重秀より、「上より以御判形を御上意次第可被仰付候、**国久**様より不可有仰出事」との晴久の意向を伝える
閏7．11	晴久が、佐木山境相論の裁決（佐木勝訴）
8．9	晴久が、再度佐木山境相論の裁決（佐木勝訴）
1548(天文17) 2．26以前	宇道地下人が、佐木山へ入り薪伐採
2．26	尼子氏奉行人より、宇道地下中へ薪伐採の譴責、「**刑部**様（国久）へも申上候へハ、御一行筋相違あるましきのよし御意候」

表3　北島方上官佐草・井田相論（典拠はいずれも「佐草家文書」、文書番号は『大社町

1552(天文21) 2．19以前	上官井田某、馳走を根拠に佐草氏より上位につくことを求める
	佐草孝清、「**新宮**」（国久）へ訴える
	国久の家臣**大熊久家**より晴久家臣多賀久幸に対し、晴久への取次を依頼
2．19	晴久、井田の主張を退ける意向を、家臣目賀田某を介して北島秀孝に伝えつつも、北島氏が裁定するよう命令
	多賀久幸、晴久の意向を**大熊久家**に伝える
3．4	多賀久幸、佐草孝清に対し、これまでの経過を通知
9．22	北島秀孝、「異見」として、佐草勝訴の裁定を下す
	北島秀孝、直書で「**新宮**」（具体的には大熊久家）へ報告
9．25	**大熊久家**、北島秀孝の報告を**国久**へ上申
	大熊久家、多賀久幸に対し「彼使」に様体を尋ね、晴久への披露を依頼
	国久、北島秀孝に相論の解決を祝す
	国久、佐草孝清に相論の解決を祝す「尚**大熊**可申候」
9．26	晴久、多賀久幸に対し、北島氏の裁定を追認する旨伝える様命令
	多賀久幸、佐草孝清へ北島氏の裁定を晴久へ披露したと伝える

その直臣達も、国久の有するこうした私的な関係を活かそうとしているのである。

国造北島方上官佐草氏と同井田氏が、「社役」をめぐる相論を引き起こしたのは、天文二十一年初頭のことであった。相論自体は、晴久が佐草氏保護の意向を明確に打ち出しながら国造北島秀孝の「異見」によって裁定させるという形で、佐草氏勝訴に終わっているが、注目されるのは、杵築大社側からの上申がすべて「新宮」経由で行なわれていること、晴久・国久それぞれの家臣が緊密に連絡を取り合いながら事を処していることである。少なくともこの相論における国久は、杵築大社から尼子氏当主への窓口として機能しているのである。

これらの事実は、特に天文十年以降の尼子氏権力内部における国久の役割の重要性を示しているが、それらの機能を現実に支えているものは、単に天文九年「竹生島奉加帳」筆頭に記載されているというような地位の高さや、尼子氏一族の最長老である点のみにあるのではなく、国久が塩冶氏から継承した塩冶郷とその周辺地域における政治的・経済的実力に他ならない。古志宗信が天文十二年の千家氏家督問題に深く関わっている事実は、言うまでもなく前代以来の両氏の強固な結び付きに基づくものであり、この件に関し国久のみならず嫡子誠久までが単独署判の安堵副状(82)を発給していることも、同様の歴史的背景に裏づけられてのものと考えられる。このことは、国久が塩冶氏の諸権益を継承して、経済的軍事的基盤と前代以来の周辺諸領主との結び付きを一定度継承したことにより、出雲国支配の要と言うべき出雲国西部に強い政治的実力と影響力とを、現実に及ぼしえていたことを示しているのである。この地域に前代以来緊密に取り結ばれて来た様々な人的交流関係は、当然のことながら容易に変化するものではないし、この時期の尼子氏は、そうした既存の交流関係をそのまま利用すること(＝国久を訴訟の窓口とすること等)によって、より現実に適合する、より有効な権力の浸透を図ったものと思われる。その意味において、歴史的に「守護権」の介入度が希薄な出雲国西部へ尼子氏が進出していく過程で、尼子国久の果たした役割は、極めて大きいと言わなくてはならないのである。

しかし、このことは同時に、当時の尼子氏権力が、一族内部にも大きな影響力を持つ「新宮党」の政治的・軍事的実力に依拠せざるをえない側面を、避けがたく有していたことを示している。晴久が佐木宇道相論をめぐる国久の裁許権を否定しようとした二月二十日下笠重秀書状（表2参照）に明示されているように、晴久は、国久独自に裁量権を及ぼせる領域を極力限定し、支配機構内部に組み込もうとしていたものと思われる。このことは、既存の交流関係をそのまま利用しようとする尼子氏の志向性を裏づけると共に、逆に、晴久があえて相論当事者に断らなければならないほどに国久の政治的実力が大きかったことをも示している。

このような国久の相矛盾する二側面（＝尼子氏が出雲国支配をより有効に展開するために不可欠な存在という側面と、晴久の権力を制約する存在としての側面）を踏まえ、晴久が、自らを中心とする権力強化のために、どのような対応をすべきか判断し導き出した最終的決断こそが、天文二十三年十一月の「新宮党」討滅であったと考えられるのである。

3　尼子氏による直接的支配

塩冶郷内の塩冶氏旧領について、尼子氏による直接的支配を確認できるのは、「薗村百貫地」を御崎社に寄進した天文二十四年二月二十八日尼子晴久寄進状[83]が最初であり、前項でも取り上げた天文二十四年六月二十八日立原幸隆書状[84]は、晴久直臣団の中枢に位置する立原幸隆が薗村の代官的存在であったことを示している。また、文安四年（一四四七）の塩冶高清による補任以降明らかでない「薗妙見社神主職」補任権[85]についても、永禄二年（一五五九）に至り、晴久が掌握していたことを確認できる[86]。また、天文二十四年八月十四日佐世清宗・立原幸隆連署書状[87]は、神東村の神門寺に尼子氏が直接寺領を安堵した初見であり、弘治三年（一五五七）八月十五日の尼子晴久袖判奉行人連署奉書[88]からは、高岡村八幡宮神主職も晴久によって安堵されたことが知られる。

天文二十三年（一五五四）十一月、国久以下「新宮党」は晴久の粛清を受けて全滅したと考えられるが、[89]尼子氏当主による塩冶郷内の直接的支配を確認できるのは、いずれもこの事件以降のことであり、生前の国久による塩冶郷内領有をあらためて裏づけている。かつて塩冶氏が代官職を有していた朝山郷は、かなり早い段階で、大部分が尼子氏の直接的支配下に組み込まれたものと思われ、例えば、経久は、永正十四年（一五一七）に朝山八幡宮を造営しており、[90]また別の時期には同郷内の稗原三ケ村を「此在所公方御領所候、別儀申付事候」として三沢紀伊守に宛行っている。[91]このことは、既存の領有関係を改編し幕府の経済的基盤を解体していった尼子氏の志向性を窺わせる事実として非常に興味深いが、尼子氏による塩冶氏の掌握・討滅は、それが現実に可能となった背景としても、極めて重要な意味を持っていたと推察される。その後の尼子氏による朝山郷支配については、晴久代に入ってから直臣の中井綱家が同郷内「東分一円御代官職」を務めていたことを確認できる。[92]従って、国久討滅後その所領を掌握した尼子氏は、旧塩冶氏の所領・諸権益を全て継承し、直轄領や家臣団の給地、或いは尼子氏が寄進・安堵した寺社領などとして、その広大な領域を直接的支配下に組み込んだと考えてよい。

すなわち「新宮党」の討滅とは、米原正義氏が指摘されたように「晴久が積極的に自己権力の拡大を図った結果生じた」[93]側面を有していたと考えられる。大名権力の存立にとってその選択が正しかったかどうかは、別の角度から評価しなければならないが、晴久は、自らの権力強化を家臣団の充実・拡大によって実現していこうとする志向性を鮮明にし、家臣の収取権を含めた直接的な経済的基盤の強化を企図し、出雲国西部における権力の浸透を、国久を介する方式とは別の方向で、さらに推進させていける目処が立ったと判断した可能性が高い。

ところで、このような尼子氏による塩冶郷・朝山郷の直接的支配は、永禄五年以降、毛利氏によって継承されていくこととなる。

毛利氏は、永禄五年七月に出雲国侵攻を開始するが、それに先立つかなり早い段階で石見国奉公衆佐波氏の被官石橋新左衛門尉を「塩冶・朝山司」に任じている(94)。そして、侵攻後の朝山郷においては、元就の直臣小田就宗を派遣して支配に当たらせると共に、石橋氏が「塩冶・朝山司」の職務として、陣夫の調達等に重要な役割を果たしている(95)。小田就宗は塩冶・朝山両郷の毛利元就の代官と推測され(96)、毛利氏は侵攻後逸早く塩冶・朝山両郷を直轄領に組み込んだものと思われる。また、石橋氏は毛利氏本隊の侵攻ルート神戸川中流域に基盤を置く存在であり、以前より塩冶・朝山両郷の在地勢力と密接な関わりを有していたと思われるので(97)、「塩冶・朝山司」の任命は、両郷の土豪層(朝山郷の場合「公文」三木氏・尾副氏・馬庭氏・宇田河氏など(98))を掌握して、支配をよりスムーズに貫徹させるための布石であったと考えられる。

こうした小田氏・石橋氏の機能を確認できるのは概ね永禄年間に限られるが、このことは、毛利氏が塩冶郷とその周辺部を戦略的に重視していたことを示すものであり、鳶ケ巣城(現出雲市西林木町)と共に、毛利・尼子戦争の帰趨を分ける重要な鍵であると認識していた可能性が高い。毛利氏による直轄支配とは、尼子氏の直接的支配を前提とするものであるが、何よりも、地域的特質と塩冶氏時代以来の歴史的背景を踏まえた戦略的施策であったと考えられるのである。

おわりに

以上三節にわたって述べてきたことを通じ、尼子氏が塩冶氏を捉えた歴史的背景と意義について、次のようなことが言えるものと思う。

室町期塩冶氏の最大の特質は、斐伊川・神戸川水運を中心とする水運への関与とその掌握、およびそれを介した鉄の獲得を通じ、肥沃な農耕地をも含んだ莫大な経済的基盤を、在地において確保していた点に求められる。しかも、基本的には守護権限の介入を許さない奉公衆として、また以上の点を重要な背景として緊密に取り結ばれた周辺領主との諸関係を通じ、塩冶氏が出雲国において独自な位置を占めていた可能性は、極めて高いのである。そのような室町期塩冶氏の歴史的性格に大きく規定され、またそれを最も具体的な形で表出した現象こそが、十五世紀末、杵築大社・古志氏をはじめとする周辺諸領主と共に反幕府勢力として結集した領主連合の形成であったと考えられる。

永正五年に守護京極政経が死去したことは尼子経久が守護権を継承しうる可能性を高めたが、以上の点を踏まえるならば、仮に経久が京極氏の「守護権」を継承したとしても、出雲国においてそれを現実に行使できる領域は、非常に限られていたと言える。特に、塩冶氏が出雲国最大級の経済的要地である塩冶郷とその周辺部をほとんど掌握していたことは、同氏の奉公衆としての地位を現実に支える経済的実力の大きさを示すと共に、それらは何よりも出雲国内における同氏の政治的実力と影響力の大きさを裏づけるものである。すなわち、塩冶氏と尼子氏とは、出雲国内において立場を異にしつつ併存・競合していたのであり、尼子氏がそのような塩冶氏を掌握したことは、塩冶氏の有する経済的実力と政治的実力・影響力とを、二つながらに自らの下に組み込んだことを意味しているのである。中でも、鎌倉期以来塩冶氏と緊密な関係を有し、国内最大の宗教的権威でもある杵築大社は、尼子氏が「一国公権」を掌握して出雲国支配を推進していく上で、是非とも掌握しなければならない存在であったと思われ、塩冶氏掌握はそのための極めて大きな足掛かりであったと考えられる。また、塩冶氏自体に宍道湖・中海水運へ積極的に関与していこうとする姿勢が見受けられることは、中海・美保関を基盤に勢力の拡大を図る尼子氏にとって、桎梏となる可能性の高い存在であったことを窺わせている。さらに、斐伊川上流部に基盤を有し、守護京極氏から自立的な動向を示す出雲国最大の領主三沢氏は、十五世紀末にかけて出雲平野へも積極的に進出しており、同地域を支配下に組み込んでおくことは、尼子氏が出雲国を一国規模で支配するための、必要不可欠な道であったと推測される。尼子氏が逸早く興久に塩冶氏を継がせ、塩冶氏自体の歴史的性格を逆に有効に利用する形で掌握し、やがてはその経済的基盤をほとんど自らの下に直接組み込んでいった政治的意図は、以上のような様々な側面から多面的に説明できるのであり、これらは尼子氏による塩冶氏掌握・討滅の歴史的意義の大きさを明確に示しているのである。尼子氏が、その滅亡に至るまでの全時期を通じ、各段階における最も有効な手段と細心の配慮をもって、塩冶郷とその周辺地域に対する権力の浸透を企図し続けていたという事実は、以上のことを明確に裏づけるものと言ってよいであろう。大名権力の形成をどの時点に求めるかは、なお多角的で慎重な分析が必要ではあるが、尼子氏の「権力」が出雲国東部の限られた地域から出雲一国へ及ぼされ、他国への侵略が可能となっていく過程における最大の画期は、如上の結論より見て塩冶氏掌握であったと考えられるので、これをもって大名権力形成の指標と捉えたい。

註

（1）鎌倉・南北朝初期の守護佐々木氏については、佐藤進一『鎌倉幕府守護制度の研究』（一九七一年）、同『室町幕府守護制度の研究』下（一九八八年）、下坂守「塩冶氏」（今谷明・藤枝文忠編『室町幕府守護職家事典　上巻』二七二頁以下、一九八八年）、藤岡大拙『塩冶判官高貞』（一九八八年）に詳しい。

（2）室町期の塩冶氏について論じた専論としては、藤岡大拙「後塩冶氏について」（島根県教育委員会他編『出雲・上塩冶地域を中心とする埋蔵文化財調査報告書』一九八〇年。のち同氏著『島根地方史論攷』収載）があり、基本史料と系図を列挙して概略を述べておられる。

塩冶氏の系譜には、北島家所蔵「出雲佐々木塩冶古志之系図」、覚専寺所蔵「出雲佐々木塩冶惣領次第記」、続群書類従本「佐々

木譜」の三種類あるが、もちろん、後世の作であって、三種類それぞれ異なる部分が多く、また明らかに事実と符合しない部分も多い。以下には参考のため、三種類に共通する部分のみを記したが、兄弟の順序などはなおそれぞれ異なる部分がある。

【塩冶氏略系図】

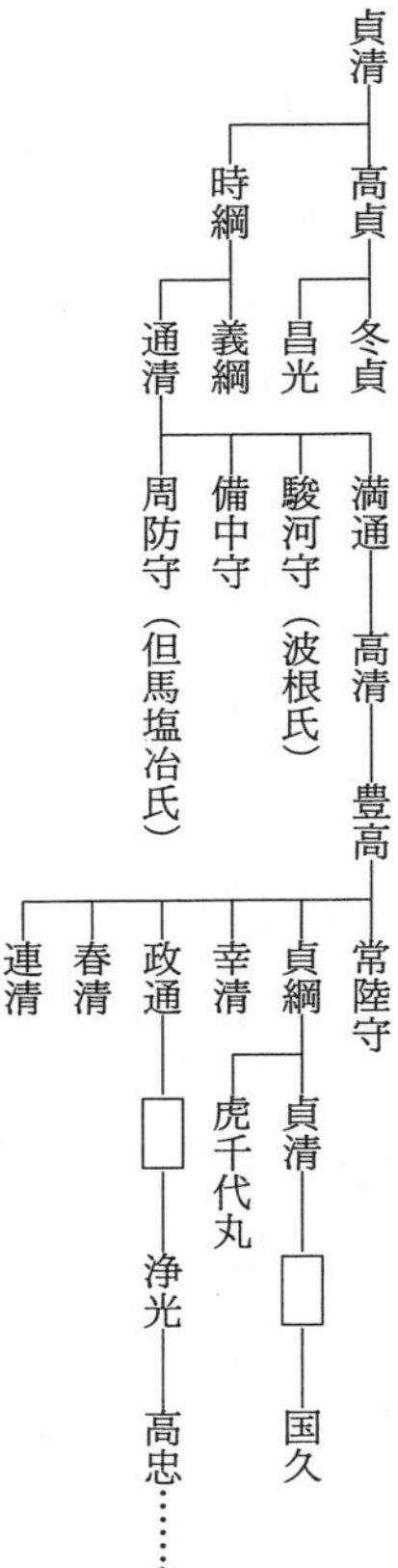

（3）福田豊彦『室町幕府と国人一揆』（一九九五年）の表8「番帳にみえる奉公衆一覧」による。
（4）佐藤進一「室町幕府論」（『岩波講座日本歴史7　中世3』〈一九六三年〉、のち同氏著『日本中世史論集』〈一九九〇年〉収載）、前掲註(3)所引福田氏著書。
（5）今岡典和「戦国期の守護権力――出雲尼子氏を素材として――」（『史林』六六―四、一九八三年）四頁。
（6）「日御碕神社文書」（『大社』八〇一～八一四）。
（7）永享五年三月塩冶光清安堵状（「富家文書」〈『大社』六八七〉）。
（8）永享五年四月某通綱安堵状写（東京大学史料編纂所所蔵「出雲大社諸社家所蔵古文書写・富家」〈『大社』六八八〉）。
（9）寛正三年八月二十八日塩冶豊高安堵状（「日御碕神社文書」〈『大社』七七四〉）・同年九月二十五日某貞昌打渡状（同上〈『大社』七七五〉）。
（10）「永田家文書」（『新島史』四六七頁）。
（11）「綱」の字の付され方（上下）の差異は、両者の地位の高下（惣領との距離）、日下の「資綱」の相対的地位の高さを示すものと推測される。
（12）応永三年十二月六日杵築大社法度条々（「千家家文書」〈『大社』六〇三〉）。
（13）応永十一年九月十八日守護京極氏奉行人連署奉書写（「佐草家文書」〈『大社』六一二〉）。

(14) 永正十六年四月晦日大社造営・遷宮次第（「千家家文書」〈『大社』一〇三〇〉）。
(15) 天文十九年九月大社造営・遷宮次第（「佐草家文書」〈『大社』一二三三〉）、天文二十四年十一月二十九日阿式社遷宮儀式注文（同上〈『大社』一三〇五〉）。
(16) 天正十五年九月十七日毛利輝元袖判奉行人連署奉書（「北島家文書」〈『大社』二二一六〉）。
(17) 明徳三年八月十七日大熊貞季注文（「日御碕神社文書」〈『大社』五八二〉）。
(18) 「坪内家文書」（『大社』一六七九）。
(19) 「金厳山岩屋寺快円日記」（横田町コミュニティーセンター所蔵写真版）。その他、天文八年八月快円覚書（「岩屋寺文書」〈『新島史』三九一頁〉）にも、「仁王之像」「虚空蔵堂」造立の檀那・願主として上郷泰敏の名が記されており、系図類にも「横田逗留」等の注記がある。
(20) 「絲原家古代ヨリ聴書」（横田町コミュニティーセンター所蔵謄写本）に上郷泰敏は「三沢ニ所縁ノ人」と記されており、天正二年十月十六日三沢氏家臣連署書状写（山口県文書館「国造千家所持之内古書類写」〈『大社』一八九〇〉）より、三沢氏家臣として上郷為治の名を確認できる。『横田町誌』（一九六八年）所収の系図によれば、三沢為忠の弟が上郷氏に入ったとの記載があるが、両氏間に密接な結び付きがあったことは間違いない。
(21) 「波根家文書」（『新島史』四四一頁）。
(22) 永禄五年六月二十七日尼子晴久袖判奉行人連署奉書（「波根家文書」〈『新島史』四四二頁〉）。この内「求院（村）」（現簸川郡斐川町求院）と「稲岡（郷）」（現出雲市稲岡町）は、共に大社十二郷に含まれており、「林木（荘）」（現出雲市東林木町・西林木町）は、斐伊川水運の要衝である。
(23) 中世段階の河川の流路を復元する作業としては、安田喜憲「尾張国富田荘の歴史地理学的研究」（『立命館文学』三〇三、一九七〇年）などが著名であるが、そこに示された方法論は、中世段階の絵図と史料、微地形と表層地質のかなり豊富なデータを踏まえたものである。出雲平野の場合には、絵図が無いなど資料的制約が大きく、図2も推測の部分を多く含んでいる。これまで、中世以前の出雲平野東部については、史料上の「河成」という言葉と、寛永十三年の年号が記された「出雲十二郡図」を根拠とした『斐川町誌』（一九五〇年）の復元作業があり、図2もこれに依拠するところが大きいが、中世以前の西部については、「出雲国風土記」による天平時代の復元図（加藤義成『出雲国風土記参究』〈一九五七年〉付図など）があるのみである。ただ、寛永期の洪水によって斐伊川のほとんどの水が東流して以降、西流していたかつての流路の痕跡は、微地形として平野中央部に現存しており、神戸川の流路も多数の痕跡をとどめている。また、中世史料に見られる地名のほとんどが、標高五メートル以上の場所に所在していること、近世期新田開発の記録のある場所や、「島」「洲」等の地名が、五メートル以下の地域に集中していることは、低湿地・池・湖等が広範に存在したことを窺わせている。これら、中世出雲平野の復元作業の詳細は、出雲市立出雲文化伝承館（出雲市浜町）に常設パネルとして展示・解説した。

(24) 本章の水運に関する記述は、井上寛司氏の「中世山陰における水運と都市の発達――戦国期の出雲・石見地域を中心として――」（有光友学編『戦国期権力と地域社会』一九八六年）によるところが大きい。

(25) 弘安元年九月四日佐々木頼泰寄進状（「出雲大社文書」〈『大社』三〇五〉）。

(26) 岸田裕之「戦国時代の神戸川沿い」（藤岡大拙編『尼子氏の総合的研究　その二』〈一九九二年〉）。

(27) 漆原徹「南北朝初期における守護権限の一考察――中国地域にみる軍事指揮権の特殊形態――」（『古文書研究』二七　一九八七年）、中野栄夫「朝山氏」（今谷明・藤枝文忠編『室町幕府守護職家事典　上巻』一九八八年）。

(28) 黒川正宏「古志家文書について　一・二・三」（『芸備地方史研究』一〇四～一〇七　一九七五・一九七六年）。

(29) 年月日未詳児玉就忠桂元忠連署書状案（「毛利家文書」〈『大日本古文書　家わけ八―一』二三九号〉）に「塩冶殿者、山内縁辺之儀候」とある。

(30) 年未詳毛利元就知行注文案（「毛利家文書」二五一号）。

(31) 「工藤家文書」の十一月十二日民部安堵状写（『出雲市誌』〈一九五一年〉五一一頁）は、慶長十四年（一六〇九）のものと思われ、「塩冶・中村両市目代」を板倉氏に安堵したものである。「民部」は堀尾吉晴の家臣堀尾一信である可能性が高い。「今市町」の所在地は、近世においては、かつての朝山郷内に位置したとされている。ただ、「塩冶」市と「中村」市が、それぞれ近世今市の「本町」「中町」に相当する可能性も残されており、少なくとも中世においてこの付近に存在した町場が、山陰道からかけ離れた所に位置したとは考えにくい。塩冶郷と朝山郷の境界領域一帯に、町場が形成されていた可能性が高いように思われる。

(32) 塩冶郷には、寛正五年六月二十五日牛尾忠実寄進状（「日御碕神社文書」〈『大社』七七八〉）、文明八年六月二十七日三沢為忠寄進状（同上〈『大社』八三一〉）より、「荻原村」の中に他の国衆領が含まれていたことがわかるほか、所々に諸社の神田が存在した。しかしながら、塩冶郷の大部分が、塩冶氏惣領家の支配下にあったことは間違いない。

(33) 「出雲国風土記」の時代の朝山郷については、前掲註(23)所引加藤氏著書による。明徳四年六月六日京極高詮宛行状(「春日家文書」〈『新島史』四三二頁〉)などより、中世においても、それにほぼ重なる領域が「朝山郷」に含まれていたものと思われる。また、斐伊川下流域に展開する新しい領域(「粟津村」「姫原」等)については、「日御碕神社文書」等に散見する。

(34) 正長二年九月日朝山清綱言上状(「京都朝山文書」〈京都大学文学部博物館所蔵影写本〉)に、「出雲国朝山郷為重代相傳之本領、応永元年まで当知行雖無相違、被召放、為御料所間、不及訴訟候」とある。

(35) 永享三年九月二十二日室町幕府奉行人奉書案(「室町幕府御内書案」下〈『改定史籍集覧』巻二七〉)。

(36) 前掲註(24)井上氏論文四九六頁。

(37) 現松江市上佐陀町・下佐陀町・浜佐陀町・西浜佐陀町と八束郡鹿島町佐陀宮内佐陀本郷・講武にかけての一帯。この地域と塩冶氏が歴史的に深い関わりを有していたことは、少なくとも鎌倉末期に「生馬郷」(現松江市東生馬町・西生馬町一帯)を領していたこと(表1参照)、享禄三年四月五日塩冶興久安堵状(「成相寺文書」〈『新島史』四一八頁〉)で、興久が佐陀神社神宮寺成相寺(現松江市荘成町)の住持に安堵状を遣わしていることより明らかであり、塩冶氏が宍道湖水運に関わっていく重要な拠点であったと思われる。

(38) 「政所賦銘引付」(桑山浩然編『室町幕府引付史料集成　上巻』〈一九八〇年〉)文明六年十月二十日条。これによれば、塩冶与五郎政通が、「嶋根郡坪谷村事、帯代々御判形知行候処、号質券之地、朝山八田押領」した旨を幕府に訴えたことがわかる。この政通は、「出雲佐々木塩冶惣領次第記」(前掲註(2)藤岡氏論文参照)において、塩冶氏惣領であると記されている。ただ、文明五年十二月十三日塩冶貞綱寄進状(「富家文書」〈『大社』八二九〉)で「大津村」の田地を塩冶八幡宮に寄進した貞綱が、既に惣領であった可能性もあり、史料的に全く不明な応仁文明の乱における塩冶氏の動向が、一族分裂の可能性も含め、複雑なものであったことを窺わせている。

坪谷村が、宍道湖と中海を結ぶ水路に面していたことは、「多胡家証文」(山口県文書館所蔵毛利家文書「諸臣証文一一」)の年未詳「出雲州嶋根郡西長田郷目録」に、同郷「坪谷村之境」として「南ハ海辺ヲ限也」と明記されていることから確認できる。現在の朝酌川・剣先川・大橋川等は、中世においては浅い湖であったと推測され、「海辺」とは、その当時の景観を裏づける言葉と言える。

(39) 「政所賦銘引付」文明七年十二月十四日条。これによれば、塩冶政通が「雲州赤江庄事、故兵部大輔時、多賀紀伊守方へ入置借銭質券之処、雖馳過約月之外、数年不返付之」として、幕府に訴えたとある。「故兵部大輔」は、諸系図に共通して塩冶氏惣領として記されている兵部大夫豊高を指すものと思われる。

(40) 観応元年のものと思われる六月二十日足利尊氏直状写（「三木家文書」〈島根県立図書館架蔵謄写本〉）によれば、石見国三隅氏を攻撃する尊氏方軍勢の兵粮米が「園湊」から搬出されたとされている。要検討文書であるが、中世段階におけるこの港の存在やその重要性は事実と思われる。

(41) 享禄年間には「塩冶左衛門尉豊綱」（『萩藩閥閲録』巻四〇〈上山庄左衛門〉・同書巻八九〈田総惣左衛門〉）、天文年間には「塩冶左衛門尉綱」（天文二十二年のものと思われる「山内家文書」の十月二十一日付の一連の文書〈『大日本古文書　家わけ十五』二一〇～二一三号〉）が、備後国守護山名氏本宗家が備後国山内氏を介して同国国衆を統括しようとした際に、そのパイプ役として重要な役割を演じている。年未詳九月五日塩冶氏盛書状（「山内家文書」一七七号）の「塩冶彦三郎氏盛」も、山名氏家臣の但馬塩冶氏であると思われる。

(42) 水上勢力としての活動を確認できる人物としては、天正年間初頭の塩冶周防守高清が挙げられる（高橋正弘『因伯の戦国城郭――通史編――』〈一九八六年〉参照）。また、塩冶氏の基盤が十五世紀段階で既に伯耆国にも及んでいたことは、年未詳八月九日山名致豊書状（「田中家旧蔵文書」〈『鳥取県史2　中世』一九七三年、七一四頁〉）で、当時の当主と思われる「塩冶周防」が「当国・伯州所々知行分」を安堵されていることから、明らかである。

(43) 「毛利家文書」一八三号。

(44) 年未詳六月五日山名政豊書状（「田中家旧蔵文書」〈『鳥取県史2　中世』七一四頁〉）・年未詳七月二日山名致豊書状（同上）の宛名と同一人物と考えられる。

(45) この点については、今谷明「細川・三好体制研究序説――室町幕府の解体過程――」（『史林』五六―五、一九七三年、のち同氏著『室町幕府解体過程の研究』収載）など。

(46) 明応四年十一月十三日幕府奉行人連署奉書（「朝山家文書」〈『大社』九四二〉）。

(47) 「長享元年九月十二日常徳院殿様江州江御動座当時在陣衆着到」（『新校群書類従』巻二二）。

(48) 前掲註(46)史料。

(49) 明応四年十二月二十九日室町幕府奉行人連署奉書案（「朝山家文書」〈『大社』九四四〉）。
(50) 「朝山家文書」（『大社』九五二）。
(51) この他、「三木家文書」（島根県立図書館架蔵謄写本）にも、ほぼ同文で「三木太郎兵衛尉」宛の奉書写が存在する。三木氏は、室町・戦国期朝山郷の最上層に位置したが、この奉書の文言は三沢氏・宍道氏・神西氏など国人領主に合力を求めたものとほぼ同文であり、在地の当事者である三木氏に対して、このような文言の奉書が出されるとは考えがたい。「朝山家文書」を見て後に作成された文書であると考えられる。
(52) 笠松宏至「室町幕府訴訟制度『意見』の考察」（『史学雑誌』六九―四、一九五九年、のち同氏著『日本中世法史論』収載）、桑山浩然「室町幕府の権力構造――『奉行人制』をめぐる問題――」（豊田武他編『室町時代――その社会と文化――』一九七六年）など。文明十七年五月の奉公衆と奉行衆の武力抗争は、そうした動きを最も端的に表面化した事件である。
(53) 井上寛司「中世杵築大社々領支配の構造と特質」（『大社町史研究紀要』4、一九八九年）、『大社町史　上巻』（一九九一年）同氏執筆部分参照。
(54) 「小野家文書」（『大社』五九八）。
(55) 古志史探会編『出雲古志氏の歴史とその性格』（一九九九年）。
(56) 「千家家文書」（『大社』九四三）。
(57) 「朝山家文書」（『新島史』四三九頁）。
(58) 「日御碕神社文書」（『大社』一〇二八）。
(59) 秦清一『塩冶旧記』（一九三四年稿、一九七〇年刊）。
(60) 永正十五年以前における塩冶氏惣領の終見は、明応九年四月十九日幕府奉行人連署奉書（「朝山家文書」〈『新島史』四三九頁〉）の「塩冶三河守」である。諸系譜には興久の相続に関する記載が全く見られず、貞綱の孫にあたる人物（「貞慶」あるいは「興慶」）が、享禄四年まで惣領として記されているので、今のところ手掛かりは皆無である。
(61) 「吉川家譜」（瀬川秀雄著『吉川元春』〈一九四四年〉五〇頁）。
(62) 「千家家文書」の「永正年中大社御遷宮覚次第一（『大社』一〇三〇）の中の永正七年の記事に「尼子殿御子息吉田の孫四郎殿」と記されているほか、『雲陽誌』によれば、天文六年の下吉田村八幡宮造営棟札に「地頭佐々木刑部少輔源国久」の名が記されていたことを確認できる。

(63)『萩藩閥閲録』巻十六〈志道太郎右衛門〉。享禄三年のものであることは、秋山伸隆「大永・享禄年間の尼子氏と毛利氏」（藤岡大拙編『尼子氏の総合的研究　その一』〈一九九二年〉）による。

(64)「鰐淵寺旧蔵文書」（『大社』二〇一四）。

(65)「東寺百合文書　ヤ函二二九」（『岡山県史　家わけ史料』二三九号）。

(66)前掲註(64)史料。

(67)三沢氏については、享禄四年八月六日三沢為国宛行状（「杠文書」〈横田町コミュニティーセンター所蔵写真版〉）などから、三沢氏と尼子氏の戦闘があったことを窺える（第一章第二節参照）。

多賀氏については、享禄三年五月一日尼子経久宛行状写（「三刀屋文書」〈『三刀屋氏とその城跡』〉）において、朝山郷内の多賀美作守抱分が闕所として三刀屋氏へ宛行われているほか、書体などから戦国期のものと推定される某覚書（「毛利家文庫・遠用物」）において、多賀美作守隆長が塩冶興久に加担して播磨国へ没落し、後に大内氏に取り立てられたと記されている。

また、享禄三年五月一日尼子経久宛行状写（「三刀屋文書」〈同上〉）によれば、大原郡の稲葉氏知行分が闕所として三刀屋氏に宛行われている。

鰐淵寺については、天文十二年六月二十八日尼子晴久書状（「鰐淵寺文書」『大社』一一五四）において、「塩冶謀叛之時」、尼子氏が鰐淵寺から召し上げた同寺領直江・国富名主職を還付しているので、鰐淵寺が塩冶氏に加担したことは確実と言える。なお、『陰徳太平記』に記された天文元年の隠岐国の「都万宗林」らによる反乱なども、事実とすれば塩冶氏に連動する動きであった可能性が高く、この争乱の規模の大きさを窺わせている。

(68)もちろん、この「謀叛」の背景に、周防大内氏の策動が全くなかったとは言い切れない。史料的裏づけはとれないが、尼子経久の子息の実名については、次男国久は細川高国の、三男興久は大内義興の偏諱を受けたものではないかと推察され、これは永正五～八年頃の経久が細川・大内連合政権との結び付きを確保しようとしたものである可能性が高い。その意味では、興久が、大内氏にとって尼子氏権力を内部から崩していく一つの手がかりとなった可能性を否定できない。ただし、前掲註(62)史料によれば、大内氏重臣陶興房は安芸国毛利氏に対しては、そのような大内氏の策動を窺わせるような言葉を記していないし、尼子氏と塩冶氏が「両方共ニはて候へハ無上にて候」と述べたことこそが、大内氏側の本音であったことに間違いはない。

(69)「神門家文書」。

(70)「日御碕神社文書」(『大社』一二九六)。

(71)吉田荘については、前掲註(62)参照。多賀氏については、前掲註(67)所引の某覚書より、尼子誠久が多賀隆長の婿であったため、その所領を継承したと記されている。多賀氏旧領の多祢郷が誠久領となっていたことは、天文二十二年に宮内村日蔵別宮八幡宮を造営していること(「日倉神社棟札」〈『三刀屋町誌』一九八二年〉)によって裏づけられる。

(72)「小野家文書」(『大社』一四二六)。

(73)「佐草家文書」(『大社』一二六〇)。

(74)「佐草家文書」(『大社』一二五八)。

(75)「佐草家文書」(『大社』一一一三)。

(76)「宝厳寺文書」。

(77)天文十二年六月二十八日尼子晴久書状(「千家家文書」〈島根県立図書館所蔵影写本〉)。

(78)天文十二年六月二十六日尼子国久書状写(千家家所蔵「千家所蔵古文書写」)。

(79)天文十二年六月二十六日尼子晴久安堵状写(千家家所蔵「千家所蔵古文書写」)。

(80)天文十二年七月十五日尼子国久書状(「日御碕神社文書」〈『大社』一一五九〉)は、七月四日尼子晴久寄進状(同上〈『大社』一一五七〉)と七月五日尼子氏奉行人連署書状(同上〈『大社』一一五八〉)を受けて発給されたものである。

(81)「佐草家文書」(『大社』一一六三)。

(82)天文十二年六月二十七日尼子誠久書状写(千家家所蔵「千家所蔵古文書写」)。

(83)「日御碕神社文書」(『大社』一二八三)。

(84)「日御碕神社文書」(『大社』一二九六)。

(85)文安四年六月三日塩冶高清袖判補任状(「秦家文書」〈島根県立図書館架蔵影写本〉)。

(86)永禄二年正月十九日尼子晴久安堵状(「秦家文書」〈『新島史』四五六頁〉)。

(87)「神門寺文書」。

(88)「永田家文書」(『新島史』四六七頁)。

(89) 同年の十一月八日毛利元就・同隆元連署書状（広島城企画展図録『毛利氏と中国路の武将展』一九九七年）に「雲州之儀、尼子紀伊守《（国久）》・式部少輔《（誠久）》彼一類悉討果之由候」とある。

(90) 『雲陽誌』に同社棟札が存在したとの記載がある。

(91) 十一月四日付の三沢紀伊守宛て尼子経久書状写（「三刀屋文書」〈前掲『三刀屋氏とその城跡』所収〉）と同日付の亀井秀綱宛て尼子経久書状写（同上）。亀井秀綱の活動期間よりみて、塩冶氏滅亡以前のものである可能性が高い。

(92) 元亀二年三月十一日尼子勝久袖判奉行人連署奉書（「鴻池家文書」〈『新島史』五三一頁〉）。

(93) 米原正義「尼子氏の柱石新宮党をめぐって」（同著『出雲尼子一族』一九八一年）二三四頁。

(94) 永禄五年六月十日佐波興連判物（「石橋家文書」〈岸田裕之「国人領主の財政と流通支配――戦国時代の雲芸攻防における山間地域領主層の性格――」（『芸備地方史研究』一五七、一九八六年）〉）。

(95) 永禄六～九年頃の八月七日小田就宗書状（「朝山家文書」〈島根県立図書館所蔵影写本〉）。

(96) 塩冶郷については、永禄十一年四月十二日井上就重書状（「富家文書」〈『大社』一六五四〉）、同年の四月十三日小田就宗書状（「富家文書」〈『大社』一六五五〉）によって、毛利氏（具体的には元就）が、塩冶八幡宮「頭銭」等を杵築大社上官の富孝隆に宛行ったこと、その際、小田就宗が直接の担当者としてトラブルを処理していることがわかる。

(97) 天文十一年六月二十九日某宛行状（「石橋家文書」）。

(98) これらの朝山郷上層部の性格や動向については、拙稿「中世後期の塩冶氏と出雲平野」（『古代文化叢書3　富家文書』一九九七年）を参照。

第三章　尼子氏による他国への侵攻

はじめに

従来、尼子氏の出雲国以外の他国への侵攻については、永正年間より活発化し、大永元年（一五二一）までには「十一州の太守」と称されるほどに急速な拡大を遂げたとされたり、尼子氏は経久の時代（天文十年以前）が最盛期であるとされたりしてきている。(1)しかし、「十一州の太守」と称するに足る実態が無かったことは明らかであり、尼子氏の勢力が天文十年以前に最盛期を迎えこれ以降衰退したとされている点も疑問である。

尼子氏は、非常に早い時期から、他国に対する軍事的対応を行なっており、(2)永正初年以降の伯耆国守護山名氏の内紛に対し、山名澄之に援軍を派遣したり、(3)永正十四年（一五一七）には石見国守護の大内氏への補任に抵抗する前守護山名氏に「合力」する動きを示したり、(4)備中国新見氏に援軍を派遣したりしている。(5)また、安芸国吉川氏とは十五世紀後半以来親密な関係を維持しており、安芸武田元繁が反大内氏方へ転じた永正十二年以降いずれかの段階からは安芸武田氏とも親密な関係を形成した。後年、尼子氏再興軍を構成する尼子氏旧臣らが「雲伯諸牢人」と称された(6)ように、とりわけ伯耆国西部には尼子氏の勢力が早くから強く及んでいたと推測される。

しかし、既に第二章において論じたように、尼子氏にとって対外侵略が可能な程度の出雲国内領主層の統制は、少なくとも永正十五年以前に実現した塩冶氏掌握によって、ようやく目処がたったものと推測される。実際に本格的・

積極的な対外侵略を確認できるのは、大永年間に入ってからのことである。ちなみに尼子氏が、出雲国西部の須佐郷高矢倉城を攻略したのは、ようやく永正十七年十二月のことである。(7)

尼子氏による他国への侵攻については、大永・享禄年間、天文年間前半、天文年間後半以降の大きく三期に区分して考察する必要がある。尼子氏の侵攻は、一見計画性の乏しい爆発的な領土拡張戦争の繰り返しであるかのように見えて、そこには実は明確な方向性や目的が存在したのであり、それは各時期毎にそれぞれ異なる様相を示している。

一　大永・享禄年間

確実な史料によれば、尼子氏は、大永三年（一五二三）に鏡山城を攻略して大内氏支配下の安芸国東西条（現東広島市とその周辺）を制圧すると共に、石見国那賀郡方面を「切取」っており、(8)南西方面に向けて活発な軍事行動を展開したことが知られる。大永四年四月十九日日御崎社修造勧進簿は、尼子氏が日御崎社造営のための棟別銭を出雲国・隠岐国、及び伯耆国西部三郡と石見国東部三郡に賦課したと記されたものであり、尼子氏の領国支配の進展度を図る手がかりとされてきている史料であるが、実は多くの疑問点を含んでいる。(9)仮にこの棟別銭賦課が事実であるとしても、この時期であるからこそ打ち出すことが可能な政策であったと考えられる。当時の各国内に、尼子氏へ従う勢力が一時的に多数出現していた（安芸国の毛利氏・平賀氏・天野氏など）からである。大永三年の軍事行動は、前年の大内義興による安芸国侵攻への反撃であり、また大永三年四月の友田興藤による安芸国廿日市桜尾城の奪取（＝厳島社神主の地位獲得）に呼応するものであったが、自らの支配領域を拡大するための戦争というよりは、周防国大内氏との本格的な対峙を宣言するものであり、大内氏分郡の安芸国東西条と石見国邇摩郡方面を一挙に攻略することにより、大内氏の対抗勢力としての存在感を周囲に誇示するねらいがあったと推測される。この時期の尼子氏と各国内領主層との関係は、基本的には反大内氏方として同じ陣営に入ったということであって、尼子氏による領主層掌握はきわめて限定されたものであった。

その結果、例えば安芸国・備後国の場合、大永四年に大内氏の反撃により友田・武田連合軍が敗北したこと等によって、大永五年に毛利元就が大内氏方に転じ、同六年に但馬・備後国等の守護山名誠豊が尼子氏との対決姿勢を露わにすると(10)、芸備両国の確保は極めて困難な状況となった。経久は、同七年七月頃に自ら軍勢を率いて備後国和智郷(現三次市)方面へ進出し細沢山などにおいて戦闘を繰り広げ、安芸武田氏の本拠金山城(現広島市安佐南区)にも赤穴光清らを在番させて後方攪乱を図ったが、陶興房・毛利元就によって撃退された(11)。備後国世羅郡伊尾村の領主湯浅氏などは、これ以前に尼子氏方に属していたが、同年八月に山名・大内氏方へ転じている(12)。尼子氏は、翌享禄元年(一五二八)九月には備後国衆多賀山通続の本拠蔀山城(現比婆郡高野町)の攻撃を開始し、一旦は山内氏・田総氏らの援軍に撃退されたものの、同二年七月に攻略した(13)。しかし、享禄二年五月に安芸・石見の有力領主高橋氏が毛利氏・和智氏らによって滅ぼされ(14)、同三年には出雲国内において杵築大社・鰐淵寺・三沢氏・多賀氏らと連携した塩冶氏との戦争(第二章第三節参照)が開始されるなど、享禄年間の尼子氏をめぐる戦局・政治情勢は極めて危機的な状況にあったことが知られる。

しかし、すでに翌享禄四年には尼子詮久(経久の嫡孫、後の晴久)が、塩冶興久をかくまった備後国山内氏の攻撃に出陣した可能性が高く(15)、天文元年(一五三二)までには三沢氏を制圧して惣領を交替(為国→為幸)させた(第一章参照)ほか、同二年頃には山内氏を討ち(16)、塩冶氏を滅亡させると共に山内氏の惣領を交替(直通→隆通)させた(17)。これによって尼子氏は、出雲国内を以前よりも格段に強固に掌握し、享禄年間の危機的状況を脱している。

二　天文年間前半

天文元年の美作国侵攻は、まさにこのような尼子氏の勢力回復と期を一にして行なわれたものであったと考えられる。これ以後、天文年間前半における尼子氏は、伯耆・備中・因幡・美作・但馬・播磨各国へ向けて非常に活発な軍事行動を展開する。ただし、天文年間前半における美作国への軍事侵攻は、畿内方面への進軍ルート・補給線の確保を当面の目的とするものであり、その内実は、国内諸勢力との一時的・暫定的な講和の繰り返しであったと思われる（第四章参照）。特に美作一国・伯耆東半国領主連合を打破することは、きわめて困難であったと思われるが、備中国新見氏や備後国東部の宮氏との結び付きにより、伯耆国西半国・備中国北部についてはほぼ一貫して尼子氏方であったとみてよい。

天文五年十二月、尼子詮久（後の晴久）率いる尼子軍は備中・美作を制圧して一旦出雲国へ帰国し(18)、また但馬国にも軍勢を進出させて(19)、翌年の播磨国侵攻に備えている。石山本願寺証如との交信が始まるのも、この頃である。「証如上人日記」天文七年正月十日条によれば、「尼子播州面の陣取退、本国にて可越年由申、退陣候」と記されており、これ以前より尼子氏の軍勢が播磨国に展開していたことが確かめられる。尼子氏による第一回目の播磨国侵攻が天文六年のことであったこと、当主尼子経久は本国出雲に在国しているものの、まもなく家督を継承する詮久が自ら軍勢(20)を率いて出張していたことが確認できる。

播磨国遠征の二回目は、天文七年の六月頃から徐々に進められた、より本格的なものであったようである。同年六月十四日に尼子経久・詮久それぞれに宛てた本願寺証如書状案(21)には「可有御進発之由珍重候」とあり、『蜷川親俊日記』七月二十一日条には「播州赤松殿高砂没落之由風聞アリ、尼子出張治定云々」と記されている。尼子氏は、七月には赤松政村（後の晴政）を高砂へ、後にはさらに淡路へと敗走させるほど、播磨国に対する軍事的圧力を強めていたと考えられる。[22] 例えば、天文七年七月二十三日赤松政村預置状によれば、政村が「小河新右衛門尉跡職」を上月左近将監に預け置いており、これは小河氏が尼子氏に与同したために政村が対抗措置を取ったものである可能性が高い。[23] また同七月十七日に、幕府から尼子氏に対して、因幡国岩井荘をめぐる紛争につき同国守護山名誠通に「意見」を加えるよう命じているのも、当時の尼子氏方の軍事的優位によるものである。[24] さらに、「証如上人日記」九月四日条に「尼子不日ニ播州へ可相働其聞候」とあり、『大館常興日記』九月八日条に「尼子上洛之儀、いかゝ沙汰候哉、次去月廿三日打出候由風聞其分歟」「廿三日ハ作州・備前・播磨三ケ国へ人数を可入候、何も敵ハなく候」と記されているように、尼子氏は、八月下旬に至って、「上洛」のため詮久自身の率いる大規模な軍勢を美作・備前・播磨三ケ国に展開させ始めたようである。播磨国における尼子氏の攻勢は十一月～十二月頃に最も強まり、十一月二十日からは別所村治の籠もる三木城（現三木市）の攻撃を開始した。[25] 詮久は、十一月十八日には本願寺から依頼された「制札」の発給を「せめて摂州表へ足軽なりとも差遣候者、令斟酌、札ヲけがし候へく候」との理由で留保しているので、[26] 摂津国へ侵攻することを前提としつつも、三木城攻略に全力を注ぐ心積もりであったことを窺わせている。しかしながら、尼子氏による三木城攻略は失敗し、[27] 結局これ以上の東進は確認できない。

播磨国遠征の三回目は、天文八年末に開始されている。「証如上人日記」同年十二月十一日条には、尼子詮久の動静について「漸播州辺へ令発向之由候」とあり、同月二十六日条より、赤松晴政は摂津国滝山城（現神戸市中央区）へ退去したことがわかる。「証如上人日記」天文九年三月六日条によれば、晴政は、天文九年二月には尼子氏の攻撃について幕府に愁訴しており、同年三月には和泉国堺に「牢籠」するに至っている。また、『大館常興日記』天文九年九月二日条によれば、尼子氏は、同年九月には「播州野庄」等について知行主から幕府への安堵の依頼を仲介しているので、播磨国方面における尼子氏方の勢力は、安芸国郡山城から敗走する天文十年初頭まではかなり大きかったと推測される。

経久の晩年に繰り返されたこの大規模な遠征が、何を目的とするものであったかについては、幕府内談衆大館常興が記した「上洛」という言葉（『大館常興日記』天文七年九月八日条）以上には確たる証拠がない。天文七年九月六日以前に、尼子氏が将軍足利義晴から「可致忠節旨御内書」を遣わされ「御礼」を述べていること（同上九月六日条）などからすれば、この「上洛」の目的として畿内政権の大幅な改変構想などが定まっていた可能性は低いし、「尼子上洛之儀いかゝ沙汰共候哉」（同上九月八日条）という常興に対する義晴の諮問は、当時の幕府が尼子氏に即刻の上洛を求めていなかったことを窺わせている。近江尼子氏との交信や直臣河副久盛の活動を見る限り、尼子氏が畿内の情勢に疎かったとも考えがたい。これは、前年天文六年十二月に幕府が周防大内氏に命じた上洛命令に刺激され、尼子氏側から幕府に対して「御内書」の発給を要請し、実際に「上洛」戦を実行に移してみせたものである可能性が高い。

天文元年の美作国侵攻以来の尼子経久の意図は、外征によって勢力下諸領主の結束を強める契機を作り出すとともに、畿内諸勢力と直接結び付くことのできる条件（＝軍勢を上洛させることが可能な道筋）を確保し存在感を誇示するところにあったと推測される。天文元年頃の大友義鑑による大内氏包囲網への参画（第四章参照）や、天文七年の「御内書」は、これら尼子氏の「私戦」に「上洛」という大義名分を与えることになったと考えられる。一連の軍事行動や政治的駆け引きの当面の目的は周防大内氏に対する牽制にあったと考えられ、軍勢京着の実現可能性や上洛後の計画がどの程度見定められていたかは定かでない。

さて同じ時期、尼子氏と同盟関係にあった安芸武田氏は、家督継承に介入されるなど尼子氏の政治的支配下に組み込まれていったが、大内氏方の攻勢によって次第に劣勢に陥っている。天文八年九月、松田経通の率いる尼子氏遠征軍は佐東郡戸坂（現広島市安佐南区）において毛利氏と戦ったが、これは武田氏への援軍である。(31)

また、この時期には、尼子氏の勢力は備後国に強く及んでいる。とりわけ宮上野介家や渋川氏を服属させたことは、この地域全体を押さえる上で重要な意味を持った。(32)一次史料に残されたものが少ないため不明な点が多いが、御調郡海裏荘の鋳物師丹下氏や沼隈郡山田の領主渡辺氏を掌握した時期があったことは、(33)史料より確認できる。

三　天文年間後半以降

天文十年の安芸国郡山城攻撃失敗と尼子経久の死去、同十二年の大内氏の出雲国侵攻は、尼子氏にとって最大の危機であったが、かろうじてこの危機を脱すると、出雲国横田荘を直轄化して三沢氏を圧迫し、出雲国における支配を格段に強化した（第一章）。天文年間後半以降の尼子氏は、家臣団の充実や直轄領の拡大などの諸事実から窺えるように、それ以前のような遠征を図るのではなく、勢力下に収めた国々の支配の深化・強化を図った可能性が高い。

安芸国郡山城からの敗走直後、尼子氏は勢力回復のため備中・美作国境地域へ詮久自ら出陣し、三浦氏・中村氏を攻略した。(34)大内氏撃退後には、再度本格的に美作国へ侵攻し、やがて天文十七年頃に三浦氏を勢力下に収め、次いで美作倉敷を掌握した。尼子氏最末期においてなお尼子氏方として活動し続けた存在を確認できるのは伯耆国・美作国のみであるし、永禄十二年からの再興戦に際して尼子勝久に加担したのは、いずれも出雲・伯耆・美作三ヶ国に基盤を有した存在である。伯耆国「日野衆」や美作国三浦氏（及び重臣の牧氏）・江見氏は、天正年間に至っても尼子氏との連携を維持している。(35)

備前国天神山城（現和気郡佐伯町・和気町）の浦上宗景の美作国侵攻に対応し、天文二十年と同二十二年、尼子晴久は自ら備前国へ出陣し、播磨国室津（現揖保郡御津町）の浦上政宗（宗景の兄）と手を結ぶなどして、天神山城や沼城（現岡山市沼）まで軍勢を進出させた。また、弘治～永禄年間初頭にも、浦上政宗の援軍要請により、尼子義久以下の軍勢が備前国へ派遣されている。(36)

この時期の尼子氏が、その掌握に最もこだわった地域の一つが石見国の東部である。天文年間後半以降、海外への銀流出量が増大した石見銀山を確保するためである。天文十二年、尼子氏は敗走する大内勢を追って石見国東端の安濃郡内を制圧したものと思われ、(37)天文年間後半には多胡辰敬を刺賀郷岩山城へ定番させて石見国東部の確保に努めた。(38)しかし、大内氏分郡の邇摩郡については、介入がきわめて困難であったと思われる。尼子氏による銀山への関与を窺わせる一次史料は、今のところ天文二十一年が初見であり、(39)大内氏の内紛（大内義隆の自刃）によってようやく権益確保の実現可能性が出てきたというのが実状と思われる。当時の銀山は、大内晴英（後の義長）・陶晴賢の支配下にあって、山吹城には刺賀氏が在番していた。(40)備後北部の戦闘によって尼子氏と大内氏の関係が緊迫化した天文二十二年以降に、銀山における尼子氏の権益がどの程度確保できたか不明であるが、同二十四年十月の厳島合戦により陶晴賢が没すると、防長制圧に乗り出した毛利氏の間隙を衝いて、翌弘治二年（一五五六）三月以前、尼子氏は邑智郡河本の小笠原氏と結んで石見国東部へ侵攻した。(41)尼子氏による山吹城の奪取は、弘治二年九月のことと考えられる。(42)防長制圧後の毛利氏が永禄元年（一五五八）七月十日頃に小笠原氏攻略を目指して石見国へ侵攻したため、(43)晴久は永禄二年七月に温泉津にまで陣を進めたが、小笠原氏は同年八月に毛利氏に降伏し、晴久は同年十月に大田より帰国している。(44)山吹城は、永禄五年六月に、毛利氏の調略によって本城常光が現形し落城した。なお、温泉津の領主温泉氏が尼子氏とともに富田城に籠城して没落したことは、(45)尼子氏の勢力が石見国東部に強く及んでいた側面を示す事実と言える。

天文年間後半以降のこれら以外の諸国については、尼子氏による支配の強化が困難な状態に陥っていったと考えられる。例えば、天文十三〜十四年頃、尼子氏は山名久通の後ろ盾となって因幡国全体を勢力下に収め、但馬国へも進出したが、やがて山名祐豊の反撃により後退している。[46] 安芸国の場合、天文十年六月に安芸武田氏が滅亡し、天文十六年に元春（毛利元就の次男）が安芸国吉川氏の家督を継承して、十五世紀以来尼子氏と緊密な関係を取り結んできた有力な領主家が一掃された。備後国の場合、天文十二年に大内氏が出雲国から敗走すると尼子氏方に属する勢力が増えたが、天文十八年には安那郡神辺城が落城（山名理興の敗北）し、天文二十一年には安那郡志川滝山城が落城（宮上野介家の滅亡）した。また、天文二十二年には、三谷郡の江田隆連や御調郡の海上勢力「宇賀島」衆が尼子氏方へ現形し、備中国猿懸城の荘氏も尼子氏と連携した可能性が高い。しかし、江田氏は間もなく敗北している。大内氏・毛利氏勢力の回復に伴って、安芸・備後両国の有力な尼子氏方勢力は次々と姿を消していったのである。[47]

おわりに

尼子氏による他国への侵攻が、一見計画性の乏しい爆発的な領土拡張戦争の繰り返しであるかのように見えるのは、明らかに後世の軍記物の影響である。とりわけ経久代においては、当初は領土拡張を主たる目的とした侵攻ではなく、対抗勢力最大の拠点に打撃を与えたり、上洛の経路・補給線の確保を図るための戦争であったと考えられる。しかし、経久を他国侵略へ駆り立てた最も根本的要因は、出雲国内領主層に対する統制能力を実証し、かつ確立・強化していく方法として、それ以上の選択肢を見出しえなかったためと推測される。これは、尼子氏権力の歴史的性格にも関わる問題である。

本章において述べたように、大永・享禄年間、天文年間前半、天文年間後半以降という三つの時期において全く異なる志向性が生み出された背景には、出雲国における大名権力の拡大（第一章）が深く関わっていたと考えられる。すなわち、尼子氏による他国への侵攻は、塩冶氏の掌握・討滅、三沢氏の圧迫という大きな画期と、全く対応する形で展開したことが知られるのである。そして、そのそれぞれの転換点には、尼子氏にとってきわめて深刻な「危機」が存在した。中でも、天文十年の安芸国郡山城からの敗走、及び尼子経久の死去は大きな転換点であり、それ以降の尼子氏は明らかに異なる志向性を持ち始める。すなわち、尼子氏は出雲国全体・伯耆国西部・美作国および石見国東部を重点的に確保することを最優先しそれぞれにおいて支配の深化を図っていったのである。

大づかみなとらえ方をするならば、天文年間前半の尼子氏は東（畿内方面）への侵攻を軸に権力の安定・強化を図ったのに対して、天文年間後半以降は無理な遠征を慎んで地盤を固め、西（日本海沿岸部の港湾や石見銀山）の確保（それによって実現される東アジア海域との関わり）に活路を見出そうとした可能性が高い。そのいずれの場合にも、直接の背景には一貫して大内氏・毛利氏との緊張関係が存在したが、このような尼子氏の政策転換は、権力の性格自体が大きく変化していったことをも窺わせるものであるとともに、その重要な契機や条件には経済構造の大きな変動があったこと（第二編第三章）を見落としてはならないと考えられる。

註

（1）　尼子氏の最盛期を大永～天文十年とする捉え方は、勝田勝年「尼子氏」（山本大・小和田哲男編『戦国大名系譜人名事典　西国編』〈一九八六年〉所収）、今岡典和「山中鹿介の主家・出雲尼子氏」（米原正義編『山中鹿介のすべて』〈一九八九年〉所収）などに最も顕著であるし、米原正義『風雲の月山城――尼子経久――』（一九六七年）も基本的に同様な認識に基づいている。ただ、松浦義則氏のみは、「戦国大名の領主層掌握について――出雲尼子氏を例として――」（『福井大学教育学部紀要』Ⅲ―三〇、一九八一年）において、天文十二年以降支配の深化・強化がみられたと指摘されている。

（2）伯耆・石見・備後・安芸などの近隣諸国内の領主と尼子氏との間には、大名権力が形成される以前よりの政治的関係が存在した。例えば、石見国東部の奉公衆佐波氏や安芸国北部の吉川氏とは、応仁・文明の乱前後には同盟関係が形成され、そのような関係は十六世紀に入ってからも基本的に維持されている。

（3）尼子氏側の認識を示すものであり注意を要するが、天文二年二月五日尼子経久寄進状（「日御碕神社文書」〈『大社』一〇八六〉）。

（4）永正十四年八月十一日室町幕府奉行人連署奉書（「益田家文書」〈今谷明・高橋康夫編『室町幕府文書集成　奉行人奉書篇下』一九八六年〉）。

（5）永正十三年十月十四日新見国経書状（「東寺百合文書」ゆ函六七）。

（6）永禄十三年の二月七日毛利元就感状写（『萩藩閥閲録』巻一一五〈湯原文左衛門〉など。第四章註(23)参照。

（7）「岩屋寺快円日記」（岩屋寺旧蔵）。

（8）大永三年八月十日安芸東西条所知行分注文（「平賀家文書」〈『大日本古文書　家わけ十四』同文書二四三号〉、大永三年八月十四日尼子経久寄進状（「日御碕神社文書」〈『大社』一〇五四〉。

（9）「日御碕神社文書」（『大社』一〇六〇）。この勧進簿の冒頭に「権大納言（花押）」とあるのは、大永三年四月に阿波国撫養において死去した前将軍の足利義稙のものである。この勧進簿は義稙が将軍位を去って四年後、しかも死去後一年もたってからのものということになり、きわめて不自然である。義稙と尼子経久の署判や、他の文字が一体いつ誰によって書かれたのか明らかでなく、大永四年に棟別銭徴収が企てられたかどうかについても確証がない。少なくとも、この段階の幕府（足利義晴政権）が尼子氏による出雲・隠岐・石見東三郡・伯耆西三郡の支配を積極的に公認する姿勢を持っていなかったことは、間違いない。

（10）永禄二年十二月多賀山通続同家系図案（「山内家文書」〈『大日本古文書　家わけ十五』二二一号〉に、大永六年に「依但州御下知、雲州与引分ル」とある。

（11）同年八月九日付けの一連の毛利元就感状写（『閥閲録』巻十六〈志道太郎右衛門〉など）。ただ、「岩屋寺快円日記」によれば、経久は同年十一月頃まで和智に踏み留まって戦闘を継続していたことが知られ、なお両勢力は一進一退を繰り返していたものと思われる。赤穴氏の金山城在番については、大永七年八月二十四日赤穴光清書状案（「中川四郎氏所蔵文書」巻三、『閥閲録』巻三七にも収載）。

（12）大永七年の八月二十六日大内義興書状写（『閥閲録』巻一〇四〈湯浅権兵衛〉）。

(13) 享禄元年の十二月六日塩冶豊綱書状写（『閥閲録』巻四〇〈上山庄左衛門〉、同巻八九〈田総惣左衛門〉）、及び前掲註(10)史料。
(14) 岸田裕之「芸石国人領主連合の展開」（同氏著『大名領国の構成的展開』〈一九八三年〉）。
(15) 年未詳四月二十三日尼子氏奉行人連署書状（「吉川家文書」三六五号）。
(16) 天文二年の十一月十日新見国経書状（「東寺百合文書」ヤ函二二九）。
(17) 天文五年三月二十一日尼子経久書状（「山内家文書」二〇六号）。
(18) 十二月二十六日亀井安綱書状写（「江北記」〈『群書類従』巻三八七〉）。
(19) 「証如上人日記」（『石山本願寺日記　上巻』、一九三〇年）天文五年十二月五日条。
(20) 『大館常興日記』天文七年九月八日条。
(21) 「証如上人書札案」（『石山本願寺日記　下巻』）。
(22) 渡邊大門「天文七年尼子氏の三木城攻略の史料について――「飯尾文書」と「前別所画像賛」にふれて――」（『神戸史談』二八〇、一九九七年）。
(23) 「上月文書」（岸田裕之『大名領国の構成的展開』一九八三年、八二頁）。
(24) 天文七年七月十七日足利義晴御内書案（天理図書館所蔵『御内書案』所収文書）。なお、今岡典和氏は、「戦国期の守護権力」（『史林』六六―三、一九八三年）において、これをもって「当該国の守護がその権限を行使し得ない場合に、隣国守護がこれを代行」した事例であるとして、尼子氏が「戦国期守護権力」であることの徴証とされている。しかし、これは幕府から尼子氏に対して、因幡国守護山名誠通へ「意見」を加えるよう命じたものであるので、因幡国守護がその権限を行使し得なかったための措置ではないし、尼子氏の守護在職徴証とは言えない。これは、軍事情勢を捨象してしまったために生じた誤解である。
(25) 十一月二十七日赤松政村書状（「飯尾文書」〈『兵庫県史　史料編　中世二』一九八七年〉三号）、十二月五日別所村治書状（同上六号）。前掲註(22)渡邊氏論文
(26) 「証如上人日記」天文七年十一月十八日条。
(27) 前掲註(22)渡邊氏論文、前掲註(25)史料。
(28) 出雲国尼子氏と近江国尼子氏との交流については、近江国尼子氏関係史料が僅少なためにほとんど確認できないが、「土佐村田文書」（東京大学史料編纂所影写本）は、戦国期における両氏の交流を示す貴重なものである。

尼子晴久書状（切紙）

以神門寺、令申已後、絶音問候、殊対河副美作守（久盛）内々示預之通、兎角罷過、御返事遅滞心外候、此条委細相含口状候、
一其国南北無異儀之由、其聞候、公方様御入洛御調儀等如何候哉、趣承度候、
一当隣国無替儀候、去月下旬已来、防芸鋌交鉾楯候、就其近日此方茂可令出張候、於時宜者、重畳可令申候、
一当年之祝儀等、依遠路延引候、必自是可申候、尚久盛可達候、恐々謹言、

三月十四日　　晴久（花押）

宮内少輔殿
進之候

この史料は、「防芸鋌交鉾楯候」とあることから、天文二十四年（一五五五）か弘治二年（一五五六）のものであろう。将軍足利義輝は、三好長慶によって京都を追われ、天文二十二年八月からは近江国朽木谷に匿われている。義輝がようやく朽木谷から京都へ戻ったのは、五年後の永禄元年（一五五八）であり、これは近江国六角義賢の調停によるものである。文中に「公方様御入洛御調儀等如何候哉」とあることは、宛名の「宮内少輔」がこの調停に関する情報を把握できる可能性のある人物であったことを示している。

ところで、八月二日付六角義賢書状写（「古今消息集」〈『近江蒲生郡志』第九、五六七頁〉）は、天文二十一年頃、近江国六角義賢が、同国浅井久政との戦争に際して、尼子宮内少輔に犬上郡久徳方面の守備を命じたものである。従って、「土佐村田文書」に見られる「其国南北無異儀」とは、近江国における六角・浅井両氏間の情勢、宛名の「宮内少輔」とは、出雲国尼子氏の本家筋にあたる近江国の尼子宮内少輔である可能性が高い。

(29) 天文八年七月の奥書の付された「古今和歌集」（反町弘文荘蒐集五十周年記念古書逸品展出品）によれば、武家歌人と思われる岩山入道宗珍が「此一冊河副右京亮久盛頻懇望之間、不顧斟酌、凌老眼馳筆訖、他見可有其憚者歟」と書き記している。久盛が「古今和歌集」を所望したこと、京都の文人とも交流関係を有していたことが知られる。

(30) 天文六年十二月二十一日室町幕府奉行人連署奉書（『毛利家文書』二一二）など。

(31) 河村昭一『安芸武田氏』（一九八四年）によれば、天文九年に武田光和が死去すると、尼子氏の要請によって若狭武田元光の子息信実が安芸武田氏を嗣いでおり（「羽賀寺年中行事」〈『小浜市史　社寺文書編』収載「羽賀寺文書」〉）、当時の武田氏は尼子氏の

政治的支配下に組み込まれていたとされている。天文八年の戸坂合戦については、九月二十一日松田経通書状（『吉川家文書』四〇六〜四〇八）、天文八年十月五日毛利元就書状写（『閥閲録』巻八〇〈岡〉）。

(32)『証如上人日記』天文六年十二月十四日条など。新市町教育委員会『四五迫城跡』（谷重豊季氏執筆、一九九二年）、柴原直樹「毛利氏の備後国進出と国人領主」（『史学研究』二〇三、一九九三年）を参照。

(33)八月二十八日尼子詮久袖判奉行人連署奉書写（「真継家文書」『中世鋳物師史料』一四四号）、六月二十日尼子詮久書状写（『福山志料』巻三十二所収文書）、六月二十六日尼子詮久書状写（同上）。

(34)「岩屋寺快円日記」。

(35)第四章参照。

(36)第四章参照。

(37)天文十二年十月二十日尼子晴久宛行状（「中川四郎氏所蔵文書」、『閥閲録』巻三七〈中川与右衛門〉にも収載）において、赤穴氏へ河合郷金子分・君谷を宛行っている。どれだけ実態のある権益か疑わしいが、尼子氏の志向性を示している。

(38)「多胡家訓」（筧泰彦『中世武家家訓の研究』〈一九六七年〉収載）。

(39)天文二十一年十月十日尼子晴久書状（「坪内家文書」〈『大社』一二六三〉）。

(40)六月二十六日山根常安書状（「真継家文書」『中世鋳物師史料』一三六号）、天文二十二年四月五日大内義長袖判安堵状写（『閥閲録』巻六六〈刺賀佐左衛門〉）など。後に山吹城の安堵を主張した温泉津の領主温泉英永（『大社』一五四九）は、大内晴英（義長）の偏諱を受けた可能性が高い。

(41)弘治二年の三月二十日毛利元就書状（『熊谷家文書』一三一号）、同年の五月二日毛利元就書状写（『新裁軍記』所引「刺賀治部左衛門信続家証文」）によれば、この年の吉川元春による石見国出征は、通常言われるような毛利氏の主体的戦略ではなく、尼子氏の石見国侵攻に対する応戦である。晴久は、陶晴賢の敗死を銀山奪取の好機と認識し、本格的に侵攻したものと考えられる。

(42)原慶三「尼子氏の石見進出をめぐって――石見銀山、小笠原・吉川氏との関係を中心に――」（一九九九年三月の島根県中世史研究会報告）によって、従来確かな根拠がなく永禄元年のことと推測されてきている尼子氏による銀山山吹城の奪取が、弘治二年のことであると特定された。永禄元年説の多くの矛盾を解消する重要な見解であり、近世以来の謎に一つの解答を与えたものと言える。従って、尼子軍が毛利軍に大損害を与えた「忍原」（現大田市）の合戦は弘治二年七月下旬（『毛利家文書』六三六号）、尼子氏による銀山山吹城の攻略は弘治二年九月三日をそれほど遡らない時期（同日付け尼子晴久書状写〈『閥閲録』巻一六八　益田五郎兵衛〉）と推定される。なお原報告では、「おべに孫右衛門ゑんき」の検討を通じ、尼子氏による銀山の攻略は天文九年（一五四〇）が最初であることも指摘されている。

(43) 永禄元年閏六月二十八日毛利元就・同隆元連署書状写（『閥閲録』巻七七〈馬屋原〉）。

(44) 永禄年間前半に記録されたものと思われる神魂・伊奘諾両社先例覚書断簡（「秋上家文書」〈『大社』一四〇八〉）、永禄二年六月十七日棚守房顕願書案（「厳島野坂文書」〈『広島県史　古代中世資料編Ⅱ』一五六七〉）、八月二十五日毛利元就書状写（『閥閲録』巻九四〈小笠原弥右衛門〉）。

(45) 永禄八年五月二十八日温泉英永寄進状（「坪内家文書」〈『大社』一五四九〉）など。

(46) 天文十三年か十四年のものである六月十七日河副久盛書状（『吉川家文書』四〇一）に、因幡国が「一国平均被成行候」とある。高橋正弘『因伯の戦国城郭　通史編』（一九八六年）参照。

(47) 以上の諸事実については、『毛利元就卿伝』（一九八四年）参照。宇賀島や荘氏の動向については、天文二十二年の六月六日毛利元就・同隆元連署書状写（「譜録・渡辺三郎左衛門直」〈『県史Ⅴ』〉二〇号）による。「宇賀島」が、備後国御調郡歌島（現向島）の北に位置する尾道水道に面した島であったことは、山内譲「海賊衆因島村上氏の港支配」（『四国中世史研究』五、一九九九年）によって実証されている。「天正記」（『毛利氏史料集』所収）を参照。

第四章　尼子氏の美作国支配と国内領主層の動向

はじめに

美作国が尼子氏領国であったことは、それほど知られた事実ではない。ましてや尼子氏にとって基本領国に準ずるほどの意味を持ったとは、おそらく考えられたことがないのではなかろうか。

従来、美作国の戦国時代史研究は、諸種の系図・軍記物・地誌に大きく依拠して論じられてきている。(1) それら後世の記述(2)の中には、事実かどうか確認できないもの、明らかに事実と異なるものが見られる。(3) 貴重な近世の地誌『作陽誌』(4)についても中世の伝承に関しては慎重に取り扱う必要があるし、中世文書を列挙・解説した『美作古簡集註解』(5)の解説についても、同様な事例がみられる。大切なことは、依拠する史料の質の問題であると思われる。ひとまず現段階においては、信憑性の高い史料に基づく姿勢を貫くことにより、美作国の中世を今一度整理し直しておくことが必要であると考えられる。

中世後期における美作国の地域的特徴としては、以下のような点を指摘できる。

まず第一に、国の中央部を東西に貫通するいわゆる近世の出雲街道沿いと、北から南へ流れる旭川・吉井川両水系とが、交通・流通の大動脈・機軸となっており、大きな政治的・経済的拠点がその結節点に位置していたことである。すなわち、西部においては高田荘（現真庭郡勝山町）・久世保（現同郡久世町）・真島荘（現同郡落合町）・大庭保（同上）一

図４　美作国関係地図

帯、中部においては現在の津山市周辺、東部においては塩湯郷（現英田郡美作町）・林野保（同上）・江見荘（現同郡作東町）一帯である。特に、旭川・吉井川と吉野川（吉井川最大の支流）は、川船の通航に恰好な、広い河幅と豊かな水量を現在なお有している。

第二に、近隣諸国の政治情勢の影響を受けやすい歴史的・地理的条件を有していたことである。南北朝・室町期においては、美作国の守護が山名・赤松両氏の間で頻繁に交替し、特に戦国期には、播磨国・備前国の赤松晴政・浦上政宗・浦上宗景や宇喜多直家、備中国の三村氏・荘氏をはじめ、大内氏・尼子氏・毛利氏の抗争に国内領主層が巻き込まれている。美作国内には、族的血縁的結び付きを有する中小規模の領主が多数存在し、しかも近世以降も含めて根強く定着・存続しており、美作国中東部一帯に展開する「菅一族」などは著名である。美作国内の領主層は、出雲街道沿いと河川とを介して、地縁的にも相互に密接な交流関係があったものと推測される。近隣諸国の政治情勢は、これら国内諸領主間の結び付きに対し、様々な影響を与えていったと思われ、それを変質させていく場合もあったと推測される。

本章においては、以上のような美作国の歴史的・地域的特徴を踏まえ、尼子氏による侵攻と支配が地域にとってどのような意味を有したかを考えたい。その際、特に国内領主層各階層の動向を重視し、戦国期美作国の実像を明らかにするよう努めたい。そのための手がかりとして、まず基本的な史料であるにもかかわらず従来ほとんど活用されたことのない、「石見牧家文書」所収の尼子氏関係史料に注目することからはじめることにしたい。

一　「石見牧家文書」の尼子氏関係史料

石見国津和野藩亀井氏の家老牧家は、中世には美作国西部の有力国人領主三浦氏の重臣であった。同家伝来文書（美作国内に伝来した他の牧家文書と区別するため「石見牧家文書」と称する）のうち、現在確認できる三浦氏滅亡以前のものは、牧孝信氏所蔵文書二通、福岡市博物館所蔵文書四十五通、岡山県立博物館所蔵文書二通、東京大学史料編纂所所蔵影写本「牧文書」の内原本未確認の八通、合わせて五十七通である。その多くは、天正年間初頭の対毛利氏戦争の際に、浦上宗景・尼子勝久・村上武吉と同盟して美作国内において活動する牧尚春に宛てて、豊後国大友氏が発給したものであるが、一部に天文〜永禄年間の尼子氏関係史料が残されている。これらは、尼子氏が美作国内の国人領主・在地小領主層と現実に深く関わり合っている側面を示すものであり、美作国における尼子氏権力の実態を具体的に窺える希有な史料である。ここでは、特に注目される五通を提示し、次節以下における検討課題を析出したい。

なお、「石見牧家文書」を引用する際には、岸田裕之・長谷川博史『岡山県地域の戦国時代史研究』（『広島大学文学部紀要』第五五巻特輯号二、一九九五年）の文書番号によって示した。同書は、現在福岡市博物館所蔵の原文書が当時未発見であったため、東京大学史料編纂所影写本に拠っているが、原本との齟齬は見られない。

〔史料①〕　**尼子誠久・牛尾幸清連署書状**

才五郎（三浦）殿家之儀、今度取扱之姿、弓矢八幡茂照覧候へ、不可有相違候、然上者牧兵（牧兵庫助）彼題目急度其行肝要候、最前神文牧兵望之由候つれ共、弥（尼子）晴久前為可申縮、延引候キ、諸知行出入、既ニ加袖判、如所望相調候、此上ニ牧兵於難渋者、悉不可有其曲候、此等之趣可被仰達候、恐々謹言、

十二月十六日　　幸清（牛尾）（花押）
誠久（尼子）（花押）

（捻封ウハ書）
「尼子式部少輔
牛尾遠江守
誠久
大河原孫三郎（貞尚）殿御陣所」

（「石見牧家文書」六一号）

〔史料②〕　**尼子晴久袖判尼子誠久・牛尾幸清連署三浦氏所領書立**

晴久（花押）

一、高田庄并草賀部村
一、久世保
一、大庭保惣領分
一、真島庄

一、古見・田原但除国領
一、赤野郷除上原分
一、垂水郷除国領
一、関・一色
一、月田除国領
一、井原郷除国領
一、美甘新庄本庄除国領
右、此旨高田衆へ可被仰渡候、為向後晴久袖判被仕候也、
十二月十六日　　牛尾遠江守　幸清（花押）
尼子式部少輔　誠久（花押）
大河原孫三郎殿まいる
（「石見牧家文書」六二号）

〔史料③〕　**大河原貞尚書状**

（端裏捻封ウハ書カ）
「　牧兵庫助殿御宿所　　大河原　貞尚　」

就御家之儀、晴久（尼子）前被申縮、既誠久（尼子）以神文□（被）申候上者、我々事、対才五郎殿（三浦）申、日本国大小神祇・弓矢八幡も照覧候へ、不可有別心候、恐々謹言、
十二月廿一日　　貞尚（花押）

（「石見牧家文書」五九号）

これら三通の史料は、尼子氏が三浦氏に対して、所領を安堵した際の一連のものである。三浦氏は、美作国西部の要衝高田荘を本拠とする国人領主である。[6]〔史料①〕の文中の「牧兵」や〔史料③〕の宛名の「牧兵庫助」は、三浦貞久没後の若年の当主「才五郎」[7]を補佐し、三浦氏家臣団（〔史料②〕の文中の「高田衆」）の主導的立場にある人物であり、当時の三浦氏の事実上の代表者と思われる。

これら三通の史料は、三浦氏の本領高田荘が尼子氏によって安堵されていることから、三浦氏が尼子氏によって制圧されて以降のものである。この段階の尼子氏は、三浦才五郎に家督・所領を安堵し、三浦氏の掌握を実現していたことが知られる。その年代は、三浦貞久の生存を最後に確認できる天文十六年[8]（一五四七）以降、尼子誠久の没年（天文二十三年十一月）から天文二十二年以前であると考えられる。[9]

〔史料④〕　**江見久資他五名連署請文**（礼紙付）

就道祖五郎（三浦貞広）殿御進躰之儀、御懇状得其意候、涯分雲（尼子氏）へ申理、被成御上国候様、気遣可仕候、以相調上、向後互入魂可被申候、此段於偽者、日本国中大小神祇・八幡大菩薩・天満天神、殊者氏神□（可）蒙御罰者也、仍請文状如件、

卯月五日

田中信濃守　誠□（花押）
井上右兵衛尉　誠清（花押）
森田大蔵丞　尚盛（花押）
野口与一兵衛尉　誠次（花押）
小坂田但馬守　資勝（花押）
江見伊豆守　久資（花押）

（礼紙切封ウハ書）
「牧兵庫助殿御返報　連署
久資　」

（「石見牧家文書」五七号）

〔史料⑤〕　**尼子義久書状**（切紙）

（封紙ウハ書）
「江見伊豆守殿
森田大蔵丞殿
小坂田但馬守殿　義久　」

追而申候、去年以湯浅久盛、被仰越候キ、高田之儀、何分ニ茂計略肝要候、幸三浦人躰爰許在身之儀候之間、彼方於入眼者、即差上可成刷候、宇山右京亮（誠明）事者、以別家可宛行候条、不可有違儀候、於旨趣者急度示給、□「従」是茂可申候、猶相含口上候、恐々謹言、

二月九日　義久（花押）

江見伊□「豆」守殿（久資）
森田大蔵丞殿（尚盛）
小坂田但馬守殿（資勝）

（「石見牧家文書」五三号）

これら二通は、三浦氏重臣の牧兵庫助が、再び三浦氏の家督・権益を尼子氏に依拠して回復しようとした際のものである。「道祖五郎（才五郎）」は、三浦貞広であると思われる。(10)〔史料⑤〕の年代は、尼子義久の活動期間より永禄四（一五六一）～九年のものであり、〔史料④〕は〔史料⑤〕の前年のものかと思われる。尼子義久が当主となって以降の尼子氏最末期において、尼子氏は高田城を奪取され確保できていないこと、しかし、三浦貞広と牧兵庫助について

は、尼子氏方として活動していたことが知られる。〔史料④〕に「被成御上国候様」とあることより、貞広は美作国内にいないことが知られ、〔史料⑤〕より「三浦人躰」（＝三浦氏惣領貞広）は尼子氏の本拠富田城に身を寄せていたことが知られる。永禄八年の八月二十日尼子義久書状（「石見牧家文書」一五号）によれば、牧兵庫助はこの段階に至っても、「于今此方為届、原田在身之由候、無比類候」とあるように、美作国中部の原田（現久米郡中央町）に在陣して尼子氏方としての軍事行動を継続している。

ところで、〔史料④〕の差出人や〔史料⑤〕の宛名の人物は、美作国東部の要衝倉敷城主であった江見久盛配下の倉敷在地小領主層である。[11] 牧兵庫助は、三浦氏の「進躰」の回復・安堵を求めるため、この倉敷在地小領主ら五名に対して尼子氏への取成しを要請したのであり、彼らは〔史料④〕においてそれを引き受け、これに対して尼子氏から届けられた返答が〔史料⑤〕である。倉敷在地小領主層宛ての書状（〔史料⑤〕）が牧家に伝来した理由は、三浦氏の権益に関わる内容のものであるからに他ならず、湯浅久盛は、牧兵庫助の使者を務める三浦氏側の人物と思われる。[12] しかし尼子氏は、倉敷在地小領主層に高田城の計略・奪回を指示しているように、美作国へ充分な援軍を送り込めるような状況にはなかったと思われる。

美作国西部の有力国人領主三浦氏の家臣牧兵庫助と、美作国東部の要衝倉敷の在地小領主層が、いずれも尼子氏の最末期において尼子氏方としての立場をとっていたことが知られ、非常に注目される。

それでは、これら五通によって確認できる諸事実は、尼子氏や美作国地域の歴史においてどのような意味を持ち、どのような位置づけを与えられるものであろうか。以下では、この点を明らかにしていきたい。

二　尼子氏の美作国侵攻

尼子氏による美作国侵攻が開始された時期は、天文元年（一五三二）の前半であったと思われる。

天文二年の六月二十三日新見国経書状[13]には「就作州之儀、自尼子方合力之儀被申候、去年五月より今ニいたり、子共番替ニ高田表ニ立置、大儀不及申候、伯州東半国与作州一国申合、尼子方ニ敵と成候、当国も人ニより敵一味候、然共又、尼子方理運ニ成行候、先以可御心安候」と記されている。ここからは、天文元年五月以降、備中国の新見氏が尼子氏への合力として美作国高田荘に子息を在番させていたこと[14]、天文二年には伯耆東部・美作一国と備中国の一部の領主層が同盟して尼子氏に敵対していたが、戦局は比較的尼子氏に有利に展開していたこと、などを窺える。尼子経久は、天文元年七月末に直臣宇山氏に対し、高田荘への侵攻経路に位置する美作国西北端の所領を宛行っており[15]、これ以前にこの地域を支配下に収めていた可能性が高い。

従って、尼子氏の本格的な美作国侵攻の時期については、天文元年前半と考えてよいと思われ、同年五月頃より本格的に美作国西部の要衝高田荘の三浦氏を攻撃したものと考えられる。美作国はこれ以前より尼子氏の上洛経路の一つであったと思われるので、尼子氏と美作国内諸勢力との個別的交流は、天文元年以前より存在したと考えられるが、本格的に大規模な軍勢を派遣したのは天文元年が初めてであったと推測される。

尼子氏がこの時期に美作国へ大規模な侵攻を開始した理由は必ずしも明らかでないが、これは、前々年（享禄三年）以来の塩冶氏との戦争において一旦は崩壊の危機に瀕した勢力下諸領主層の統制を一挙に回復し、併せて大内氏をはじめとする近隣の諸勢力にその存在感を誇示するための手段として、当時混迷していた畿内方面への侵攻を企て、将来それを実現するための足がかりとして進軍ルート・補給線の確保を視野に入れた軍事的侵攻であったと思われる。その際、天文元年頃に豊後国大友義鑑が画策した、将軍足利義晴の「入洛」援助を名目とする大内氏包囲網に加担したことが[16]、尼子氏の軍事行動に大きな論拠を与えた可能性が高い。尼子氏は、天文六年から同九年にかけて播磨国遠征を繰り返していく（第三章参照）が、ほとんどの場合、まず美作国を制圧し、同国経由で軍勢を東上させている。

もちろん、尼子氏の上洛経路は、海上を含め複数のルートが存在したと思われ、美作国も以前よりそうしたルートの一つと考えられる。例えば、天文五年十二月には尼子氏の一部隊が但馬国に駐留しており[17]、天文六年の播磨国遠征については美作・但馬の双方から侵攻した可能性が高い。中でも美作国は、大規模な軍勢を上洛させるルートと補給線を確保するために、最も重要であったと推測される。

ところで、伯耆国の南西端に位置する日野郡は、尼子氏にとって、鉄の産出地として、備後国北東部や備中国北部との結び付きを有する陰陽交通の要衝として重要であると共に、能義郡南西部と美作国北西部とに隣接していることから、本拠富田城から美作国へ通ずる最短経路としても非常に重要であったと考えられる。早くから伯耆国西部との結び付きを有した尼子氏は、少なくとも永禄年間初頭には日野郡内に直臣層を在番させて直接的支配を行い[18]、在地勢力「日野衆」を掌握していたことを確認できる[19]。尼子氏にとって、日野郡と美作国を確保することは、畿内方面への最短経路を確保するために欠かせなかったと推測される。

ところで、尼子氏が当面の目的として進軍ルート・補給線の確保を目指したとは言っても、それは美作国の領域的支配を目指していなかったことを意味してはいない。例えば尼子氏は、天文二年十一月、美作国二宮高野神社（現津山市二宮）で三年に一度行われていた神楽祭において、美作国西部六郡（西半国）の「社男務」（＝「社役」「社家役」「神子士さをの司」）を司り、「御しめ」等調達の「頭分」として機能していた真島注連大夫に「二宮社人給領」（守護から与えられていた給分と推測される）を安堵している。[20]尼子氏が、本来守護などの公的領域的支配者の権限に属すると考えられる役の徴集機能を掌握する意図を持っていたことは間違いなかろう。

しかし、侵攻当初の国内領主層の抵抗はかなり強いものであり、局地的な軍事的制圧や一時的な美作国内領主層との講和が成立しても、それを維持することは容易でなかったと推測される。真島注連大夫に対する給領安堵についても、尼子氏にどれだけの保障能力が維持しえたか疑問である。これは、当時の尼子氏の軍事的優勢を前提とするものであって、領域的支配の実現にはなお程遠い段階にあったと考えられる。また、尼子氏は、天文七年に鹿苑院領の富美荘（現苫田郡富村）・楢原荘（現英田郡美作町）・英田保（現英田郡作東町）について鹿苑院の支配を回復させているし、[21]天文九年には奉公衆小林氏の知行地の布施郷（現真庭郡川上村・八束村周辺）について幕府の命令によって小林氏の支配を回復しているが、[22]こうした措置が可能であるのは当時の尼子氏が大軍を播磨国へ侵攻させ、実質的に美作国内に強い影響力を及ぼしうる段階であったためであって、恒常的なものとは見なしがたい。例えば、天文九年の異筆書きのある十一月二十七日赤松晴政書状（「石見牧家文書」五五号）によれば、「三浦次郎」が赤松氏方として岩屋城（現久米郡久米町）下において戦闘を行ったことが知られ、出雲国横田荘（現仁多郡横田町）岩屋寺の快円が記した「岩屋寺快円日記」[23]によれば、同十年には、尼子詮久の率いる軍勢が、美作国西端の篠尾（現真庭郡勝山町）・月田（同上）や備中国呰部（現上房郡北房町）において中村氏・三浦氏を討ち破ったと記されている。天文九年に尼子氏が安芸吉田郡山城を攻めた際に三浦氏が反尼子氏方としての軍事行動を展開し、同十年に郡山城から敗走した尼子氏と激しい戦闘に及んだことが知られる。

天文十二年に大内氏の出雲国遠征を凌いだ尼子氏は、このような限界を克服すべく美作国の安定的確保を目指した可能性が高い。尼子氏は、天文十三年十二月には北高田荘（現津山市）の田口氏へ所領を安堵しているが、[24]以後播磨国以東へ遠征することはなかったので、美作国の確保はそれ自体が重要な政策目的となっていた可能性が高い。以下、この天文十年代以降における尼子氏の美作国支配のあり方について、検討する。

三　尼子氏による美作国支配

1　西部の要衝高田荘と三浦氏の掌握

美作国西部の要衝高田荘を基盤とする三浦氏は、天文元年・二年頃には尼子氏の侵攻に根強く抵抗しているし、その後も度々反尼子氏方として軍事行動を展開した。尼子氏が三浦氏を本格的に制圧し得たのは、第一節に掲げた〔史料①〕〜〔史料③〕の段階を待たなくてはならない。三浦氏は、天文十七年頃に尼子氏から家督・所領を安堵され、ようやく本格的に尼子氏の支配下に組み込まれたと考えられる。

〔史料①〕〜〔史料③〕において、まず注目されるのは、大河原貞尚という人物である。大河原氏は、[25]吉井川上流右岸域の富美荘・倭文荘に勢力を有し、葛下城（現苫田郡鏡野町）を本拠とする領主であるといわれるが、三浦氏系図によれば、孫三郎貞尚は貞久の弟（＝貞広の叔父）とされており、大河原氏の家督を継いだ三浦氏一族と考えてよい。そのため貞尚が、天文十七年頃に尼子氏によって軍事的に制圧されたと思われる三浦氏の存続を図る際に尼子氏との交渉の窓口として機能していること（〔史料①〕〜〔史料③〕）は、一つには三浦氏との強い結び付きによっていると考えられる。また、「証如上人日記」天文二十年十月十五日条によれば、美作国へ出張した晴久の陣中に宛てて本願寺証如が遣わした書状等の宛先は、尼子晴久・尼子誠久・尼子孫四郎・大河原貞尚・家臣団の順で控えられ、また大河原貞尚は「尼子刑部少䋝也、先懸する者也」と記されている。これは、貞尚が、尼子国久娘との婚姻関係によって尼子氏に掌握され、尼子氏本隊の先陣・先導を務めたことを示している。貞尚が三浦氏の権益安堵交渉の窓口として、またその保証者として機能していることは、貞尚と尼子氏一族との婚姻関係によっていたのである。

さらに「石見牧家文書」全体を通じて注目されるのは、三浦氏権力を実際に主導していた人物と考えられる牧兵庫助の存在である。[26]牧氏は、高田荘北東部の牧（現真庭郡湯原町）を名字の地とし、室町初期より三浦氏の重臣としてその中枢部にあった家である。[27]牧兵庫助が三浦氏家臣団「高田衆」の統括者であったことは、「石見牧家文書」の諸文書より明らかであり、〔史料①〕〔史料④〕によれば、この人物は尼子氏に対し三浦氏家督所領の回復と安堵を要求し続けていたことがわかる。

〔史料④〕〔史料⑤〕によれば、尼子氏最末期において三浦貞広は高田城を奪取されて富田城にかくまわれていたことがわかる。三浦貞広の籠もる高田城が、毛利氏方の誰によって何時攻略されたのか等、この時期の政治過程はほとんど明らかにできないが、[28]〔史料①〕～〔史料⑤〕によれば、牧兵庫助は三浦氏の家督・権益を尼子氏に依拠して回復しようとし続けており、尼子氏との関係が緊密であったことを示している。

尼子氏が牧兵庫助を掌握しようとした理由は、この人物の立場と個人的能力との両面から考える必要がある。前述のように、牧兵庫助は、三浦貞久没後の三浦氏内部において、家臣団全体を統括する立場にあったと考えられ、その結果対外的にも三浦氏を代表する存在であったと思われる。このことは、「石見牧家文書」に三浦氏宛ての文書が伝来していること（同文書五四・五五号）、また元亀二年（一五七一）に備前国浦上宗景が三浦貞広知行分の段銭を牧尚春によって納入させようとしたこと（「石見牧家文書」一九号）、元亀三年～天正三年（一五七五）の対毛利氏戦争に際して、牧兵尚春が大友氏等との交渉にあたっていること等々より明らかである。これだけ重要な役割を果たしえたことは、牧兵庫助の個人的力量によるところも大きいと思われる。元亀三年からの対毛利氏戦争に際して、大友氏に作戦を献策したり（「石見牧家文書」二二・五二号など）、天正二年に備中国三村元親の勧誘に成功している（「石見牧家文書」四五号）ことは、いずれも牧尚春の能力を裏づける事実である。

このような三浦氏重臣牧氏の重要性を踏まえ、尼子氏や浦上氏は、同氏を直接掌握しようとしている。尼子晴久は、牧兵庫助に対して美作国内の「大原・新野」の宛行を約束し、義久の代には、尼子氏からの給地分の反銭を免除している（「石見牧家文書」一四・一八号）。また、永禄九年半ばに三浦氏が浦上宗景方へ転じた後、浦上宗景は、牧尚春の知行地内に直接「反銭」を賦課しているので、やはり給地を与えていたと推測される（「石見牧家文書」六三・六四号）。

特に、尼子氏との関係において最も注目されるのは、牧兵庫助が尼子氏最末期の永禄八年頃、美作中南部の原田（現久米郡中央町）に在番し、周辺地域の尼子氏方の領主（もしくはその一族）である打穴・小瀬・大蔵各氏[29]を統率する軍事指揮官として活動していたことである（「石見牧家文書」一五・一六・一七・五六号）。さらに、尼子勝久の再興戦に際しては、元亀二年（一五七一）に勝久が出雲国から撤退して以降も、「日野衆」とともに尼子氏方としての軍事行動を継続し[30]、三浦貞広を補佐して豊後大友氏・浦上宗景・村上武吉と連携しながら毛利氏と戦っている。三浦氏滅亡後の牧尚春が多くの尼子氏旧臣を抱える亀井氏に属したことは、このような尼子氏との結び付きの強さを裏づける事実である[31]。

以上のように、尼子氏は、三浦氏一族の大河原貞尚の掌握を足掛かりに、若年の当主を補佐し三浦氏家臣団を主導できる立場にあった牧兵庫助を強固に掌握することにより、三浦氏権力内部への介入を深めて、同氏を完全に自らの支配下に組み込もうとしたのである。永禄十年八月吉日美甘氏知行書立[32]において日下に牧尚春の署判、その右に一段高く貞尚の署判が据えられていることより、当時の貞尚が相変わらず三浦氏内部における重要な地位（おそらく当主の後見役等）にあったことが知られる。また、牧兵庫助の実名「尚春」は大河原貞尚の偏諱を受けたものである可能性が高く、貞尚と牧尚春は個人的にも結び付きが緊密であったことが知られ、これは尼子氏による牧氏の掌握が大河原氏を介してなされたこととも密接に関わっていると思われる。そして、〔史料②〕によって、三浦氏の本領である「高田庄」が安堵されていることは、三浦氏が尼子氏の支配下に組み込まれたことを示す事実として重要である。

尼子氏支配下の高田荘周辺及び三浦氏の存在形態については、一次史料から確定することはできないが、弘治三年（一五五七）、美甘八幡宮（現真庭郡美甘村）と草加部八幡宮（現真庭郡久世町）の造営願主となった尼子氏家臣宇山誠明は、美甘本荘と草加部村に給地を与えられていたと考えられ(33)、後に尼子氏が三浦氏の高田城復帰にあたって「以別家可宛行」き旨を約束していること（〔史料⑤〕）より、三浦氏の高田城回復・確保に桎梏となる存在であったことを窺わせている。少なくとも弘治三年前後には、宇山誠明が高田城（もしくはその近辺）に在番して、尼子氏による三浦氏と高田荘周辺部の支配の中心的役割を果たしていたものと考えられる(34)。

以上のように、尼子氏は、天文年間後半から西部の要衝高田荘と三浦氏とを強固に掌握し、三浦氏は永禄九年半ばの尼子氏最末期に至るまで、尼子氏に依拠して家の存続を図ろうとしたのである。

2　東部の要衝倉敷と江見久盛の掌握

戦国期の美作国倉敷は、吉野川（吉井川最大の支流）流域最大の要衝に位置する林野保（現英田郡美作町）を中心とし、播磨国に隣接する江見荘（現英田郡作東町の北部を除くほぼ全域）にかけての地域名としてあらわれてくる。林野保は、美作国東部全体を流域下に収める吉野川・梶並川・滝川が合流する地点に位置しており、「倉敷」という呼称から窺えるように、もともとここは美作国東部一帯の年貢公事物輸送の重要な基地であったと推測される。吉井川やその支流吉野川（特に倉敷以南）は、現在なお川船の通航を容易に想定できるほど、広い河幅と豊かな水量を有する流れの緩やかな川である。さらに、美作国を東西に貫通するいわゆる近世の出雲街道が倉敷を通過していることは、美作国西部や播磨国以東から多くの人・物が通過していたことを窺わせている。

南北朝期に北野社領林野保が赤松・山名両氏間の争奪の的となり、室町期に江見荘が幕府御料所に組み込まれたことは、美作倉敷が上位権力にとっていかに重要であったかを示している。後藤氏の一族であり江見荘の出身である亀泉集証（『蔭涼軒日録』の筆者）が、江見荘を「日本一之強所」[35]と称していることは、誇張した表現であるとは言え、やはりこの地域の重要性を裏づけるものと言える。林野保の中心には、峻嶮な倉敷城（林野城）が聳立し、西隣の塩湯郷（現英田郡美作町）後藤氏の居城三星城と川を挟んで対峙していた。そして〔史料④〕〔史料⑤〕によれば、倉敷の在地小領主層は尼子氏最末期においても尼子氏方として活動していたことが確認できる。

尼子氏が美作倉敷を掌握していった具体的過程については、史料的に明らかにできないが、少なくとも天文末～永禄年間においては、倉敷城主の江見久盛が尼子氏方として活動していたことを確認できる。[36]永禄年間の倉敷城主江見久盛は、江見氏一族や他の倉敷周辺在地小領主層を編成して、美作国東部のかなり広い範囲に勢力を及ぼす存在であった。

天文末～永禄年間初頭の九月朔日浦上政宗書状[37]によれば、江見氏と後藤氏は、いずれも尼子氏・浦上政宗と連携して浦上宗景と対立していたことが知られる。また久盛は、永禄年間初頭に後藤氏が尼子氏から離反した際にも、江見若狭守・鯰小太郎ら江見氏一族を従えて後藤氏と戦っている。倉敷周辺の尼子氏勢力が、永禄八年十月頃の倉敷城落城以後の永禄九年正月段階に至っても、三星城をめぐって戦闘を継続していたことは、永禄九年正月十一日斎藤親実感状写[38]によって明らかである。これらの事実は、尼子氏が天文年間末からその最末期に至るまで、美作倉敷と江見久盛（及び配下の倉敷在地小領主層）を強固に把握していたことを窺わせている。

尼子氏がここを重視した理由としては、上述のような倉敷の重要性に加え、以下の二点を指摘できる。

まず第一に、西部から進出してくる尼子氏にとって、出雲街道を介して相互に密接な交流関係を有していたと思われる美作国内領主層を効果的に統制するには、その東端に位置する倉敷を確保することが必要であったことである。尼子氏の援助を全く期待できない永禄九年段階に至るまで、牧兵庫助や斎藤親実が美作国中央部で軍事活動を継続できた理由は、東部の要衝倉敷が尼子氏方によって確保されていたからであると思われる。

第二に、備前国浦上宗景が美作国へ勢力を及ぼそうとする際に、吉井川水系がその侵攻経路として重要であったと思われる点である。浦上宗景の居城である備前国天神山城（現和気郡佐伯町）は、吉井川と吉野川の合流点から一〇キロメートルほど吉井川を下ったところに位置している。尼子氏は、吉井川水系の要衝倉敷を掌握し、宗景の北上を阻止するための橋頭堡を確保しようとしたものと思われる。

ところで、尼子氏は美作倉敷について、直臣を代官として派遣して直接的支配を志向するのではなく、現地の江見久盛を介して掌握していたものと思われる。このことは、倉敷内部に尼子氏直轄領が存在した可能性や、倉敷城に尼子氏直臣が在番していた可能性を否定するものではないが、倉敷支配が江見久盛の存在に大きく依拠していたことは間違いない。にもかかわらず、江見久盛が最後まで尼子氏方として活動し続けた理由としては、以下の二点を指摘できる。

第一に、尼子氏は、江見久盛を擁護することによって、主導権の交替が繰り返されていたと推測される江見氏一族内部における主導的地位を獲得させ、これを介して倉敷を安定的に確保していこうとしたものと思われる。「久盛」や「久資」などの実名は尼子氏の偏諱を受けたものと思われ、江見久盛がその勢力を永禄年間のように広範に及ぼす

ために は、尼子氏の後ろ楯が不可欠であったと考えられる。江見久盛の系統の江見氏は、天正五年（一五七七）末〜六年前半にかけて、近接する播磨国上月城（現佐用郡上月町）に籠もった尼子勝久と連携を取りながら織田氏に従属し、吉野川下流域の権益を掌握しようとしており、尼子氏との結束は首尾一貫している（補論参照）。

第二に、江見氏は、室町期以前より吉野川下流へ向けた勢力拡大を図っているが、尼子氏はそれを擁護したものと推測される。江見久盛は、吉井川水系を介して美作国への勢力拡大を図る浦上宗景と対立する部分における権益を、尼子氏に依拠して獲得・確保していこうとした可能性が高い。

以上のように、尼子氏は、久盛の江見氏一族内部における主導権を保証し、江見氏の志向性が浦上宗景と対立する部分における権益を擁護することによって、久盛の勢力拡大を促し、久盛を介してこの地域の掌握を実現したものと考えられる。

以上、第三節においては、尼子氏による三浦氏・江見氏の掌握について述べてきた。

天文年間初頭に守護赤松氏から自立し、備前国において勢力を強めつつあった同国天神山城（現和気郡佐伯町・和気町）の浦上宗景は、尼子氏が三浦氏・江見氏を掌握した頃、美作国へもその勢力を及ぼしはじめていた。天文二十年と同二十二年、尼子晴久は自ら美作国へ出陣し、天神山城をはじめ吉井川下流域の要衝である備前国沼城（現岡山市沼）まで軍勢を進出させ、播磨国室津（現揖保郡御津町）の浦上政宗（宗景の兄）と同盟して、宗景の北上を阻止した。(40)おそらくこのような浦上宗景との対立を契機として、尼子氏は、播磨国守護赤松晴政、及びその配下の宇野政頼とも手を結んでいる。またそのような関係から、宍粟郡三方西荘（現波賀町）の中村氏や但馬国朝来郡田路谷（現朝来町）の田路氏などを直接勢力下に収めていた時期があったことも確認でき、(41)美作国確保の条件はさらに整えられていったと思われる。さらに尼子氏は、陶隆房の反乱による大内義隆の自刃という政治情勢の変動を経た天文二十一年に美作国を含む中国地方東部八ヶ国の守護職に補任され(42)、これによって美作国の公的支配者としての地位を強化するための論理を補強した。史料的制約によって論証は難しいが、尼子氏の勢力が最も強まった時期においては、三浦氏・江見氏のほか、美作国北部から因幡国南部にかけて勢力を有した草苅氏、稲荷山城（現久米郡中央町）を本拠とする原田氏、小田草城（現苫田郡鏡野町）を本拠とする斎藤氏(43)、のち（永禄年間初頭）に尼子氏に叛旗を翻した塩湯郷三星城（現英田郡美作町）の後藤氏など、美作国を代表する有力な国人領主が尼子氏に従ったものと推測される。

もちろん、尼子氏の勢力が最も強まった天文年間後半から永禄年間初頭においても、尼子氏に従わない領主が存在したと考えられ、美作国中部の備前国境地域に基盤を有していた菅納氏・沼元氏(44)や、美作国中央部の牧氏(45)などは、その具体例であると言える。これらの諸領主はいずれも浦上宗景の後ろ盾を得て活動した存在であり、同様な例は他にも存在したと考えられる。そして、永禄五年（一五六二）の六月十八日毛利元就同輝元連署書状写(46)に「従作州衆茂懇望之由候而、爰許使者下着候」とあるように、同年の毛利氏による出雲国侵攻に際しては、多くの領主が毛利氏方に転じ、尼子氏の勢力は格段に弱められたと考えられる。

しかしながら、美作国における尼子氏の勢力が急速に弱まった永禄五年以降において、東部の要衝倉敷の江見久盛や、西部の有力国人領主三浦氏の重臣牧尚春とそれに従った中南部の打穴氏・大蔵氏・小瀬氏などが、尼子氏方として活動し続けた事実は、尼子氏による美作国支配がかなり浸透した側面を示す事実として、特に注目される。

それではなぜ、尼子氏による美作国支配はこのような形で実現されたのであろうか。尼子氏による三浦氏・江見氏の掌握は歴史的にどのような意味を持っているのであろうか。次節においては、これらの点を追究するために、地域の側へ視点を移すことによって、尼子氏による侵攻・支配の歴史的位置づけを明らかにしたい。

四　美作国における地域秩序と尼子氏

1　国人領主層の結集と尼子氏の侵攻によるその変質

既に冒頭において述べたように、美作国の国人領主は、近世の出雲街道沿いと旭川・吉井川流域の河川を介して、相互に、あるいは隣接する他国の領主との結び付きを有していた可能性が高い。

第二節の冒頭でもとりあげた、天文二年（一五三三）の六月二十三日新見国経書状[47]によれば、「伯州東半国与作州一国申合、尼子方ニ敵と成候、当国も人ニより敵一味候」と記されている。すなわち、天文元年の尼子氏の美作国侵攻に際して、美作国内の大部分の国人領主たちが、伯耆国南条氏らと連合し、侵攻を阻止しようとしていたことが知られる。

この段階で「作州一国」の国人領主層が結束して尼子氏に対抗していることは非常に重要であると思われる。美作国の守護赤松政村は、重臣の浦上村宗を殺害してとりあえず内紛を鎮めたとは言え、これだけの範囲の国人領主層に対する求心力は保持していなかったと考えられる。従って、この軍事同盟は、尼子氏と対立する大内氏・山名氏方として、美作国の国人領主層が独自の判断で結集したものであった可能性がきわめて高い。これは、軍事的結集を可能にするだけの地域秩序の存在を推測させる事実である。

〔史料④〕〔史料⑤〕によれば、三浦氏は自らの権益回復のために尼子氏への取成しを江見氏に要請しているが、これは以前より両氏の間に存在した密接な交流関係を前提とするものである可能性が高い。このような例は、どの大名権力に属するかに関わらず、広範に存在したと推測され、永禄九年閏八月二十五日斎藤親実起請文（「石見牧家文書」五八号）などは、その具体例であると考えられる。この起請文は、永禄九年閏八月、尼子氏の滅亡（同年十一月）が避けられなくなり、三浦氏が毛利氏・浦上宗景方へ属した際に、牧兵庫助との間で取り交わされたものである。差出の斎藤氏は、南北朝期以来、吉井川本流の中流域に位置する野介荘（現苫田郡鏡野町）小田草城を本拠とする国人領主である。史料は限られているが、同氏惣領の斎藤実秀については、芦田秀家とともに「備前衆」（＝浦上宗景）を撃退した事実が確認でき、また、永禄二年には斎藤氏一族の実次が、尼子氏直臣牛尾氏と共に岩屋城を攻撃しているので、少なくとも天文年間末以降には尼子氏方として活動していたことがわかる。(48)親実は、実秀の跡を継いだ人物と思われ、この起請文より、これ以前に毛利氏・浦上宗景方に属していたものと思われる。そして、特に重要な点は、親実が三浦氏の「進退」（所領等の確保など）について「気遣」する旨を誓約していることである。これは、これ以前からの斎藤氏と牧氏の結び付きを示している。

天文年間初頭の尼子氏の侵攻に対抗した「作州一国」の領主層結集の前提となったと思われる地域秩序は、こうした日常的結び付きを踏まえて形成されたものと推測される。この地域秩序の内実を示す史料は皆無に近いが、次の史料はその手掛かりとして注目される。

〔史料⑥〕　**大内氏家臣連署書状**

（包紙ウハ書）
「　　　　　　　　　　　連署
三浦上野介殿御宿所　　　　隆房　」

急度申候、播州与其国確執之儀、不可然候之間、至彼国者、以観音寺、被申拵候、互御存分雖在之、此砌事、有堪忍、被和融候者、肝要之通、以直札、始中終被申候、対庄・三村茂、可有助言之由、令申候、随而去比村上左京進令敵同意、既一城取誘、雲州衆相共、雖出張候、即時取懸、被追崩之由、御勝利無比類候、諸牢人事、弥御誘不可有御油断候、不及申候、彼是委細申含万勝寺候、恐々謹言、

六月八日

（青景）隆著（花押）
（陶）隆満（花押）
（陶）隆房（花押）

三浦上野介殿
御宿所

（「石見牧家文書」五四号）

この史料の差出は、周防国大内氏家臣の陶隆房・陶隆満・青景隆著であり、宛名は三浦氏惣領の貞久である。年代の特定は難しいが、天文七年頃を上限とし[49]、天文十七年頃の尼子氏による三浦氏制圧より以前のものである。従って、はじめて尼子氏による美作国侵攻が行なわれてから一定の年数を経た後のものである。

この史料によれば、播磨国と美作国との間に「確執」が生じたため、大内義隆が使僧の観音寺・万勝寺をそれぞれ遣わして調停しようとしたこと、村上左京進[50]が尼子氏方となって城を構え、尼子氏の軍勢とともに攻め寄せたが、即座に三浦氏によって退けられたことが知られる。この文書が牧家に伝来したのは、三浦氏の内部において牧氏がこの件に関して中心的役割を果たしていたためと思われる。ここからは、三浦氏は大内氏の勢力下にあり、三浦氏と尼子氏は相変わらず戦争状態にあったことを確認できるが、三浦氏が大内氏によって「其国」（＝美作国）を代表する存在として捉えられていることは、当面の問題関心からみて特に重要であると思われる。これは、尼子氏による本格的な美作国支配が行なわれる以前の段階における、美作国の実態を窺わせる事実と考えられるからである。

永正十三年（一五一六）十月十日新見国経書状(51)によれば、当時の備中国新見荘は、守護細川氏・国人領主多治部氏らによって押領され、新見国経は「伯州・雲州衆」（従って尼子氏など）の援軍を得てこれらの勢力と戦っていたが、「三浦方調法候て、多治部徳光以下とハ、和与仕候」と述べている。三浦氏は、尼子氏侵攻のはるか以前より、隣国の国人領主間紛争を調停しうる機能を有していたことが知られる。既に第三節においても指摘したように、〔史料①〕～〔史料③〕によれば、天文十年代の三浦氏は、尼子氏に掌握される以前に、美作国中央部の大河原氏の家督を一族の貞尚に嗣がせて掌握していた。また、〔史料②〕によれば、かつて幕府御料所や奉公衆所領の存在した真島荘・久世保を確保していたことが知られ、これらはいずれも三浦氏の拡大志向を示す事実である。〔史料②〕の「国領」も、三浦氏によって掌握されていた権益である可能性がある。

これらの事実に〔史料⑥〕を合わせ考える時、三浦氏が「作州一国」の国人領主層の結集に際して中心的役割を果たしていた可能性は非常に高いと思われる。尼子氏が、天文元年からの美作国侵攻において三浦氏の攻撃に全力を挙げていると思われることは、西部であるという地理的条件にもよっているが、美作国支配のために三浦氏の制圧が特に重要であったからではないかと推測される。

換言すれば、尼子氏による美作国支配は、大河原貞尚との婚姻関係を重要な足がかりとして、本領高田荘を含む家督・諸権益を安堵する形で三浦氏を完全な統制下に置くことよって、はじめて内実をともなうものへと展開したと考えられる。天文十七年頃に三浦氏を掌握するまでは、進軍ルート・補給線として一応の確保がなされていても、また一時的・暫定的な講和はあったとしても、尼子氏による美作国の安定的支配は困難であったと推測される。ここに、尼子氏による三浦氏掌握の歴史的意義が存するものと考えられる。

戦国期美作国における自立的地域秩序は、守護勢力の後退によって、三浦氏を中心とする形で展開しはじめていたと推測されるが、天文十七年頃の尼子氏による軍事的制圧によって三浦氏が掌握されたことにより、大きな変質を余儀なくされたと考えられる。

2　中流域の河川水運と在地小領主層

中世の河川水運については、未解明の部分が多い。河川水運は、河幅・水量・流水速度に規定されて多様な存在形態を有していたと思われる。ただ、いずれにせよ水運の盛んな河川が、周辺地域の政治情勢と地域社会に大きな影響を与えていたことは確実であると言ってよい(52)。史料的制約は著しいと言わざるをえないが、川に基盤を有し、川と密接に関わり合いながら生活する各階層の存在形態と性格に細心の注意を払わないならば、この時期の各地域の具体的な政治情勢や地域社会の特質を明らかにすることは困難であると考えられる。

河川水運を考える場合、海上水運や平野部の陸上幹線ルートとの結節点に位置する河口部は最も重要であり、そこに基盤を有する各階層の追究は必要不可欠であるが、これらと利害を共有し、あるいは対立する場合もあったと考えられる中流域における水運の実態を明らかにすることは、それと同等にきわめて重要であると思われる(53)。そのような観点から見て、美作国における西部の高田荘、東部の倉敷は、いずれも注目すべき地理的条件を有している。

高田城の城下勝山の旭川沿いには、近世の高瀬舟船場が残されているが、このような河川水運は中世より存在した可能性が高い。美作国西部においては、流通の結節点として、高田荘以外にも久世保近辺、垂水郷近辺など恰好な地理的条件を有する場所がいくつも存在している。また美作倉敷は、その地理的条件や地名より勘案して、まさしく美作国東部を代表する経済的中心地であったと思われる。ここでは、美作倉敷に基盤を有する在地小領主層を例に、その動向を明らかにしたい。

戦国期の倉敷には、江見氏一族をはじめ、小坂田氏・田中氏・井上氏・難波氏・長瀬氏・水島氏・妹尾氏・安東氏等の在地小領主層が多数盤踞していた。これらの諸氏は、各郷村の上層部に位置する郷村指導者層であったと考えられる。

尼子氏勢力下の倉敷は江見久盛によって支配されていたが、この江見久盛は、倉敷周辺の在地小領主層を主従制的支配下に組み込み、彼らを存立基盤とする権力体を形成していた。例えば、〔史料④〕〔史料⑤〕に見られる田中信濃守・井上誠清・森田尚盛・野口誠次・小坂田資勝・江見久資らは、久盛の指揮下にあった倉敷城衆であったと思われるし、江見源次郎・江見左馬助・鯰小太郎ら江見氏一族をはじめ、小坂田氏・難波氏・長瀬氏・水島氏等が、江見久盛から感状・宛行状・安堵状を遣わされているからである（補論の表5参照）。この内、鯰氏は江見荘鯰村（現英田郡作東町）、小坂田氏は林野保三海田村（現英田郡美作町）、田中氏・井上氏は林野保海内村（同上）、難波氏は林野保中佐瀬（同上）・同保神庭（同上）・平野保（同上）に基盤を有しており、これらの諸氏は、倉敷城麓やその周辺部の在地小領主であったと考えられる。

『作陽誌』や『美作古簡集註解』などによれば、これらの在地小領主の家が近代に至るまで存続し、一貫してこの地域に基盤を有していたことが知られる。『作陽誌』によれば、文化年間において、小坂田家は三海田村の庄屋、田中家・井上家は海内村の大庄屋、難波家は下福原村（現英田郡美作町）・三倉田村（同上）の庄屋、長瀬家は上福原村（現英田郡作東町）・田原村（同上）・日指村（同上）の庄屋をそれぞれ務めていたことが知られる。また「美作古簡集」によって明治期に中世文書を伝来していた家を見てみると、小坂田家は三海田村、難波家は平野村（現英田郡美作町）・下福原村・餘野村（現勝田郡勝田町）、長瀬家は田原村、水島家は友野村（現英田郡美作町）に、それぞれ居住していたことがわかる。このように、中世の倉敷周辺在地小領主層の多くは、近世以降も倉敷とその周辺部に本拠を構える村落有力者として、一貫して存在したことが確認できる。

従って、倉敷在地小領主層は、尼子氏勢力後退後においても、倉敷城の対岸三星城の後藤氏や、吉野川上流の新免氏、浦上宗景、宇喜多氏らにそれぞれ従属しながら、郷村指導者層として存続したものと思われる。後藤氏や浦上氏が、尼子氏勢力が後退した時期において江見氏一族を含む在地小領主を支配下に組み込んでいたことは、史料的に確認できる。これらの事実は、倉敷在地小領主層が、上位権力の交代にかかわらず生き残っていけるだけの固有の基盤と機能とを有していたことを窺わせている。それこそが、吉野川水系の河川水運に関わる基盤・機能であったと考えられる。

例えば小坂田氏は、吉野川下流方面の河会荘（現英田郡英田町）、梶並川を遡った所に位置する小吉野荘（現勝田郡勝央町・奈義町）に権益を与えられているし、難波氏・水島氏も小吉野荘内に権益を遣わされている（補論の表5参照）。美作倉敷の在地小領主層は、吉野川沿いに基盤・権益を持ち、河川水運に立脚して倉敷の経済機能を支える存在であったと推測され、吉野川水系における権益の確保・拡大の欲求は、彼ら全てに共通していたと推測される。

すなわち、倉敷在地小領主層が尼子氏・江見久盛に従っていることは、河川水運に関わる諸権益を各々が確保・拡大するための一つの選択であり、主体的判断によるものであった可能性が高い。〔史料④〕の請文において、江見久資他五名の倉敷城衆が久盛の意を奉じる形をとっていない理由は、江見久盛権力が実態的には在地小領主層の連合体であったからではないかと思われ、尼子氏の勢力が後退した段階においてその本質が表出したものと考えられる。

その意味では、尼子氏も江見久盛も、倉敷周辺の在地小領主層の利害に規制される側面を有していたと言わなくてはならない。尼子氏による在地小領主層掌握の努力は決してなされなかったわけではないが、倉敷周辺の在地領主層の多くは、尼子氏が滅亡してもその基盤や機能を喪失することはなかったと考えられる。これは、尼子氏に限らず、ここを勢力下におさめ、近世にかけて滅亡していった浦上氏・後藤氏・宇喜多氏・新免氏についても同様であったと考えられる。

以上のような在地小領主層の自立性と根強さは、それぞれの生業に根ざした固有の機能と結び付きを有していたからではないかと推測され、中でも河川水運に関わる基盤と機能は重要であったと思われる。そして各上位権力は、在地小領主層が河川水運に関わって有していた固有の機能を尊重せざるをえなかったものと考えられる(54)。

おわりに

本章では、尼子氏による美作国支配の実態と、国内領主層の動向および尼子氏によるその掌握・統制の実態について考察した。

戦国期の美作国においては、守護赤松氏の勢力後退に伴い、領主間の結び付きが、三浦氏を中心として次第に強化されつつあったと推測される。

尼子氏本隊の上洛経路・補給線として美作国を重視した尼子氏は、天文元年より本格的に積極的な侵攻を開始したが、三浦氏を中心とするこれら国人領主層の抵抗は強く、国内領主層との一時的・暫定的講和が成立して一応の制圧を実現しても、その支配はきわめて不安定なものであった。

尼子氏による美作国支配が内実を伴うものへと進展した最大の契機は、天文十七年頃の三浦氏の制圧と掌握であったと考えられる。これによって尼子氏による国人領主層の統制は飛躍的に強化され、戦国期美作国の地域秩序は大きく変質せしめられていったものと推測される。

尼子氏が、美作国内の領主間秩序の中心的存在であった三浦氏を掌握したこと、美作国内有数の経済的要地である、西部の高田荘・久世保・真島荘・大庭保一帯と、何より東部の倉敷を把握したことは、美作国内領主層全体を統制するために最も効果的であったと思われる。天文年間末から永禄年間初頭にかけての尼子氏の「権力」は、これらを機軸として美作国全体へ現実に強く及んでいたと考えてよい。

断片的な史料の端々から、尼子氏の支配のルーズさ・不統一性・未整備といった点を指摘することは、美作国においても容易である。しかし、本章における考察の結果、尼子氏は地域秩序の変質を促すような現実的・積極的対応によって、少なくとも天文年間末~永禄年間初頭にかけて、かなり安定的な支配を展開していたことが明らかとなった。と同時に、特に河川水運などに立脚して固有の基盤と機能を有した在地小領主層については、尼子氏に限らず上位権力は、その機能を尊重せざるをえなかった。ここに、尼子氏による美作国支配の深化の程度とその限界性が端的に表れていると考えられる。

美作国において、永禄九年の初頭に至るまで尼子氏方として活動し続けた存在を多数確認できることは、尼子氏による美作国支配が比較的順調に推進された時期の実態を遡って推測させる事実として非常に重要である。特に美作国は、尼子氏にとって旧来からの様々な政治的関係が存在した近隣諸国（伯耆・備後・安芸・石見）とは異なり、新たに介入していった地域であり、そのような国を現実に支配下に置き続けたことは注目に値する。あくまでも、尼子氏が侵攻した他の国々と比較してのことではあるが、また時期的には天文年間後半から永禄年間初頭に限られるが、美作国ほど尼子氏権力が浸透した国は、伯耆国西部を除き他に見られない。これは、三浦氏の存在と尼子氏によるその掌握の重要性、また河川水運の機能等に根ざした在地勢力の根強さによってもたらされたものであり、そこに尼子氏権力と美作国地域の歴史的特質が浮き彫りにされていると考えられるのである。

註

（1）　現在までのところ、中世美作国全体の歴史を最も総合的・具体的に叙述したものは、三好基之『津山市史　第二巻』（一九七七年）である。戦国時代に関しては、同書第五章と、美作国西部については牧祥三『美作地侍戦国史考』（一九八七年）が、現在の研究史的基準となるものと言える。戦国期について網羅的・具体的という点で言えば、寺阪五夫『美作古城史』一～四（一九五五～五八年）は、当該地域の基本文献である。いずれも大変な労作であるし、史料の残存状況からすれば後世の記録による叙述が含まれることはやみくもに難ずべきことではないが、後世の叙述そのものを歴史の中に正確に位置づけて活用するためには、なお多くの手続きが必要であるように思う。このほか、『美作略史』（一八八一年）、『真庭郡誌』（一九二四年）、『苫田郡誌』（一九二七年）、『岡山県通史』（一九三〇年）、『美作古簡集註解』（一九三六年）、『湯原町史』（一九五三年）、『勝山町史』（一九七四年）、『久世町史』（一九七五年）、『岡山県史』中世Ⅱ（一九九一年）など多くの通史においても、近世の諸書を典拠に多用している。

（2）　戦国期の美作国について近世に記述されたものとしては、「美作太平記」（『新編吉備叢書』第一巻、一九七六年）、「美作古城記」（同上）、『作陽誌』のほか、「三星軍傳記」（『吉備群書集成』第三輯、一九七〇年）などがある。また、『雲陽軍実記』、『陰徳太平記』、「身自鏡」（『戦国期中国史料撰』〈一九八七年〉）、「天神山記」（『吉備群書集成』第三輯）、「宇喜多戦記」（同上）など、尼子氏・毛利氏・浦上氏・宇喜多氏関係の軍記物にも、美作国に関する記述がみられる。

（3）　後世の記述が明らかに事実と異なっている具体例が、尼子氏勢力下の美作倉敷城主「久盛」が尼子氏直臣の河副久盛と同一視されてきたことである。補論参照。

（4）　正木輝雄編著・矢吹正則編『新訂作陽誌』（一九一三年刊、一九六三年再版）。「作陽誌」は、元禄二年（一六八九）、津山森藩家老の長尾勝明が藩命によって編纂を開始した地誌であり、美作国西部六郡（苫南・苫西・久米北・久米南・大庭・真島郡）については元禄四年に完成して藩へ提出されたが、東部六郡（苫東・苫北・勝南・勝北・吉野・英田郡）については未完のままとなった。その後、文化九年（一八一二）、津山松平藩士の正木輝雄は、独力で東部六郡の調査を開始し、文化十二年に美作国全体を記述した「追補作陽誌」が完成した。正木輝雄執筆部分は、別名「東作誌」とも呼ばれる。従って、西部と東部では、年代的にも編纂目的からみても資料的性格が全く異なる点が同書の特徴であり、また利用に注意を要するところである。

（5）　矢吹金一郎編『美作古簡集註解』（一九三六年刊、一九七六年復刻）の例言によれば、同書は、明治期に矢吹正則氏が自ら採集した中世文書と近世の編纂物収載の中世文書とを収録した「美作古簡集」に、矢吹正己氏が大正一〇年（一九二一）まで長期間をかけて解説を施したものである。

（6）美作国三浦氏の歴史については、前掲註(1)所引牧氏著書に詳しい。

（7）『作陽誌』所収三浦氏系図によれば、「才五郎」は三浦貞久の三男貞広であるとされている。系図・軍記物等の記述によれば、三浦貞広があらわれてくるのは、永禄九年（一五六六）の高田城奪回の前後からのこととされている。この場合、後世の記述のどの部分を信用すべきか判断できないが、少なくとも〔史料①〕〜〔史料③〕は、三浦氏当主に関して、後世の記述と史実との乖離を示すものである。

（8）天文十六年十月二十日三浦貞久感状写（『美作古簡集註解』下巻七一頁）。

（9）『作陽誌』所収三浦氏系図によれば、貞久は天文十七年九月十六日に病没し、尼子氏はこの機に乗じて高田城を攻め落としたと書かれている。これを裏づけることのできる史料はないが、天文十六〜二十二年の間の他の三浦氏関係史料を欠いており、今のところ反証となる史料も見られないので、以下においては、尼子氏による三浦氏の制圧を天文十七年頃のこととして、検討を進めたい。

（10）『作陽誌』所収三浦氏系図による。

（11）補論参照。

（12）天正年間初頭に牧尚春が大友氏に遣わした使者として「湯浅七郎右衛門尉」「湯浅」等の名を確認できる（「石見牧家文書」二三・四二・四七号）。

（13）「東寺百合文書」ヤ函二五一（『岡山県史　家わけ史料編』〈一九八五年〉東寺百合文書二四七号。以下、文書番号のみ記す）。

（14）天文二年の十一月十日新見国経書状（「東寺百合文書」ヤ函二二九〈『岡山県史』二四九号〉）にも、「尼子方為合力、作州表へ于今番衆立置候、大儀不及申候」と記されている。

（15）享禄五年七月二十六日尼子経久宛行状（「長府毛利家所蔵文書」〈東京大学史料編纂所架蔵影写本〉）。

（16）七月二十日大友義鑑書状（「熊谷家文書」〈『大日本古文書　家わけ十四』同文書一一八号〉）。

（17）「証如上人日記」天文五年十二月五日条。

（18）永禄五年の六月十八日毛利元就・同隆元連署書状写（『萩藩閥閲録』巻五五〈国司与一右衛門〉）によれば、「伯州之儀日野本城之事、山名摂津守殿久代出候而仕取候、雲州番衆中井平三兵衛尉・米原平内罷退候」と記されており、毛利氏の出雲国侵入に先立ち、山名摂津守が備後国久代（現比婆郡西城町）から日野郡の「本城」を攻略し、尼子氏直臣の中井久家・米原綱寛を退却させたことがわかる。「本城」は、日野郡最大の要地に所在する亀井山城（現日南町生山・生山城）である可能性が高い。なお、『萩藩閥閲録』巻二九〈日野要人〉の注記によれば、「日野郡生山城主山名摂津守藤幸」と記されている。

(19)　天正元年の八月二十二日立原久綱書状（「米井家文書」〈『岡山県古文書集』第三輯〉）は、尼子勝久が因幡国へ攻め込んだ際に、主導者の一人である尼子氏家臣立原久綱が戦況を伝えたものであるが、そこには「日野衆・牧兵なと不易馳走候間本望候」と記されている。「牧兵」は後述する牧尚春を指しているが、この人物と共に「日野衆」が、きわめて不利な状況下においても尼子氏方として行動したことがわかる。

永禄七年と思われる八月二十五日毛利元就書状（「日野文書」、『萩藩閥閲録』巻二九〈日野要人〉にも収載）によれば、「日野衆」は毛利氏に叛旗を翻して大損害を与えたことが知られる。また、永禄十二年九月十日興幸感状など「米井家文書」の一連の文書、永禄十三年二月二十五日興幸宛行状写・永禄十三年三月十四日興幸袖判進幸経日野秀清連署奉書写（『萩藩閥閲録』巻一三〇〈進三郎兵衛〉）等によれば、「興幸」は幼少の「千才童子」にかわり、尼子氏再興戦に呼応して永禄十二年から元亀二年に至るまで、原氏・進氏らを率い、日野郡神戸・多里・松本（いずれも現日南町）などで備後国「久代衆」と戦っていたことが知られる。「興幸」を後見とする「千才童子」は奉行人に日野氏を有し、また日野郡榎村（現日南町）の権益を宛行っているので、「幸」の字を勘案すれば、日野山名氏である可能性が高い。「米井家文書」は、美作国下横野村（現津山市）原家の文書を近代に入って引き継いだものであるので、原氏については不明であるが、進氏や日野氏は「日野衆」と称される日野郡の在地勢力であった可能性が高い。

(20)　天正六年七月五日吉川元春他三名連署起請文写（「右田毛利家譜録」）によれば、上月城落城時において、尼子氏側を代表する人物は、日野五郎、立原久綱、山中幸盛の三名であった。日野氏が、いかに強く尼子氏と結び付いていたかを裏づける事実と言える。

(21)　天文二年十一月二十七日尼子詮久判物（「岡田家文書」〈『岡山県古文書集』第三輯、一九五六年〉）。

(22)　天文七年四月五日梅叔法霖書状案（『鹿苑日録』天文七年四月十日条）。

(23)　『大館常興日記』天文九年正月十日条。なお、富美荘・布施郷（荘）については、中野栄夫氏の研究がある（「美作国布施荘・布施社・富美荘について」〈『岡山県史研究』8、一九八五年〉）。

(24)　「岩屋寺快円日記」（横田町コミュニティーセンター所蔵写真版）。

(24) 天文十三年十二月八日尼子晴久安堵状写(『美作古簡集註解』上巻一五二頁)。

(25) 大河原氏に関する史料はきわめて少ないが、皆木佽耿『美作中世史研究　大河原氏の事跡と伝承を訪ねて』(一九九七年)には関係史料が列挙されており、武蔵国丹党大河原氏以来の歴史を概観できる。

(26) ただし、「尚春」の実名が確認できる初見は、永禄十年八月吉日美甘氏知行書立(「美甘文書」『湯原町史　前編』〈一九五三年〉五五頁写真版、なお『美作古簡集註解』下巻八一頁所収)である。従って、天文年間の牧兵庫助と永禄十年以降の牧兵庫助尚春が同一人物である確証はないが、ここでは三浦氏権力内部における立場と機能が一貫していることから、厳密な区別をせずに記している。

(27) 岸田裕之・長谷川博史『岡山県地域の戦国時代史研究』(『広島大学文学部紀要』第五五巻特輯号二、一九九五年)所収の「石見牧家文書——その翻刻と解説——」の解説を参照。

(28) 高田城をめぐる攻防戦は、通説によれば、①三浦貞久死去後の天文十七年九月に尼子氏によって高田城が落城し、②永禄二年三月に三浦貞勝(貞久の子息)が同城を奪回、③永禄八年十一月に備中国三村家親によって再度落城(貞勝の切腹)、④翌永禄九年に三浦貞盛(貞久の弟)が貞広(貞勝の弟)を擁して再度奪回、⑤永禄十二年六月に毛利氏によって再び落城、⑥元亀元年十月に貞広が奪回、⑦天正四年三月に落城し、貞広は備中国において戦死(もしくは播磨国において病死)し三浦家が断絶したとされている。天文十七年以後の三浦氏は、高田城を三度奪回し、四度落城のすえ滅亡したというのである(『湯原町誌　前編』〈一九五三年〉や前掲註(1)所引牧氏著書を参照)。

ところが、これらの諸事実を裏づける史料がほとんど見当たらないのである。いくつかの史料が残されている永禄十二年の攻防についても、同年に毛利氏が高田城を攻略した⑤とは書かれていない。「吉川家中并寺社文書　四」所収の安達家伝来の諸文書はもとより、近世に入ってからの記録である「森脇覚書」「香川家軍功略記」「陰徳記」においてすら、香川氏・足立氏ら高田城在番衆が尼子氏方(三浦氏を含む)の攻撃を退けた事実を確認できるのみである。高田城の四度落城説は、結局のところ「作陽誌」所収の三浦家譜以外に典拠となるものが見出せない。

さらに、高田城最後の落城が天正四年とされていることも疑問である。例えば、九月十四日吉見正頼宛て毛利輝元書状写(『萩藩閥閲録』巻六〈毛利伊勢〉)によれば、「天神山落去之儀ハ委細申候キ、作州高田之事、去十一日令落去候、於于今者無残所申付候間、可御心安候、因州之儀、私部二三丸迄□□之由候、はや可為一途候」と記されている。浦上宗景の天神山城落城が天正三年九月（岸田裕之「小瀬木平松家のこと　付『新出沼元家文書』の紹介と中世河川水運の視座」『熊山町史調査報告』四、一九九二年）、山中幸盛の私部城落城が同年十月である（『吉川家文書』五八四）ので、この書状は内容的に見れば明らかに天正三年のものである。署名が「少輔太郎輝元」とあることはなお検討を要するが、天正二年の閏十一月二十一日毛利輝元巻数并供米返事（「厳島野坂文書」〈『広島県史』古代中世資料編〉五〇四号）より、輝元が任官後にも時に「少輔太郎」を称した可能性を指摘できる。従って、高田城の落城は天正三年九月十一日であった可能性が高い（既に『新見市史』〈一九六五年〉八一頁にも同様の指摘がある）。

現在確認できる史料に拠る限りでは、高田城をめぐる攻防戦は以下のように推測できる。まず、〔史料①〕～〔史料③〕を見るかぎり、尼子氏による三浦氏と高田荘の支配は三浦氏とその家臣団を排除していたわけではなく、天文十七年頃以降の高田城は尼子氏・三浦氏の言わば共同管理下にあったと推測される。その高田城は、永禄五年以降（少なくとも永禄九年二月以前）に毛利氏方勢力によって攻め落とされ、三浦氏当主は出雲国富田城へ落ち延びたと考えられる（〔史料⑤〕）。その後、永禄十二年には尼子勝久の出雲国乱入に呼応して、尼子氏旧臣・三浦氏旧臣らが高田城の攻略を試みたが、在番衆（香川氏・足立氏ら）の奮戦によって失敗した。やがて、元亀三～天正二年頃の三浦貞広は、尼子勝久・浦上宗景・村上武吉らと連携して豊後大友氏による毛利氏包囲網の強化に貢献し、その過程において高田城を奪回したと考えられる。その時期は、少なくとも山中幸盛が高田城の三浦氏の許を訪れた天正二年十一月以前である（「橋本文書」、「石見牧家文書」九・四二・六四号）。そして、天正三年九月に高田城が落城し、三浦氏は滅亡したと考えられる。

(29)　打穴氏は打穴保（現久米郡中央町）を名字の地としており、大蔵氏は十六世紀の初期には中村氏の配下として倭文荘・大井荘の近辺で活動しているので、いずれも原田に程近い美作国中南部の在地小領主である。

(30)　天正元年の八月二十二日立原久綱書状（「米井家文書」『岡山県古文書集』第三輯）。

(31)　前掲註(27)所引の「石見牧家文書」の解説を参照。

(32)　前掲註(26)。

(33)　『作陽誌』所引の弘治三年二月九日美甘村八幡宮鳥居棟札銘には「大檀那勝氏宇山右京亮真明」とあり、同年三月三日草加部八幡宮棟札銘（『岡山県金石史』続編〈一九五四年〉五八三頁）には、「旦那宇山右京助勝部誠明」とある。

(34)　宇山氏一族の多くは、尼子氏滅亡以前に毛利氏へ投降したり、尼子氏によって粛清されているが、誠明は富田城落城まで籠城し、尼子義久の幽閉先である安芸国高田郡まで付き従ったようである（「二宮俊実覚書」の「義久様へ之御供之衆」の筆頭に記され、「佐々木文書」所収「富田下城迄相届衆中」には「芸州志道にて病死」とある）。

(35)『蔭凉軒日録』長享二年二月二十三日条。

(36) 以下、美作倉敷江見久盛に関する事実関係については、補論参照。

(37)「山田家資料」（前掲註(27)『岡山県地域の戦国時代史研究』所収岸田氏論文）。この史料は、浦上政宗・松田元堅・伊賀氏等が備前国新城（現岡山市竹原）・鳥取荘（現赤磐郡赤坂町・山陽町）における浦上宗景との戦闘に際し、政宗から松田・伊賀両氏等に宛てて、「江見」と「後摂」（＝後藤勝基）に援軍を求めたが、江見氏は病気により、また後藤氏は北方の軍事情勢により、容易に参陣できない状況を伝えた書状である。尼子氏家臣の牛尾員清・目賀田幸宣と伯州衆が来援しつつあることが記されているので、いずれも尼子氏方であったことがわかる。

(38)『美作古簡集註解』上巻三二頁。

(39)『美作古簡集註解』上巻五七頁。

(40) 尼子晴久の美作国出張が天文二十年と二十二年であったことは、「証如上人日記」天文二十年十月十五日条と天文二十二年十月十日証如書状案（「証如上人書札案」）による。尼子氏と浦上政宗が同盟して浦上宗景の本拠天神山城等を攻撃したことは、年未詳二月九日浦上政宗書状写（『黄薇古簡集』二六七頁）と年未詳七月十七日浦上宗景感状写（『美作古簡集註解』上巻一六六頁、『黄薇古簡集』二〇一頁）。尼子氏の軍勢が沼城を攻撃したことは、年未詳八月十二日浦上宗景感状写（『黄薇古簡集』八四頁）による。

(41) 年未詳三月十七日尼子晴久書状（「中村文書」〈『兵庫県史　史料編中世3』一九八八年〉）、年未詳九月二十七日尼子晴久感状（「田路文書」同上）。

(42) 天文二十一年四月二日足利義藤袖判御教書（「佐々木文書」〈東京大学史料編纂所架蔵影写本〉）。

(43) 貞治七年三月二十四日小田草神社銅鐘銘（『岡山県金石史』〈一九三〇年〉一二五頁）に、「小田草城主斎藤二郎」とある。斎藤氏が尼子氏に属していたことは、永禄二年十二月十八日斎藤実秀感状写（『美作古簡集註解』下巻九頁）、同年の十二月十六日牛尾員清書状写（同上）より確認できる。

(44) 菅納氏については、『美作古簡集註解』下巻二三頁以下の同家伝来文書。沼元氏については、「美作沼元家文書」（『岡山県古文書集　第三輯』三〇七頁）。いずれも弓削荘内の子孫に伝来した文書である。

(45) 牧氏については、「美作牧家文書」（『岡山県古文書集　第三輯』二九七頁、これは『美作古簡集註解』上巻一八八頁以下の上横野村新滝寺所蔵文書と一致する）と『美作古簡集註解』上巻一六五頁以下の塔中村牧氏伝来文書。これら二家の牧氏（牧佐介・牧八郎次郎）は、既に度々触れてきた三浦氏重臣の牧氏とは異なり、高野郷（現津山市）に基盤を有する美作国中央部の在地小領主であり、天文二十三年以降一貫して浦上宗景に属して活動していた。
(46) 『萩藩閥閲録』巻五五〈国司与一右衛門〉。
(47) 「東寺百合文書」ヤ函二一五（『岡山県史』二四七号）。
(48) 年未詳十月十四日斎藤実秀・蘆田秀家連署書状写（「美作総社文書」〈『岡山県古文書集　第三輯』二八八頁〉）、永禄二年十二月十八日斎藤実秀感状写（『美作古簡集註解』下巻九頁）、同年の十二月十六日牛尾員清書状写（同上）。
(49) 陶隆満の前名「持長」の終見が天文六年の十二月十八日大内氏家臣連署書状（「雷山文書」『福岡県史資料』第十輯〈一九三九年〉二三四頁）であり、青景隆著の大内氏家臣発給文書への署判の初見が天文七年二月六日大内氏家臣連署奉書（「小鳥居文書」『福岡県史資料』第七輯〈一九三七年〉二〇四頁）であることによる。この年代比定については、和田秀作氏よりデータの提供を得た。記して深謝したい。
(50) 『作陽誌』に引用された弘治四年閏六月青柳荘阿波村（現苫田郡加茂町）八幡宮棟札には、願主として北賀茂（同上）の知行主「雲州住村上佐京進時泰」の名を記している。
(51) 「東寺百合文書」ゆ函六七（『岡山県史』一一四〇号）。
(52) 第二章参照。
(53) 河川中流域の一地点が水運の要衝となっていく条件としては、川自体の河幅・水量・流水速度などに加え、大きな支流との合流点であること、内陸部の幹線陸上ルートが交錯していること、従って輸送手段の変更を必要とする地点であることなどが重要であると思われる。美作倉敷や高田などは、まさしくその典型である。
(54) 天正二十年九月、旭川沿いの天津神社（現真庭郡落合町）に、市虎熊丸が獅子頭を、市五郎兵衛尉が鼻高面を、それぞれ寄進している（『岡山県金石史』続編、六八八頁）。市氏は、神社に近い上市瀬宮山城（高屋城）の城主であったといわれ、市瀬という地名や市という名字からも明らかなように、旭川水運の流通に関わる領主と推測される。市氏のような存在が、尼子氏・毛利氏・浦上氏・宇喜多氏らによる侵攻を受けながら存続していることは、河川水運に関わる同氏の機能が、侵攻権力にとって重要であったからではないかと推測される。

補論　河副久盛と美作倉敷江見久盛

はじめに

戦国期の美作国倉敷は、吉野川（吉井川最大の支流）流域最大の要衝に位置する林野保（現英田郡美作町）から江見荘（現英田郡作東町）にかけての地域名である。林野保の中心には倉敷城（林野城）が峻立し、対岸の三星城（後藤氏の居城）と対峙していた。元来ここは美作国東部一帯の年貢公事物輸送の重要な基地であったと推測され、南北朝期に林野保が赤松・山名両氏間の争奪の的となり、室町期に江見荘が幕府御料所に組み込まれていることは、倉敷の重要性を裏づける事実である。

従来、戦国期美作国「倉敷」については概説においても触れられることが少ないが、概ね諸書に共通しているのは、天文年間から永禄八年（一五六五）に至るまでの倉敷城主は尼子氏の部将・「河副美作守久盛」であり、永禄八年に倉敷城が落城すると出雲国へ帰国したとされていることである。尼子氏の直臣には河副久盛（右京亮・美作守）が存在するが、この人物が史料上の「久盛」と同一人物であると考えられてきているようである。(1)

年未詳五月一日尼子晴久感状(2)は、江見若狭守と鯰小太郎に対し、「今度後藤摂津守別儀」に際しての忠義を褒賞したものである。三星城主の後藤勝基が、尼子晴久の没する永禄三年以前に尼子氏へ叛旗を翻したことが知られる。この時期の倉敷城主「久盛」は、五月朔日付けの江見左馬助宛て感状(3)において「於三星山下、被及合戦、被衝鑓之条、

A　尼子氏直臣河副久盛の署判の初見
　　年未詳３月14日河副久盛湯原幸清連署書状（「吉川家文書」366号）
B　尼子氏直臣河副久盛の署判の終見
　　永禄12年12月１日尼子勝久袖判奉行人連署奉書（「坪内家文書」）
C　美作倉敷「久盛」の署判
　　年未詳（永禄５年ヵ）11月13日久盛安堵状（「江見家文書」〈表４の21〉）

図５　尼子氏直臣河副久盛と美作倉敷「久盛」の署判

忠節無比類」と述べ、三ヵ月後の八月一日に尼子晴久が江見左馬助に宛てて「去五月朔日於三星山下」ける合戦の感状[4]を発給しているように、尼子氏方として後藤氏との戦闘を指揮していたことを確認できる。そして、永禄八年十月十八日の小坂田勘兵衛宛て「久盛」宛行状[5]によれば、「今度倉敷落去之刻、覚悟無相違之段、無比類候」とあるので、「久盛」の籠もる倉敷城は、永禄八年に落城したものと思われる。しかし、永禄九年正月十一日斎藤親実感状写[6]によれば、三星城における戦闘が継続していたことが知られ、この段階に至るまで倉敷周辺において活動する尼子氏方の存在を確認できる。

問題となるのは、この美作倉敷の「久盛」の花押が、尼子氏直臣河副久盛のものと明らかに異なることである（図５）。さらに、倉敷城主「久盛」の名が確認できる永禄年間において、河副久盛はほとんど尼子氏当主の側近くにいた[7]。花押の不一致は、両者が別人であることをほぼ証明しうる事実であるが、河副久盛の活動と併せ考えるならば、天文年間から永禄八年にかけて、倉敷城に在城したり出雲国との間を行き来することは極めて困難なことと推察され、花押を使い分けていた可能性も乏しく、両者が同一人物であると考えることはできない。

従って、永禄年間に美作国東部において活動している「久盛」と、尼子氏直臣の河副久盛は、別人であると考えざるをえない。それでは、美作国東部の一次史料に現われてくる「久盛」とは、どのような人物であるのだろうか。これについて若干の手掛かりとなるのが、『作陽誌』に散見する「江見久盛」という人物名である。以下では、江見氏の動向を明らかにすることによって、この点をより掘り下げて検討してみたい。

一　江見氏一族の動向と江見氏関係史資料の伝来

『蔭涼軒日録』長享二年（一四八八）二月二十三日条によれば、「江見伊豆守」が前年まで幕府御料所江見荘の代官であったこと、江見荘内には「下江見・中江見・上江見」の「三家之衆」が悉く散在していたことが知られる。室町期の江見氏は、江見荘内全体に一族・庶子が多数盤踞し、それらが一定の独自性を有する三系統の江見氏によって統括されていたものと推測される。また、江見荘を貫流する吉野川は西流して林野保に至るが、江見氏は、早くから吉野川下流へ向けた勢力拡大を企図している。例えば、「江見権次郎」は長享三年以前に英田保（現英田郡作東町）内に権益を有していたし、(8) 長禄二年（一四五八）には「江見安芸守」が、明応二年（一四九三）には「江見伊豆守」が、北野社領林野保を「押領」し続けていたことが確認でき、(9) 室町期江見氏一族による林野保への進出志向と倉敷における権益拡大志向は明らかである。

戦国期の江見氏一族についいては、複数の子孫に伝来された文書から若干の動きを確認でき、例えば尼子氏時代については、「江見源次郎」「江見左馬助」「鯰小太郎」等が、倉敷城主「久盛」の配下として活動していた。また、天正六年（一五七八）三月には、「江見九郎次郎」が羽柴秀吉から江見荘・林野保・河合荘（現英田郡英田町）・飯岡郷（現久米郡柵原町）などの安堵を約束されており、[10]特に飯岡郷が吉井川・吉野川合流点に位置していることからは、江見氏一族の吉野川下流域への進出志向が、天正年間に至るまで一貫して見られたことを確認できる。しかしながら、それぞれの人物の一族内部における位置づけが難しく、江見氏全体の動向はほとんど明らかにできていない。

『作陽誌』[11]のうち、美作国東部を記した部分（「東作誌」）は、文化年間に津山松平藩士正木輝雄が調査・筆稿したものであり、江見氏をはじめ中世在地領主層の子孫に伝えられた中世文書や家系図を収載している。また、近世の編纂物収載文書や明治・大正期に採集された中世文書を採録した「美作古簡集」[12]には、六系統の江見文書が収載されている。両書に掲載された中世史料は、誤読・誤植や解説の誤謬が多く利用に注意を要するが、いずれも貴重なものである。表4は、これらに、昭和四年（一九二九）に影写された東京大学史料編纂所架蔵影写本「美作江見文書」[13]をあわせ、江見家伝来文書を年代順に列挙したものである。

一般に最も知られている東大影写本の「美作江見文書」は、鯰村の江見家に伝来した文書・系図であり、表4のAがこれにあたる。この家は、十九世紀初頭には「茂平太」が当主であり、鯰村・松脇村・瀬戸村・芦河内村の庄屋を兼務していた江見氏一族の宗家である。同家に伝来した系図の主要部分は、次のようなものである。

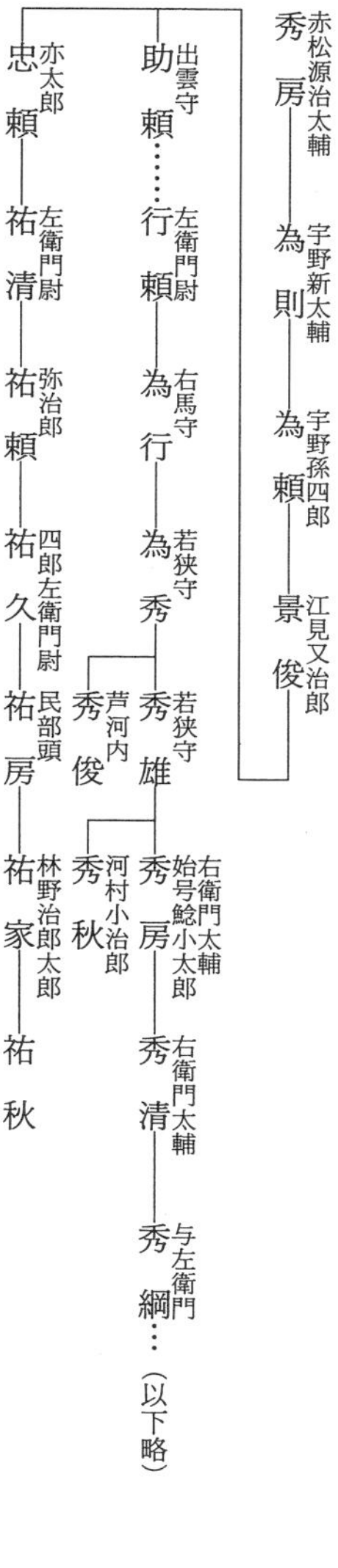

表4　江見文書の伝来

	年月日	文書名	宛名	内容	誌	簡	影
1	長享　3.3.12	後藤則吉書状	江見新左衛門尉	英田保内宛行	A	A	
2	3.12	某助永書状	江見新左衛門尉	御官途祝儀まいらせ候也	A	A	A
3	2.20	赤松政村感状	江見藤二郎	去年10月19日太尾要害切取之時	A	A	A
4	享禄　2.11.10	赤松村秀感状	江見藤次郎	三木西出張口合戦	A	A	A
5	享禄　4.7.13	赤松氏奉行人連署奉書	江見藤次郎	知行分所々安堵	A	A	A
6	天文　2.11.6	赤松氏奉行人連署奉書	江見藤次郎	同名十郎左衛門尉分宛行	A	A	A
7	天文　7.8.27	赤松氏奉行人連署奉書	江見右衛門大夫	北条郷内宛行	A	A	
8	12.23	赤松氏奉行人連署書状	江見右衛門大夫	豊田荘内宛行	A	A	
9	天文　10.3.15	赤松氏奉行人連署奉書	所々百姓中	江見右衛門太夫知行…諸公事沙汰命令	A	A	A
10	天文　10.6.7	赤松氏奉行人奉書	江見右衛門大夫	綾部荘内・小吉野荘内・英田保内安堵	A	A	
11	天文　12.2.21	赤松奉行人奉書	江見右衛門大夫	同名藤左衛門抱分宛行	A	A	A
12	2.23	浦上政宗書状	江見右衛門大夫	河述構への入城命令	A	A	
13	12.13	浦上政宗感状	江見右衛門大夫・与三郎	去18日英田構合戦	A	A	A
14	5.20	某書状	江見六郎次郎				A
15	11.11	江見久資・小坂田資勝連署奉書	鯰若狭守	河村氏との係争地瀬戸村を安堵	A	A	A
16	3.5	久盛感状	江見源次郎	三星山下合戦	B	B	
17	5.1	尼子晴久感状	江見若狭守	今度後藤摂津守別儀之処	A	A	A
18	5.1	尼子晴久感状	鯰小太郎	今度後藤摂津守別儀之処	A	A	A
19	5.1	久盛感状	江見左馬助	三星山下合戦	C	C	
20	8.1	尼子晴久感状	江見左馬助	5月1日の三星山下合戦	C	C	
21	(永禄5?) 11.13	久盛安堵状	鯰小太郎	領知安堵	A	A	A
22	(永禄9) 2.20	尼子義久書状	江見佐右衛門佐	其國御知行分反銭之事		E	
23	(永禄9) 2.20	尼子氏奉行人連署書状	江見左衛門佐	宇山飛騨守誅伐につき無二の覚悟褒賞		E	

24	永禄　11．3．24	江見久資宛行状	江見与助	当城相戻候段…土居分・寺分宛行	D	D	
25	永禄　12．7．22	久秀宛行状	芦河内与介	小吉野荘内宛行	D	D	
26	3．朔	毛利元就・同輝元連署書状	江見九郎次郎	其後絶音問候処御使給…不可存疎意候	C	C	
27	?	毛利元就・同輝元連署書状	江見九郎次郎	…爰許之儀明日三星出張…		C	
28	元亀　2．12．5	後藤勝基書下	芦河内与一右衛門	江見家近年雖中絶候…江見庄内宛行	D	D	
29	元亀　3．3．26	後藤勝基書下	江見右衛門大夫	倉敷在番辛労・知行宛行	A	A	
30	3．23	後藤勝基安堵状	江見右衛門大夫	小吉野荘内安堵	A	A	
31	天正　4．10．12	後藤元政宛行状	芦河内与一右衛門	大野荘内宛行	D	D	
32	(天正5) 9．17	織田信長朱印状	江見九郎次郎	至其表可進発候…差越羽柴筑前守候	A	F	A
33	(天正5) 10．20	織田信長書状	江見九郎次郎	…山中鹿之助折紙到来無比類候…	C	C	
34	(天正5) 10．26	羽柴秀吉書状	江見九郎次郎	至此表令着陣候…忠節次第に安堵約束	A	F	A
35	(天正6) 正．18	羽柴秀吉書状	江見九郎次郎	其表之儀山鹿被仰談無異義旨大慶候…	C	C	
36	(天正6) 正．18	蜂須賀正勝書状	江見九郎次郎	御身上之儀山鹿御入魂之由尤存候…		C	
37	(天正6) 3．13	羽柴秀吉安堵知行書立	江見九郎次郎	江見・河井・豊国・楢原・林野・飯岡	C	C	
38	天正　10．3．	羽柴秀吉禁制	作州内大かは	(大河＝江見荘中北部)	A	F	
39	慶長　5．4．10	江見右衛門大夫借用状	鯰与左衛門尉	銀子150文目借用			A

(注)　誌＝「作陽誌」の江見文書所蔵者　簡＝「美作古簡集」の江見文書所蔵者　影＝東大史料編纂所架蔵影写本「美作江見文書」

誌：
- A　江見茂平太（鯰村）
- B　新免三郎右衛門（川上村）
- C　多作（赤田村）
- D　江見家（芦河内村）

簡：
- A　江見重郎右衛門（鯰村）
- B　新免家（川上村）
- C　江見七郎右衛門（壬生村）
- D　江見与次右衛門（芦河内村）
- E　江見六兵衛（尾谷村）
- F　江見半右衛門（鯰村）

影：
- A　江見哲四郎（鯰村）

この系図は、鯰村江見家が、自家を中世以来一貫した江見氏一族の嫡流であると認識して近世に作成したものと思われるので、信憑性に疑問がある。

まず、元亀二年（一五七一）十一月二十七日の小坂田又四郎宛て後藤勝基書下(14)によれば、「江見殿跡之事、近年雖中絶候、当時以分別、江見息女相抱引立候」とあり、翌年には後藤氏に擁立された「江見右衛門大夫」が倉敷城に在城している（表4の29）ことである。これは、あくまで後藤氏側の認識に基づく処置ではあるが、江見氏一族内部における主導権の移動があったことを窺わせており、少なくとも、鯰村の江見家が戦国期初頭から一貫して江見氏一族の主導権を握っていたとは考えられない。一般に中世領主権力の一族内部において惣領家の変動が見られたことは普遍的事実であるし、室町期に「三家之衆」が散在していたという江見氏一族特有の存在形態を踏まえるならば、むしろ、同様な事態は、元亀二年に限らず、戦国期を通じ繰り返されていたと考えるべきであると思われる。

鯰氏の名が初めて史料上に現われるのは、十六世紀中葉の年未詳十一月十一日江見久資・小坂田資勝連署奉書（表4の15）であり、永禄年間に見られる「若狭守」「小太郎」は、系図上の秀雄・秀房に相当するとされている。実名の確認はできないものの、これらの人物が鯰村江見家の直接の祖先であることは間違いないと思われるが、江見氏惣領家が突如として江見荘内の一村名を名字として名乗るというのは、不自然さを否めない。

文書の伝来には、近世以降も含めて、断絶した家の文書の引き継ぎや、婚姻による一部の移動等の要因があるので、安易な推測は許されないが、先に推測したような戦国期の江見氏一族の動向をふまえるならば、特に天文年間以前の文書（表4の1〜13）を鯰村江見家が継承した時期は、元亀二年を遡らないと考えられる。従って、少なくとも元亀二年以前の鯰村江見家は、鯰村に土着してこれを名字とした江見氏庶流であった可能性が高い。

また、鯰村に隣接する芦河内村の江見家（表4のD）も、戦国期には芦河内氏を称しており、少なくとも永禄年間においては、鯰氏と芦河内氏は、共に江見氏庶流として併存していた可能性が高い。

さて、『作陽誌』によれば、赤田村（現英田郡大原町）の多作が江見家文書（表4のC）と系図を所持していたとされている。その系図の主要部分は次の如くである。

江見出羽守 祐高―雅楽頭 祐隆―雅楽頭 祐治―四郎左衛門 祐久―九郎次郎 久盛―左馬之介 久次―山田喜兵衛 勝久―喜兵衛 盛勝

この系図もまた、いつ作成されたものか明らかでないので、信憑性に大きな問題があるが、次の点には注目しておく必要があると思われる。

まず、この系図に「久盛」の名が見られることである。またこれとは別に『作陽誌』の英田郡土居村福城（現作東町）の項には、「江見次郎久盛　後下総守　英田郡林野城主」「久盛弟左馬助久次は友野村浄福寺天神山の城主」等の記述も見られ、この系統の最も早い史料（表4の19）に見られる「江見左馬助」は久盛の弟（系図では子息）であったとされている。従って、赤田村多作所持の文書・系図を伝来した江見家は、「久盛」嫡流の子孫であるかどうかは不明ながらも、戦国期以前より、鯰氏・芦河内氏とは別系統であると思われる。そして、少なくとも近世後期の当該地域において、戦国期に倉敷城主「江見久盛」が存在したという伝承がわずかながらも残されていたことは、事実である。

尼子氏関係史料全体を通覧した限り、永禄年間の文書に現われる「久盛」は、尼子氏直臣や尼子氏支配下の他地域の領主などでなく、現地の人物である可能性が高い。そして、室町期以来の江見氏一族の展開を勘案すれば、「久盛」が江見氏一族である可能性は十分想定できると思われる。この人物が「河副」を称していた可能性は残されるが、以下では、倉敷城主「久盛」を便宜上「江見久盛」として、検討を進めていきたい(15)。

二　江見久盛権力の実態

それでは、この「江見久盛」は具体的にはどのような存在であったと考えられるのか。永禄年間における江見久盛配下の人的構成と経済基盤を手がかりに、当該期江見氏一族を統括していた江見久盛権力の実態を明らかにしたい。

表5は、江見久盛が発給した感状・宛行状・安堵状を列挙したものである。これによれば、久盛は、「江見源次郎」「江見左馬助」「鯰小太郎」など江見氏一族をはじめ、小坂田氏・難波氏・長瀬氏・水島氏など倉敷周辺の在地小領主層を、主従制的支配下に組み込んでいたことが確認できる。この内の小坂田氏は林野保三海田村（現英田郡美作町）に、難波氏は林野保中佐瀬（現英田郡美作町）・同保神庭（同上）・平野保（同上）などに経済基盤を有しており、長瀬氏は久盛敗退後の永禄十一年に浦上宗景から「倉敷之内江見庄分寺役」と江見荘「神庭分山手」[16]を遣わされており、いずれも倉敷内部に活動の基盤を有する在地勢力であった。尼子氏最末期のものと思われる年未詳四月五日江見久資他五名連署請文（「石見牧家文書」[17]五七号）には、田中信濃守・井上誠清・森田尚盛・野口誠次・小坂田資勝・江見久資の六名が署判しているが、この六名の人物も、江見久盛に従っていた倉敷の在地小領主であると思われ、例えば田中氏・井上氏は林野保海内村（現英田郡美作町）に基盤を有していたと考えられる。また、江見久資は、小坂田資勝に偏諱を与えた可能性があること、永禄十一年には久盛と同様に江見氏一族を統括していたことより、江見久盛の後継者として久盛

表5　久盛発給文書

年月日	文書名	宛名	内容	典拠
（永禄三）七・一一	宛行状	小坂田管兵衛	鷹取庄内為元土居分	

			豊国之内一色八反	「美作古簡集」三海田村小坂田善兵衛所蔵文書
(永禄三)一〇・二五	宛行状	難波六郎右衛門	中原村之内下河原三郎兵衛分	「美作古簡集」餘野村難波家所蔵文書
三・五	感状	江見源次郎	三星山下合戦	(表4のB)
五・一	感状	江見左馬助	三星山下合戦	(表4のC)
(永禄五)一一・一三	安堵状	長瀬与五郎	任先給之旨当知行	「美作古簡集」田原村長瀬三郎兵衛所蔵文書
(永禄五)一一・一三	安堵状	難波六郎右衛門	任先例之旨当知行	「美作古簡集」餘野村難波家所蔵文書
一一・一三	安堵状	鯰小太郎	先例任久誠判形之旨領知	東大影写本「美作江見文書」(表4のA)
(永禄五)一一・一七	安堵状	小坂田勘兵衛	河会庄之内高原堂満三郎右衛門分	「美作古簡集」三海田村小坂田善兵衛所蔵文書
(永禄八)一〇・一八	宛行状	小坂田勘兵衛	倉敷落去之刻覚悟不相違之段 三海田庄や与次郎抱分	「美作古簡集」三海田村小坂田善兵衛所蔵文書
(永禄八)一一・一四	宛行状	難波長三郎	小吉野庄之内中村兵衛抱分	「美作古簡集」平野村難波彦六所蔵文書
(永禄八)一一・二九	感状	難波長三郎	三星表妙見口合戦	「美作古簡集」下福原村難波四郎兵衛所蔵文書
(永禄九)三・二四	感状	難波長三郎	妙見表合戦	「美作古簡集」下福原村難波四郎兵衛所蔵文書
(永禄九)三・吉	宛行状	なんは長三郎	小吉野之内小原かし村一円 中西之内もりの与右衛門抱分段銭共	「美作古簡集」下福原村難波四郎兵衛所蔵文書
(永禄九)五・一二	宛行状	難波長三郎	小原かし村之内同名平兵衛跡職	「美作古簡集」下福原村難波四郎兵衛所蔵文書
(永禄九)八・晦	宛行状	難波六郎右衛門	保内中佐瀬之内三郎右衛門名抱分	「美作古簡集」平野村難波彦六所蔵文書
(永禄九カ)一〇・晦	宛行状	小坂田勘兵衛	宇山七郎右衛門分 小吉野中村之内瀧野孫七郎給所	「美作古簡集」三海田村小坂田善兵衛所蔵文書
(永禄九)一一・一	宛行状	水島右京助	小吉野之庄真賀部村之内法泉給知 同室井給知 上村両新免分五段 植田平左衛門土居分	「美作古簡集」友野村金屋水島与六所蔵文書

(注)「美作古簡集」の付年号は後筆のものを含んでいる可能性が高いので、(　)で示した。傍線は、権益の所在地。

に次ぐ地位にあったことを推測できる。(18) 江見久資と小坂田資勝については、次のような史料が残されている。

（端裏ウハ書）
「（墨引）　鯰□（若狭守殿）　　江見新介
　　　　　　　　　　　　　小坂田長介
　　　　　　　　　　　　　　　資勝　」

（花押）

瀬戸之儀、何角河村存分申付而、御存分尤候、様躰具ニ殿へ申渡候へハ、無別、如前々可被申付候由、被申候、
貴所御礼ニ御出候て可然候、為其一筆令申候、恐々謹言、

十一月□（十一日）　資勝（花押）
　　　　　　　　　　久資（花押）

この文書（「美作江見文書」、表4の15）は、鯰氏が鯰村に隣接する江見荘瀬戸村（現英田郡作東町）における権益を保障されたものである。鯰氏と権益を争っている「河村」は、前掲江見氏系図に「鯰小太郎」の弟として記されているように、鯰氏と同様江見氏の庶流であると思われる。江見久資と小坂田資勝の仮名（新介・長介）よりみて、この史料は四月五日江見久資他五名連署請文（「石見牧家文書」五七号）より以前のものであるが、これら両名は袖判の人物（文中の「殿」）の意を奉じている。この袖花押は、虫損によって形状の一部分しか確認できないものの、江見久盛のものである可能性が高い。ここからは、久盛は江見氏一族内部の紛争（この場合には鯰氏と河村氏）を裁定する立場にあったこと、江見久資・小坂田資勝が久盛の意を奉ずる立場にあったことが知られる。(19)

次に、表5から江見久盛が宛行・安堵した権益について見てみると、倉敷城の所在する林野保（三海田・中佐瀬）を中心として、西は出雲街道沿いに位置する鷹取荘（現勝田郡勝央町・津山市）・中原村（現津山市）、北は梶並川（吉野川支流）

沿いに位置する豊国荘（現美作町）・小吉野荘（現勝田郡勝央町・奈義町）、南は吉野川下流の河会荘（現英田郡英田町）など、美作国東部一帯に展開していたことが知られる。これらの中には当然空証文に等しいものも含まれていると思われ、また確認できる時期も永禄年間に限られるが、江見久盛自体の基盤が、一円的なものではないにせよ美作国東部一帯に展開していたこと、それが吉野川水系と近世の出雲街道沿いとに密接に関わる性格のものであったことを示している。

久盛系統の江見氏は、一貫して尼子氏との結び付きの強い存在であった。それは、「久盛」「久資」等の実名が尼子氏の偏諱を受けたものである可能性が高いこと、江見久盛が尼子氏の最末期に至るまで尼子氏方として活動し続けていること、天正年間初頭に久盛系統の江見氏と思われる「江見九郎次郎」が山中鹿介ら尼子氏再興軍と連携して活動していること等々より明らかである。(20) 江見久盛が尼子氏と結び付いた理由は、江見氏一族内部における主導権と倉敷在地小領主層の統括権を獲得・確保するために、尼子氏の後ろ盾が必要であったためと推測される。

以上のように、永禄年間の倉敷城主江見久盛は、尼子氏による擁護を得て、江見氏一族をはじめとする倉敷周辺の在地小領主層を編成し、美作国東部各地の流通・交通の要地に勢力を及ぼす存在であった。天文末〜永禄年間初頭の九月朔日松田元堅・伊賀氏等宛の浦上政宗書状(21)によれば、「鳥取表御動事、度々申候處、江見・後藤依相催、御延引之通、宇喜多大和守・角田八郎左衛門尉申越候」「江見方事者、以外歓楽候、後摂事、北口人数等差出儀有之由候間、両人者不被罷出事可有之候哉」と述べられている。この史料から、当時の江見氏は、後藤氏と並び称せられる存在であったこと、また備前国中部の要衝鳥取荘（現赤磐郡赤坂町・山陽町）における浦上宗景方と浦上政宗方の戦闘に際し、尼子氏・浦上政宗に連動する備前国西部の松田氏・伊賀氏等から援軍を期待されていたことが知られ、非常に有力な領主権力であったことを確認できる。

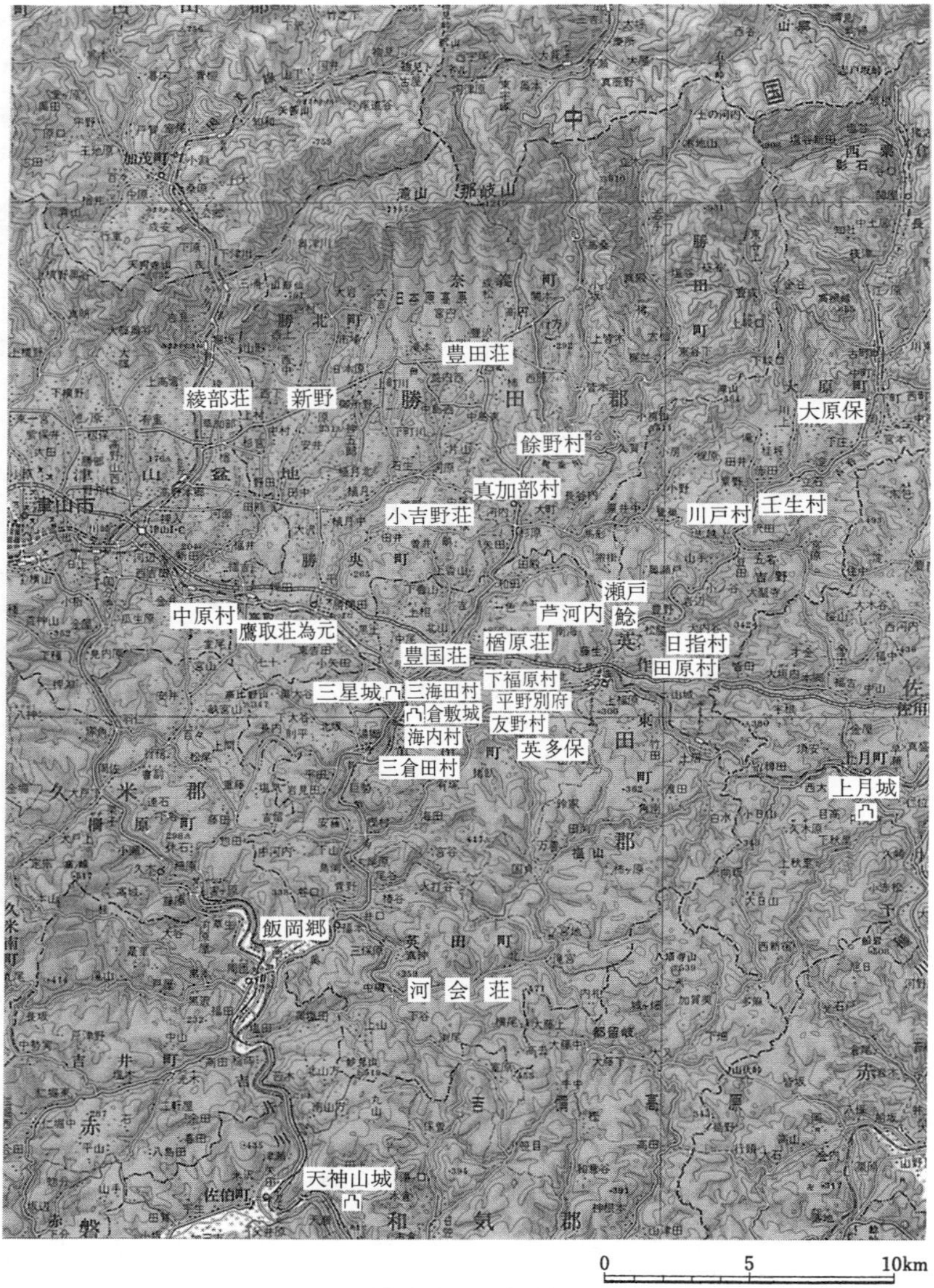
豊田荘
綾部荘
新野
大原保
餘野村
真加部村
小吉野荘
川戸村
壬生村
瀬戸
芦河内
鯰
中原村
鷹取荘為元
楢原荘
豊国荘
日指村
田原村
下福原村
三星城
三海田村
平野別府
倉敷城
友野村
海内村
英多保
三倉田村
上月城
飯岡郷
河会荘
天神山城
津山市
0
5
10km

美作倉敷周辺部地図

室町期において江見荘一帯に一族が散在していた江見氏は、久盛系統を惣領とし、尼子氏と結び付くことによって十六世紀中葉にかけて有力な領主権力へ成長したが、やがて永禄八年に倉敷城が落城し、久盛の倉敷周辺在地小領主層に対する統率力も次第に弱まり、江見久盛権力は尼子氏と運命をともにして解体していったと推測される。

おわりに

最後に、以上述べてきたことを整理しておきたい。

従来、天文年間から永禄八年に至るまで、美作国東部の要衝倉敷城の城主として活動した人物は、尼子氏直臣の河副久盛であるとされてきているが、花押の形状や河副久盛の活動を見る限り、事実ではないと考えられる。当該期の倉敷城主「久盛」は、播磨国境に位置する江見荘内に多くの一族が分立していた江見氏である可能性が高く、江見久盛であると考えられる。永禄年間の江見久盛は、倉敷周辺の在地小領主層を主従制的支配下に組み込み、尼子氏と結び付くことによって美作国東部一帯に勢力を拡大したが、尼子氏の援助を全く期待できない永禄八・九年に至るまで、美作国内において尼子氏方としての軍事行動を継続している。

歴史研究の手段として後世の記録・伝承・軍記物を利用しようとする場合、慎重な手続きが必要であることは言うまでもない。しかしながら、特に戦国時代に関する研究は、なお後世の記録・伝承・軍記物の批判的活用が実現されていない地域が残されている。倉敷城主「久盛」が河副久盛とされてきていることなどは、その一つの事例すぎない。しかし最も重要な点は、こうした人物名の錯誤などが、単なる人物の違いのみの問題に止まらず、政治情勢や権力構造の復元に際し決定的な差異を生じる場合があるということである。

尼子氏による美作倉敷の掌握は、直接的には現地の領主とその配下の在地小領主層によって実現されたものであり、直臣河副久盛を代官とする直轄支配ではなかった。尼子氏勢力が後退し、倉敷城が孤立無援に陥った時期において、なお江見久盛と倉敷在地小領主層が結束して浦上宗景や後藤勝基と戦い続けている事実は、彼らがその存立基盤を確保・拡大していこうとする独自性を有していたことを窺わせている。換言すれば、尼子氏は、江見久盛・倉敷在地土豪層との利害の一致を前提として、はじめて、美作倉敷を安定的に確保することができたのである。

註

（1）こうした内容の記述の見られる最も早い例としては、一六八五年、播磨の住人藤原某が、後藤氏の旧臣江見幽斎の日記と、津山住の後藤氏末裔の古老の話をもとに、後藤氏の事蹟を書いた「三星軍傳記」（『吉備群書集成（三）』〈一九二一年刊、一九七〇年復刻〉所収）を挙げることができ、「三星城主後藤左近亮勝基は、三徳兼備の良将なれども、管領尼子晴久の代官川副美作守久盛、林野城に在城して、国政を取行ふに依て、彼に随身して有けるが、尼子家滅亡しければ、川副が威勢壮然としければ、知略を以て川副を退け」とある。文化年間の地誌『作陽誌』（正木輝雄編著・矢吹正則編『新訂作陽誌』〈一九一三年刊、一九六三年再版〉）には、倉敷城主川副美作守久盛の名や、天文末年の川副久盛と新免氏の戦闘についての伝承が随所に散見し、大正期の『美作古簡集註解』（一九三六年刊、一九七六年復刻）の解説も、倉敷城主の「久盛」という人物を、「尼子晴久ノ将河副美作守」とし、天文以来、永禄八年まで同城に在城して、その後出雲国富田城に帰城したとの前提で記述されている。『備作人名大辞典』（一九三九年）、『岡山県大百科事典』（一九八〇年）の「河副久盛」の項参照。

（2）「美作江見文書」（東京大学史料編纂所架蔵影写本、なお『岡山県史』家わけ史料〈一九八六年〉所収）。

（3）（4）「美作古簡集」壬生村江見七郎右衛門所蔵文書（『美作古簡集註解』上巻〈一九三六年刊、一九七六年復刻〉六一・六二頁）。

（5）「美作古簡集」三海田村小坂田善兵衛所蔵文書（『美作古簡集註解』上巻三二頁）

（6）「美作古簡集」土居村妹尾家所蔵文書（『美作古簡集註解』上巻五七頁）。

（7）永禄五年三月一日牛尾幸清・河副久盛連署奉書（「中川四郎氏所蔵文書」、『閥閲録』巻三七〈中川与右衛門〉にも収載）、永禄五年八月二十一日尼子義久同倫久袖判奉行人連署奉書（「坪内家文書」〈『大社』一四六八〉）、永禄七年九月二十一日尼子義久袖判奉行人連署奉書（同上〈『大社』一五三四〉）、永禄九年の二月二十日尼子氏奉行人連署奉書（「美作古簡集」尾谷村江見六兵衛所蔵文書〈『美作古簡集註解』上巻四八頁〉）。

（8）長享三年三月十二日後藤則吉書状（「美作江見文書」〈東京大学史料編纂所架蔵影写本〉・表4の1）。

（9）長禄二年九月三日室町幕府奉行人連署奉書案（「北野神社引付三」）、明応二年八月十五日室町幕府奉行人連署奉書案（『北野社家日記』明応二年八月二十二日条）。

（10）三月十三日羽柴秀吉安堵状写（「美作古簡集」壬生村江見七郎右衛門所蔵文書〈『美作古簡集註解』上巻六四頁〉）。「いうつ」とあるのは「いうか」（飯岡）の誤読である。

（11）正木輝雄編著・矢吹正則編『新訂作陽誌』（一九一三年刊、一九六三年再版）。

（12）矢吹金一郎編『美作古簡集註解』（一九三六年刊、一九七六年復刻）。

（13）『岡山県史』家わけ史料（一九八六年）所収。

（14）「美作古簡集」三海田村小坂田善兵衛所蔵文書（『美作古簡集註解』上巻三四頁）。

（15）それではなぜ、近世以降に書かれた軍記物・記録において、「久盛」は尼子氏の家臣河副久盛であると記され、永禄八年の倉敷城落城以降は出雲国へ帰国したなどとされているのだろうか。また、影写本に採録された段階の鮗村江見家文書の後筆包紙表書に「川副美作守久盛公」と記されているのをはじめ、軍記物・記録類に登場する「河副」の名字は、どこから出てきたものなのだろうか。

美作国において河副氏を確認できる最も早い例は、『作陽誌』に引用された「新免家侍帳」である。これは、十六世紀末の新免氏（吉野川最上流の領主）の家臣団を列挙したものであり、近世に入ってから作成されたものである可能性が高いが、そこに「川副美作守　川戸福原構」「川副甚七郎　壬生構」と記されている。川戸村（現大原町）と壬生村（同上）は江見荘北方の吉野荘内にあり、吉野川を挟んで両岸に位置している。近世後期には壬生村に「河副玄蕃」という人物を確認でき、現在の両地区には非常に多くの河副姓がみられる。

ところで、『作陽誌』の筆者正木輝雄は、「輝雄考に、江見九郎改号して川副美作守久盛と彼の家記に見ゆれども、恐らくは誤りならん」との判断を下している（『姓氏家系大辞典』河副の項）。この「家記」は、管見の限り現存していないが、輝雄の判断の根拠も不明である。

一方、赤田村多作家に文書・系図（久盛系統の江見氏＝表4のC）が伝来した経緯について、輝雄は、「村老の説」として「此書類、森家古状揃に吉野郡壬生村七郎右衛門所持とあり、七郎右衛門は鯰村江見茂平太の分家にして、壬生の分村沢田村に住居せしに、困窮して江の原村の江見方へ逼塞し、二人の娘ありしを、一人は播州へ嫁し、一人は赤田村へ嫁す、後に七郎右衛門赤田村へ来り聟の方にて死す、故に赤田村多作方に此書類あり」と記している。さらに、本文に一部を掲げた多作家所蔵江見系図の「久次」の注には「後住川戸構属新免家」とも記されている（以上いずれも『作陽誌』）。

これらは、いずれも近世以降の記録・伝承であるので、細かい事実関係や具体的な人物名には多くの錯誤があるものと考えられるが、鯰村江見家とは古くから別系統である久盛系統の江見氏の子孫が、川戸・壬生の河副氏と、密接な繋がりを持っていた可能性は極めて高いと考えられる。確認する術はないが、この系統の江見家の中に、何れかの時期に「河副」を称した人物があった可能性、さらには久盛自身が「河副」を称していた可能性も残されている。

以上のように、美作国に尼子氏直臣の河副氏とは別の河副（川副・川添）氏が存在し、それが久盛系統の江見氏と何らかの関連性を持っていたことは、おおよそ事実と思われる。

倉敷城主「久盛」が尼子氏直臣の河副久盛と同一視された理由としては、尼子氏と倉敷城主「久盛」とが実態として非常に親密であったこと、及び近世江見氏宗家である鯰村江見家の意識が反映された可能性を指摘できる。鯰村江見家は、永禄年間には「久盛」に従う江見氏一族であったし、既述のように久盛系統の江見氏は近世中期に事実上断絶している。かつて尼子氏直臣に「河副」姓の「久盛」という人物が実在したことは、鯰村江見家にとってはとりわけ重要な意味を持ったと推測される。

(16)　永禄十一年八月十日浦上宗景宛行状写（「美作古簡集」田原村長瀬三郎兵衛所蔵文書〈『美作古簡集註解』上巻五四頁〉）。

(17)　「石見牧家文書」については、岸田裕之・長谷川博史『岡山県地域の戦国時代史研究』（広島大学文学部紀要五五巻特輯号2、一九九五年）の「石見牧家文書――その翻刻と解説――」を参照。

(18)　永禄十一年三月二十四日江見久資宛行状写（表4の24）、年未詳五月九日江見久資感状写（「美作古簡集」海内村田中長兵衛所蔵文書〈『美作古簡集註解』上巻六〇頁〉）。

(19)　永禄五年のものと思われる十一月十三日付け鯰小太郎宛て久盛安堵状（「美作江見文書」、表4の21）には、「先例任久誠判形之旨、領知不可有別候」とあるが、この「久誠」は、田中誠□・井上誠清・野口誠次に偏諱を与えた人物である可能性が高く、これ以前に久盛へ権益を相伝・譲与した江見氏である可能性が高いように思われる。尼子晴久の従兄弟の尼子誠久が「久誠」と称した例は、現在までのところ史料的に確認できない。

(20) 天正五・六年(一五七七・八)頃の「江見九郎次郎」は、江見荘に近い播磨国上月城(現佐用郡上月町)に籠城していた尼子勝久・山中幸盛と連携を取りながら、織田方=反毛利方として活動していた(表4の32〜37)。そのため、羽柴秀吉からは美作国東部南半の広大な範囲を占める江見荘・河会荘・豊国荘・檜原荘・林野保・飯岡郷の安堵を約束されている(表4の37)。これらの所領がこの人物によって実際に確保できたとは言えないが、いずれも吉野川水系の中下流域に位置しており、特に飯岡郷は吉井川との合流点=備作国境に位置する極めて重要な要衝である。

『作陽誌』の吉野郡赤田村の項に掲載された江見家系図(前掲)によれば、江見久盛の仮名は「九郎次郎」であるとされており、「江見九郎次郎」宛ての文書は、ほとんどが壬生村江見家(久盛系統の江見氏=表4のC)に伝来している。史料上の「江見九郎次郎」が久盛と同一人物であるかどうかは確認できないが、以上の動向はこの系統の江見氏と尼子氏との結び付きの強さを裏づけている。

(21) 「山田家資料」(鳥取県立博物館所蔵)。岸田裕之「浦上政宗支配下の備前国衆と鳥取荘の遠藤氏」(前掲註(17)所引岸田・長谷川著書所収)。

第二編　尼子氏権力の性格

第一章　南北朝・室町期における杵築大社と守護権力

はじめに

中世出雲国において、杵築大社（出雲大社）の持つ意味が大きいことはあらためて言うまでもない。杵築大社は「国中第一之霊神」として、中世当初から国衙と密接不可分の関係にあり、一国支配の実現・維持を図る公的領域的支配者（国衙・守護）にとっては、イデオロギー支配の最も重要な拠点となった（1）。それだけに、尼子氏と杵築大社の関係を歴史的に位置づけることは、出雲国を基本領国とする尼子氏の性格を論ずる際に、避けて通れない。

そのような観点から、本章では、戦国期大名権力の特質を探る前提として、南北朝・室町期における杵築大社の存在形態とその変容について考えたい。その主たる検討視角は、公的領域的支配者（とりわけ守護）による出雲国支配と杵築大社の関係が、いかなる性格を持ち、またどのような変容を遂げたか、という点である。

中世杵築大社を論じようとする場合、以下の三つの側面に十分な注意を払う必要があると考えられる。第一は信仰圏に支えられた地域の宗教的権威としての側面、第二は国家的公的祭祀機関「一宮」としての側面、第三は国造家出雲氏（千家氏・北島氏、国造家と総称する）の領主権力としての側面である。このうち第一の点については、杵築大社の最も根幹を成す問題であるにも関わらず、中世の各時期における信仰圏の実態（範囲・階層とその変遷など）がほとんど未解明であり、その本格的究明は今後の課題とせざるをえない。その権威の中には「一宮」であることによる部分も含まれるが、それを前提とせずに存立する部分も同時に存在した可能性が高い。これに対して第二の点は、国衙・守護の機能と不可分に存在する制度的側面であり、「一宮」であることに最大の立脚点を置く最も公的性格の強い部分である。第三の点は、これと対比すれば最も私的性格の強い側面である。これらは、いずれも実態として不可分な中世杵築大社の構成要素であるが、その区別を明確化することは、全体像の統一的理解のために何より重要と考えられる。なお、本書において杵築大社の性格を「公的」「私的」というのは、杵築大社と国造家出雲氏権力とを区別して論じる際に、その差異を端的に表現できる適切な言葉を見出せないための便宜的なものにすぎない。

ところで、中世の杵築大社に関する研究は、井上寛司氏等によって新たな歴史的事実が次々と解明され、またその多角的な分析を通じて、大きな進展を遂げてきている。(2) 本章においても、それらの研究成果に依拠するところが非常に大きい。同時に、中世後期における公的領域的支配と杵築大社の関係に関しては、およそ以下のような問題点が残されていると考えられる。(3)

第一に、出雲国の公的領域的支配において、出雲国衙の影響力がどの段階まで残存したかという問題である。研究史では、「社家奉行体制」によって室町期を通じて国衙の影響力はなお残存・維持され、それは「社家奉行」から「郡奉行」への機能の継承によって、戦国期に至るまで存続したとされている。これを井上氏は、「国衙・一宮支配体制」と称している。(4) このような検討視角はきわめて重要であるが、その結論には再検討の必要がある。

第二に、「中世出雲国一宮制」をどのようなものと捉えるべきかという点である。研究史では、毛利氏治下の天正年間に杵築大社国造家が「一国人領主」化したことなどをもって、「中世出雲国一宮制」が解体したとされているが、(5) それは妥当であるかという点である。

第三に、中世杵築大社の歴史において、十五世紀後半（特に十五世紀末）をどう位置づけるかという点である。この時期の歴史的意味を明らかにしなければ、戦国期大名権力の性格を追究することは困難と考えられる。

本章においては、以上のような基本視角と問題の所在に基づき、まず第一節において、杵築大社の公的祭祀機関「一宮」としての側面と守護の公的領域的支配のための諸権限との関係について、第二節において、杵築大社の領主権力としての側面と守護権力の関係について、それぞれ検討する。そして、その過程において、中世後期の杵築大社がどのような変容を遂げていったのか、室町期出雲国守護権力の実態と特質、及び京極氏による公的領域的支配の性格がどのようなものであったのかについて、明らかにしたい。

一　「一宮」と守護権限

1　出雲国における国衙権力の後退

幕府・守護による出雲国衙の侵略を示す最も顕著な事実は、在国司朝山氏への圧迫である。

朝山肥前守清綱謹言上

右、於出雲国朝山郷、為重代相伝之本領、応永元年まて当知行雖無相違、被召放、為御料所間、不及愁訴候之処也、并安田庄・長田東郷、為勲功之賞　宝篋院殿(足利義詮)一紙御判下賜在所也、雖然、守護依掠申、被召放之間、去応永十九年、以飯尾美濃入道捧目安状、雖歎申、不達上聞、徒送年月之条、歎有余者也、早彼在所等安堵仕、為致当参奉公、粗謹言上如件、

正長二年九月　日

この史料[6]によれば、朝山氏の本領朝山郷（現出雲市）は、応永元年（一三九四）に幕府によって没収され幕府御料所に組み込まれたこと、出雲国内の他の朝山氏所領である安田荘（現能義郡伯太町）・長田東郷（現松江市）についても、守護京極氏の介入によって確保できない状況にあったことが知られる。室町期朝山氏は在京奉公衆となって活動の基盤を京都へ移しているが、出雲国内においてはほとんどその政治的影響力を喪失していたと考えられる。

朝山氏は、平安期以来朝山郷を中心とする出雲国西部を本拠とする有力土着勢力であり、鎌倉期には在国司として国衙在庁官人の頂点に位置していた[7]。朝山氏の本拠である中世の朝山郷は、斐伊川・神戸川の下流域一帯に広がる出雲国内最大級の要衝であり、鎌倉期における同氏の政治的実力のほどを窺わせている。

これに対し鎌倉幕府・守護は、少なくとも文永八年（一二七一）以前に、朝山郷に隣接する塩冶郷・古志郷を守護佐々木氏所領に組み込んでおり[8]、在国司朝山氏への牽制・圧迫を図っている。鎌倉時代の中期までには、大社遷宮儀式に守護・地頭が不可欠の要素として参画し[9]、大社三月会の頭役結番制が「国中地頭役」として成立していたこと[10]、文永年間にはその頭役結番制が在国司・守護双方から提出させた「当国之田数・頭役之注文」を基に幕府によって整備されたこと[11]、正安年間に国衙在庁と守護によって構成される大社仮殿「造営奉行」が幕府によって任命されたこと[12]などは、杵築大社の造営・祭礼における国衙の影響力が、幕府・守護によって次第に弱められていった過程を示している[13]。

さらに南北朝期に入ると、史料上から国衙の機能がほとんど確認できなくなり[14]、最終的な国衙勢力の排除を推定しうる最大の画期は、前述のように朝山郷が幕府に収公された十四世紀末であると考えられる。特に、当該期出雲国を席巻した二つの内乱、すなわち足利直冬勢力の盛衰（一三五二年頃〜一三六三年）と明徳の乱（一三九一）は、在庁系諸氏の存立基盤にも大きな打撃を与えた可能性が高い。薗村に権益を有した佐々布氏や朝山郷内の稗原氏などは、そのような事例の断片であると考えられる(15)。

惣社の末社化や造営関係記録の獲得などを通じ、国衙機能の一部が杵築大社によって吸収されたという特質(16)や、守護権力の限界性を前提とした限定的な意味においてではあるが、出雲国守護による出雲国衙の侵略は着実に推進されたと考えられる。

2　大社造営・三月会と守護の公的領域的支配権

国衙にせよ、守護にせよ、出雲国一国支配を志向する権力にとって、杵築大社の運営が順調に行えるかどうかは、その資格を問われる問題であったと考えられる。それは、冒頭に述べた杵築大社の三側面のうち、信仰圏の存在と「一宮」としての権威とを背景に領域内諸階層や対中央・他国に対する支配の正当性を獲得する重要な条件であったためである。杵築大社の場合、国衙機能の一部を吸収したという特質ゆえに、その重要性は一層高まったと思われる。杵築大社の造営や、最大の祭礼である三月会は、出雲国一国規模の事業として、鎌倉中期までには制度的に確立・再編され、公的祭祀機関「一宮」としての側面を具現するものとなった。それは、国衙・守護の公的領域的支配が「一宮」の運営を保障し支えるものであると同時に、公的祭祀機関「一宮」が、公的領域的支配者との相互補完関係に依拠する体制として確立したことを意味しており、その根幹をなす具体的な局面こそが、杵築大社単独では実現困難な造営事業と三月会興行であったと考えられる。

従って、守護が杵築大社の造営・三月会を滞りなく援助できるかどうかは、杵築大社が公的祭祀機関としての機能を果たしうるかどうかに直結する問題であるとともに、国衙勢力を排除していった守護にとっては、公的領域的支配の成否に関わるきわめて重大な問題であったと考えられるのである。

大社の造営費用は、鎌倉中期以降「段米」「段銭」を出雲一国に賦課して調達されたことが確認できるので、その徴集には公的領域的支配を担う権力の補助が不可欠であった。夙に清水三男氏が注目したように、宝治二年（一二四八）の杵築大社遷宮儀式のクライマックスには、在国司朝山昌綱・守護佐々木泰清と出雲国内四十八の荘郷地頭が行う「流鏑馬十五番」が執行されており、なお国衙在庁を中心としながらも、守護・地頭の存在が不可欠な神事であったことが知られる。[17][18]また正安二年（一三〇〇）に任命された「杵築大社造営奉行」が佐々木貞清・朝山時綱・多祢頼茂であったように、鎌倉時代の大社仮殿造営は守護・国衙双方の出雲国一国支配を前提としてはじめて実現されるものであった。[19]

そして、国衙の機能が後退した南北朝期以降、造営段米・段銭の賦課において守護の果たす役割はさらに大きな比重を占めた。例えば、正平十二年（一三五七）、足利直冬方の国造北島貞孝は、国造千家孝宗に対抗して南朝側に大社仮殿造営を申請したが、南朝は杵築大社の造営を守護（南朝任命の守護）と国造（北島氏）に命じて実現しようとしたことが知られる。[20]また、応安元年（一三六八）に、足利義満は守護京極高秀に大社仮殿造営段銭の徴集を命じ、高秀は国造家へ「守護代相共、急速可被遂造功」との施行状を遣わしている。[21]鎌倉末期に守護とともに「造営奉行」を務めた朝山氏・多祢氏の本領が、室町期には幕府御料所・守護領となっている事実は、[22]在庁系の排除が杵築大社造営に関する権限の所在にも大きな変化をもたらしたことを窺わせている。

しかしながら、この時期の造営事業がしばしば延引・遅滞していることからも明らかなように、大社造営段銭の賦課・徴集という守護権限は、現実には決して順調に機能しえたわけではない。のみならず、出雲国守護が杵築大社造営に関わったことを直接示す史料は、応永十九年（一四一二）を最後に見られなくなるのである。[23]

次に、杵築大社最大の祭礼である三月会については、少なくとも宝治元年（一二四七）以前には三頭役（相撲二頭・舞一頭）が「国中地頭役」として勤仕されていたものであり[24]、文永八年（一二七一）十一月関東下知状案[25]において二十年一巡の頭役結番体制に整備され、出雲国内全荘郷に順次宛課して執行された。従って、この祭礼もまた、公的領域的支配者の補助が不可欠であった。

例えば、貞和三年（一三四七）三月十九日室町幕府御教書は[26]、守護京極高氏（佐々木導誉）に対して、三月会頭役の負担を忌避しようとした荘郷[27]へ勤仕命令を「相触」れるよう指示した幕府御教書である。また、貞治六年（一三六七）五月二十五日足利義詮御教書は[28]、守護京極高氏に宛てて三月会興行を命じたものである。さらに、明徳三年（一三九二）八月二十七日京極高詮書下[29]においては、守護京極高詮から守護代と思われる「隠岐守」に宛てて、「去年無沙汰」となった三月会について「社家」（杵築大社）の愁訴を承認し「急速可致其沙汰旨、可被触頭役人」しと命じている。南北朝期の三月会執行においては、在庁系の朝山氏・多祢氏の機能が依然として重要であったと推測されるが、肝腎の頭役催促機能については守護権力に依存していた（より正確には守護に期待せざるをえなかった）と考えられる。

しかし、この時期の三月会が「近年中絶」「去年無沙汰」という状態を繰り返していることからも明らかなように、守護の頭役催促の権限には様々な限界が存在したと推測される。文永八年の結番帳において「十五番」に組み込まれた安来荘への頭役催促が、貞和三年（一三四七）と応永二十五年（一四一八）の史料に現れることなどは[30]、二十年一巡であるはずの結番が大きく乱れていたことを裏づけている。応永年間初頭に、「杵築御三月会奉行」に三沢為盛（三沢氏の庶子家）と大熊貞季（塩冶氏の庶子家）が任命されていることは[31]、守護による頭役徴集の限界を補う言わば窮余の施策と考えられる。そして、室町期に入ると、永享二年（一四三〇）を最後として三月会そのものが史料上から確認できなくなるのである[32]。

以上のように、杵築大社造営事業・三月会興行を保障しなければならないはずの守護権限は、南北朝期においても現実には十分に機能せず、室町中期頃には史料上から消滅するのである。内乱が繰り返され、守護職の交代、複数の守護の併存が見られた南北朝期ならばともかく、京極氏による守護職世襲が固定化した室町期において、造営事業・三月会興行に関わる事例が見られなくなるのは、何故であろうか。

その最大の要因は、段銭徴集・頭役催促の権限を行使するための京極氏の権力と権威そのものが、十分な進展をみないまま後退していった可能性が高いことである。出雲国守護京極氏は室町中期以降、比較的守護権の及びやすかった領主に対してさえも、守護段銭を給与して順次守護権限の一部を放棄しており、それらの中には、杵築大社造営用途など臨時段銭が含まれる事例も見られた(33)。従って、もともと守護権限の及び難い領域を含めれば、造営段銭の徴集は一層困難な状況に陥ったと推測される。そして、応仁元年(一四六七)の造営以降、費用が十穀勧進聖によって調達されたとされていることは(34)、守護による段銭徴集の停滞を前提として初めて理解できる事実と思われる。応仁・文明の乱において、多くの領主層が反京極氏方に与した事実からも窺えるように(35)、三月会頭役催促についても事態は基本的に同様であったと推測される。守護京極氏は、国衙勢力の排除に成功しながら、杵築大社造営事業・三月会興行に関わる機能の継承・確立に失敗したのであり、その公的領域的支配は、成熟しえないまま十五世後半に至り急速に後退していったのである。

しかし、造営事業・三月会の停滞・停止は、決して守護権力・権威の後退のみに原因があったとは言えない。これと同様に重要なもう一つの要因は、室町期において両国造家と守護権力の関係が変化していったことにあると考えられる。その際、最も注目すべき点は、南北朝・室町期を通じ杵築大社自体が大きな変容を遂げていったことである。次節においては、これらの問題を具体的に検討する。

二　両国造家と守護権力

1　杵築大社の基本構造

南北朝・室町期の杵築大社は、基本的には以下のような構造を有していた。

鎌倉前期の杵築大社は、荘園領主権力の侵入により、「神主職」「惣検校職」「権検校職」等の職権が成立し、「国造職」を相伝する出雲氏以外の人物がそれらの地位を掌握する傾向を強め、上級神官「上官」の構成も出雲氏以外の国衙在庁官人等が大きな比重を占めていた[36]。これに対して、鎌倉後期以降の杵築大社は、国造家出雲氏による「国造職」「神主職」「惣検校職」「供神所兄部職」の独占[37]、出雲氏一族西氏（平岡氏）による「権検校職」の獲得、出雲氏一族による多数の「上官」就任・世襲[38]などを通じ、杵築大社神官機構から出雲氏以外の勢力（荘園領主勢力・国衙勢力）が排除されていった。

就望候、南座第四番目御上管（上宮）一前被下候、忝奉存候、身の事は中〳〵不及申候、万一於子々孫々、孝宗（千家）の御恩をワすれ申儀候之者（ママ）、此上管（上宮）可被召放候、其時一言申へからす候、仍為後証之状如件、

文和弐年三月十三日　　大社前別火財　国吉（花押）

千家殿御代管（代管）

この史料[39]は、文和二年（一三五三）に、別火国吉が国造千家氏から上官職を宛行われたことを示すものである。別火（財）氏は、国造出雲氏以外の出自の神官として、鎌倉期以来、遷宮の際に神体の通る道を大幣を以て祓い清める

「延道役」を務める家であり、本殿・宝殿の鍵を管理し開閉する「鎰役」もかなり古くからの機能と考えられる。[40]南北朝期の国造千家氏は、上官職の宛行によって、杵築大社運営上不可欠な機能を果たす別火氏の掌握を図ったのである。ただし、「前別火」とあるように、別火国吉はすでに別火氏固有の機能を果たす立場には無く、千家氏は別火氏当主を掌握できたわけではない。[41]しかしこの事実は、すでに千家氏が「上官職」の任免権を掌握し、それによって出雲氏一族以外の神官の掌握を図ったことを示しており、重要である。

出雲氏は南北朝期の初頭に、国造清孝の二人の弟（千家孝宗と北島貞孝）が出雲氏家督・国造職の継承をめぐって対立し、二つの国造家が併存する体制へと移行した。[42]千家氏優位の体制であったこと、また血縁関係や諸権益の錯綜にもかかわらず、これ以後の両国造家はそれぞれが個別領主権力として独立した権力体を形成していったと考えられる。

中世後期の杵築大社には、二つの編成原理が存在した。一つは「国造」を頂点とする神官組織と、もう一つは「惣領」を頂点とする一族結合である。前者は、信仰圏の求心性と、「一宮」としての客観性を支えるものであり、後者は、「惣領」である国造家家督を中心とする出雲氏一族の結束を支えるものである。[43]

中世後期の神官組織については、「国造」を中心として、「権検校」「上官」「別火」「祝」などの神官が存在したことが知られる。特に、複数存在する「上官」が神事・祭礼・造営に重要な役割を演じ、前述のように南北朝期には別火氏が「上官職」を宛行われ、戦国期には権検校西氏や祝氏も「上官職」を所持していた。[44]そして、「国造」や各「上官」は、それぞれ「神子」「神人」等の下級神官を配下に従えていた。[45]これに対し、領主権力としての国造家は、惣領を中心とした出雲氏一族（「庶子」「親類衆」）によって上層部を構成し、戦国期の史料からは惣領と一族のそれぞれが「被官」「中間」「下人」を従えていたことを確認できる。[46]

南北朝期から室町期にかけての杵築大社は、これらの神官組織と権力構造とが基本的に重なり合う関係（「国造」＝

惣領、「上官」＝一族、「神子」「神人」＝被官・下人）へと変化していったと考えられる。このことは同時に、鎌倉後期には「一宮」として公的祭祀機関（非人格的な組織体＝神官組織）であった杵築大社が、領主権力国造家（人格的結合体）と癒着して次第に私的性格を強めていったことを示すと考えられる。(47) 中世杵築大社の上級神官が出雲氏一族のみによって構成されたことは実際には一度も無かったが、千家・北島両国造家とその一族による神官組織の独占化傾向は明らかである。

従って、南北朝・室町期の杵築大社とは、基本的には、領主権力としての両国造家権力（両国造を頂点とする「人格的な結合集団」）の強化を機軸として展開していたと考えられ、これと対応するように、公的祭祀機関「一宮」としての側面は縮小・後退していくのである。

2　杵築大社の変容と守護権力

杵築大社が以上のような変容を遂げていく過程においては、領主権力出雲氏と守護権力との関係が非常に重要な意味を持っている。

出雲国一国支配を志向する権力にとって、杵築大社を自らの統制下に置く最も効果的で不可欠な方法は、国造出雲氏の掌握であったと考えられる。守護は、両国造家間相論や国造家と他の領主や神社との相論などの調停、あるいは国造家への所領諸職の安堵・給与を通じて、国造出雲氏の掌握を図っている。

しかし、このことと同時に、国造家自体が自らの地位・権益を確保拡大していくために、積極的に幕府・守護へ結び付こうとしたことも事実である。そもそも、建長元年（一二四九）の「大庭・田尻保地頭職」安堵を史料的初見とする出雲氏の御家人化が、(48) 明らかに荘園領主への対抗策であったように、幕府権力が現実に行使され守護権限が現実に機能した局面の多くには、権力発動を要請する出雲氏側の契機が存在した。

出雲氏と出雲国守護との結び付きは、鎌倉後期には、守護佐々木（塩冶）貞清の息女（後の「覚日」）と国造出雲泰孝の婚姻によって強められたと考えられる。この後、佐々木（塩冶）高貞の没落・敗死をはじめとする、政治情勢の変動（守護職の交替・併存）により、守護と両国造家との個別的結び付きは構造化していないが、家督問題の複雑化は、守護の調停・安堵能力への期待が高まる契機になったと思われる。

例えば、守護京極高氏（佐々木導誉）の守護代吉田厳覚は、康永三年（一三四四）に「互率大勢、楯籠宮中」った両国造家に「口入」し、幕府・守護の裁決までの暫定措置として両国造家和与を実現させている。[49] この和与状において両国造は、「上裁落居之間不可背此趣候、若相互致違乱濫妨者、於守護御計、被付管領於一方、可被注進子細候」と述べており、幕府による最終的裁決に至るまでの間、和与状不履行の際の処断を守護に委ねている。[50] さらに、応安六年（一三七三）の宇龍津をめぐる両国造家間相論に際しては、「守護所殿御在国之時、就注進申、資孝《北島》・々宗《千家》両方代官」を召して、双方折半の裁決を守護京極高秀が下している。[51]

しかし、両国造家間の対立が康永三年以降も繰り返されていること、また正平年間の幕府方守護代吉田厳覚が足利直冬方の北島貞孝と敵対したことなどは、[52] 守護権限の限界性を示している。しかも、守護にとって管轄国内の有力寺社を保護・安定化することは支配の正当性を示す不可欠の課題であり、容易には裁決を行えないケースが多かったと考えられる。応永二年（一三九五）、杵築大社と御崎社の相論において、守護京極高詮が御崎社側の「理運」をほのめかしながら裁許を留保しているのは、その典型である。[53]

室町期の杵築大社においては、南北朝期の主要な対立軸であった両国造家間相論に代わって、自立化傾向を強めてきた末社御崎社との境界相論が、最大の課題として浮上した。守護京極氏は、応永年間初頭以来ほぼ一貫して御崎社の保護を優先するが、これに対抗して、両国造家は御崎社への圧迫を繰り返していく。[54]両国造家は直面する課題に対応するため、対立より結束へ転じたと言える。

応永年間の史料に現れる「社家奉行」は、このような両国造家と御崎社の緊張関係の中において、守護からの命令を遵行する役割を果たしている。[55]「社けふきやう」は、すでに正平年間の史料に現れるが、[56]文面から推すと、おそらく公的祭祀機関「一宮」の一部を構成する機関であったと思われ、井上寛司氏は、在庁系の朝山氏・多祢氏がそれを構成していた可能性を指摘している。[57]応永年間の史料に現れる「社家奉行」も、「社けふきやう」の機能を引き継いだものと考えられるが、明らかに守護支配機構の一角に組み込まれている点が大きく異なっている。そして、その構成が、大熊氏（塩冶氏庶子家）と古志氏であったことは注目される。塩冶氏・古志氏は杵築大社と同様に出雲平野を主たる基盤とする領主であり、鎌倉末期における塩冶氏と国造家の婚姻関係については、既述の通りである。従って、この時期の「社家奉行」は近隣の杵築大社周辺諸領主からなり、守護の意思貫徹を期待される地理的条件を持ち、同時に日常的交流による調整・仲介機能をも併せ持ったと思われる。

ところが、康正二年（一四五六）になると、御崎社に対する両国造の圧迫を禁じた守護京極持清の遵行命令は、守護代尼子清貞の代官の外、三沢氏・神西氏・牛尾氏に宛てられているのである。[58]出雲国最大の国人領主となった三沢氏や、守護への帰属性が強い牛尾氏の本拠は、杵築大社から離れた場所に位置しており、大熊氏・古志氏とは性格が異なる。また神西氏の本拠は神西荘であるが、御崎社とのつながりを持つ領主である。[59]このような変化は、十五世紀末に向けて、塩冶氏・古志氏が両国造家との結束を強め（後述）、守護が期待する「社家奉行」としての機能を果たしえなくなったためと考えられる。そして守護京極氏は、結局両国造家による御崎社の圧迫を止めきれていないので、この新たな遵行経路が実効性を持ったとも考えられない。

このように、守護の政策と国造家の志向性との間の溝は、次第に深まっていったと考えられる。守護による両国造家に対する安堵が、康正三年の史料を最後に見られなくなることも、[60]同様な事情によると考えられる。

南北朝期の国造家は、杵築大社内部における出雲氏一族の勢力拡大や安定化のために、守護の裁許権・安堵権に期待し、また守護は、管轄国支配の正当性を示す「一宮」掌握のために、国造家の保護を重視したと考えられる。しかし、室町期の国造家と守護は、それぞれが独自な影響力の維持・拡大を図って、対立・牽制しあったのであり、その結果として公的祭祀機関「一宮」としての機能は大きな変質・後退を余儀なくされた。

御崎社を保護するという守護京極氏の政策に何らかの長期展望があったとしても、対杵築大社政策が成功したとはおよそ言いがたい。また、杵築大社を拠り所とする両国造家についても存亡に関わりかねない困難な状況に陥ったのであり、守護に依存しない体制を自ら確立する必要に迫られたと推測される。以下においては、この点を追究して南北朝・室町期杵築大社の到達点を明らかにする。

3　自立的地域秩序の形成

明応四年（一四九五）十一月十九日、千家高俊は子息珍宝丸（後の千家豊俊）に「国造職」を譲り渡した。[61]
この譲状において注目される第一の点は、「宇料事、神西左衛門允押知行候、幸親子事候之間、古志方与母にて候者有談合、可被返執事可然候」とあって、宇龍浦の権益について神西氏の「押知行」を排除しようとしていることである。とりわけ、古志氏との婚姻関係（千家高俊の室＝珍宝丸の母親）を確認できること、それによって神西氏の押領を排除する際に古志氏との連携が可能であったことは、非常に重要である。
注目される第二の点は、譲状末尾に朝山郷との相論について「猶以有望事者、塩冶方・古志方申合、可達本意候」

と記されていることである。同年の十二月二十九日に千家氏・北島氏それぞれに宛てた幕府奉行人連署奉書[62]によれば、「上様御料所出雲国朝山郷与当社山堺、為被遂糺明、差上代官、於京都可被明申趣、度々被相触候処、被及御請、剰毎度取懸御料所可及鉾楯之、言語道断次第也」とあって、この時期の両国造家が、朝山郷と社領との境をめぐって幕府と対立し、「召文」に応じず、武力を以て強く抵抗していたことが確認できる。そして、翌明応五年には、塩冶氏・古志氏などと連合して、幕府方の朝山郷在地土豪層などと武力衝突するに至っている[63]。幕府は、三沢氏・宍道氏・神西氏などの領主に対し、再度異変があれば朝山郷代官飯尾清房代に合力して両国造家・塩冶氏・古志氏等に対抗するよう命じている。

これらの事実は、守護と同様に御崎社を擁護した幕府[64]と両国造家の対立が、武力衝突にまで発展したことを示しているが、注目されるのは、両国造家・塩冶氏・古志氏が軍事同盟を形成していることであり、朝山郷側への合力を命じられた領主が三沢氏・神西氏であったことである。

塩冶氏・古志氏は、もともと杵築大社に近接する基盤を有し、早くから国造家との婚姻関係も存在したが、さらに大熊氏が「三月会奉行」を務めたり、大熊氏・古志氏が「社家奉行」として杵築大社との交渉にあたったことを契機として、杵築大社との結び付きを強めたと考えられる。このような日常的交流関係と、守護と両国造家の緊張関係を前提として、これらの諸氏は地域に密着した利害を共有する領主として、強固な相互扶助協約関係を形成したと推測される。

三沢氏・神西氏は、康正二年に守護の遵行命令を受けた領主である。特に神西氏は、御崎社との結び付きが強かったと推測され、明応四年当時には宇龍浦の権益をめぐって国造千家氏と争っていた。このことは、両国造家・塩冶氏・古志氏の関係が、少なくとも康正二年以前には相当強固なものとなっていて、塩冶氏・古志氏がすでに「社家奉行」としての機能を果たしえない段階に入っていたことを窺わせている。

以上のように、御崎社をめぐる守護と国造家の対立が、両国造家の結束と周辺領主との結び付きを強めた結果、十五世紀後半期には、幕府・守護と対抗しうる自立的地域秩序が形成されたと考えられるのである。このような両国造家の政治的動向は、国造家による杵築大社の内部編成の強化とも対応していた可能性が高い。

畏而申上候、先祖之置目違へ社徳分仕之由、依御違乱、別火職可被召放之由、被仰出候之条、今度之参物、上可進候へ共、無残取遣候間、御詫言申候之処ニ、此度之儀ハ被成御分別、忝候、於以来者、大物之事、不残進上可申候間、爰を以御機嫌可然様、御取成奉頼候、於子孫背此旨候ハヽ、可被及御罪科之状如件、

永正二年五月廿一日　大社別火 俊吉（花押）

進上千家殿御奉行

この史料(65)は、国造千家氏が「別火職」の任免権を掌握していたことを示す注目すべきものである。杵築大社神官組織における別火（財）氏の固有性と重要性については、すでに述べたところであるが、杵築大社の祭祀運営上欠かすことのできない「別火職」を、中世後期を通じ出雲氏一族以外の別火氏が世襲し続けたことは、国造家権力による神官組織の独占化にとって桎梏であった。しかし、少なくとも永正二年（一五〇五）段階の国造千家氏は、別火氏とその固有の機能を統制下に組み込んでいたのである。この時期に至って、国造家による杵築大社内部の編成が最も強化されたものと考えられる。

以上のような、地域秩序の形成や内部統制の強化は、鎌倉後期以来強められてきた杵築大社の領主権力としての側面が最も強化され、両国造家権力の自立性が最も高まったことを意味していると考えられる。これは、両国造家による杵築大社独占化志向の結幕であり、守護の対杵築大社政策の帰結であった。

しかし、このことは同時に公的祭祀機関「一宮」としての側面が決定的に後退したことをも意味している。確かに、両国造家・塩冶氏・古志氏の連合体は、おそらく出雲国全体に多大な影響を及ぼす勢力であり、守護京極氏の出雲国支配を大きく後退させたと考えられる。しかし、これが杵築大社の一国規模の祭祀機能を担える体制であったとは考えられない。そのため両国造家は、造営・祭礼の費用を安定的に調達する新たなシステムを作り上げ、広域的祭祀機能を再構築する必要に迫られたと推測される。それは、例えば勧進聖による造営費用の調達であり、御師による巡回・「御供宿」経営であったと考えられ、その保障や擁護は、戦国期の公的領域的支配者にとって新たな課題となっていくのである。

おわりに――「中世出雲国一宮制」の解体をめぐって――

以上述べてきたことを、整理しておきたい。

出雲国守護による出雲国衙の侵略は着実に推進され、在国司朝山氏が本拠を没収された応永元年には基本的に完了したと考えられる。しかし、杵築大社の公的祭祀機関「一宮」としての側面を具現する造営事業・三月会興行において、造営段銭・頭役の徴集機能は、守護の公的領域的支配の成否にも関わる重大な問題であるにもかかわらず、室町中期頃までに停滞・停止していく。

その要因は、守護権力・権威自体の後退、守護と両国造家の緊張関係、それによって助長された国造家の領主権力としての自立性の強化、国造家による杵築大社内部編成の強化、両国造家間や塩冶氏・古志氏との結束の強化（＝幕府・守護との対立）等にあると考えられる。両国造家と守護京極氏は、それぞれが自らの基盤と独自性を強める志向性を貫くためにしのぎを削った結果、双方いずれの立場から見ても、それぞれの地位の確保に必要な公的祭祀機関「一宮」の機能を縮小・後退させてしまったと言える。

さて、以上のような歴史過程を踏まえ、冒頭において述べた研究史上の問題点について整理しておきたい。

まず第一に、出雲国における国衙の影響力については、朝山氏をはじめ多くの国衙勢力が基盤を失った十四世紀末の画期性を看過できない。もちろん、在庁官人や府中官衙の諸施設が消滅したと考える必要はないが、出雲一国レベルでの影響力の低下は決定的と言わざるをえず、この点について異論の余地はないであろう。問題は、「社家奉行」・「郡奉行」の地位と機能の中に何らかの国衙の影響力が残されたかどうか、井上氏の表現を借りれば「守護権力の中に吸収された国衙機能が、本来の守護権とは区別される形で独自の位置を占め、機能していた[66]」と言えるのかどうか、また「郡奉行」が十五世紀の末になってようやく成立したと言えるのかどうかである。

しかし、もし仮に室町期京極氏の「社家奉行」が在庁朝山氏・多祢氏が果たしてきた機能と同様な役割を担わされたとしても、それを構成する大熊氏・古志氏が国衙在庁系でないことの意味は重いと考えられる。同様に、もし仮に康正二年に守護の遵行命令を受けた三沢氏・神西氏・牛尾氏が「社家奉行」であったとしても（これらの諸氏が当時「社家奉行」であった確証はない）、そこに国衙の残影を見出すことは困難であって、ましてこの時期には造営・三月会自体が停滞・停止している。「社家奉行」の機能の中に、守護・杵築大社とは異なる第三者機関としての側面があった徴証はない。

加えて、「郡奉行」が「社家奉行」の機能を継承したととらえることは、さらに困難である。文明初年と思われる二月二十七日京極持清書状[67]は、広田氏・三沢氏・八田氏に対して、杵築浦破艘舟をめぐる「社領者共」の紛争について「郡奉行」に調査・報告させるよう、伝達を命じたものである。ここからは、「郡奉行」の重要な機能が、守護検断権の執行にあったことを確認できる。そして、康正二年の京極持清が、飯石郡の三刀屋氏に対して「郡検断」を免除していることは(68)、すでにこれより以前から、京極氏の支配機構として「飯石郡奉行」が存在・機能していたことを窺わせている。それも、飯石郡にのみ特別に設置される理由は見あたらないので、出雲国の他郡にも設置されていた可能性が高い(69)。もちろん、比較的守護への帰属性が強い三刀屋氏に対してさえも、京極氏は「郡検断」権を放棄しており、「郡奉行」の機能の範囲・実効性がきわめて限定されたものであったことは間違いない。史料上から確認できる機能や性格が全く異なる「社家奉行」と「郡奉行」との間に、機能の継承を想定することは難しい(70)。

従って、守護京極氏の支配機構「社家奉行」は、塩冶氏・古志氏が両国造家との結び付きを強めた結果、十五世紀半ば以前に破綻したと考えられる。

以上の諸点は、「中世出雲国一宮制」が何時まで存続したと考えるべきかという第二の問題にも、大きく関わってくる。研究史においては、「社家奉行」が支える「国衙・一宮支配体制」に裏づけられた自立的「中世出雲国一宮権力」が崩壊するのは、毛利氏治下の天正年間であるとされている(71)。しかし、室町期守護京極氏の支配機構である「社家奉行」が、国衙から継承した機能を有した徴証がない以上、室町・戦国期における「国衙・一宮支配体制」と称すべき実態の存在自体が疑われる。

また、毛利氏治下において「中世出雲国一宮制」が解体したことを裏づける具体的事例としては、徳政令の分析から導き出された杵築大社の特権的地位の喪失や毛利氏権力の超越性の確立、日御崎社造営棟別銭負担に見られる国造家の「一国人領主」化、三月会など祭礼構造の変質などの事実が指摘されている。しかし、寺社徳政や惣徳政の本質・性格からすれば、その発令・免除を以て毛利氏の権力強化と考えるのは無理であること(72)、尼子氏による日御碕社造営に際して棟別銭が国造家領に課せられなかったかどうか確認できないこと(73)、三月会の変質を示すとされている毛利氏への「巻数」調進が、祭礼全体の唯一の目的と断定できず、従来からこれに類する行為がなかったと言えないことより、これらの事実を以て、杵築大社が毛利氏に屈服し、従来と全く異なる体制へ移行した画期とすることには検討の余地が多い。出雲国において「一宮制」を解体させたものが、戦国・豊臣期大名権力の毛利氏であると特定することはなお難しいのである。

さらに重要なことは、豊臣政権を背景に毛利氏が杵築大社を圧迫したこと（社領の削減など）は事実であるが、毛利氏による統制強化が何故「中世出雲国一宮制」の解体を意味するのかという、論理的裏づけがよくわからない点である。豊臣政権と毛利氏に圧迫された自立的存在を見出すとすれば、それは十五世紀末に最も自立性を高めた国造家権力であると考えられる。それでは、中世の杵築大社を最も整合的に理解するためには、「中世出雲国一宮制」をどのように捉えるべきであろうか。

平安末期に成立した「一宮制」は、時代や地域によって大きく異なる様相を呈しており、そこには様々な転換点＝画期が存在した。中世の「一宮」とは、イデオロギー支配の拠点に組み込もうとする朝廷・国衙・幕府・守護の側の論理であり、また国内第一の神社であるという神社（末社を含む）側の主張であり、さらには国内領主・民衆の側の認識である。これら論理・観念としての「一宮」のどれかが欠けたまま（もしくは不十分なまま）でも、何らかの意味で永続性を持つ制度化された姿をとった場合、これを「一宮制」と称することは可能であるし、それは中世に限られるものではない。「一宮制」とは、ある特定の権力によって「解体」せしめられるような性格のものではなく、いくつかの画期を経ながら大きな変質を遂げていったものと考えられる。

一方、こうした広義の「一宮制」とは区別されるべきものとして、上述の三者を結び付け、一国レベルの支配体制そのものを構成する制度が存在したことも事実である。例えば出雲国においては、鎌倉期中期に向けて造営段銭負担体制と三月会頭役結番体制が整備されていった。それは、一宮・国衙・守護がそれぞれの存立のために相異なる立場から相互依存・補完しあう制度であったために、また地域社会を巻き込んでいける可能性を秘めた制度であったが故に、中世出雲国においてきわめて大きな意味を持ったと考えられる。鎌倉中期以降、「中世出雲国一宮制」は、それらに立脚してはじめて存立しうる体制へと転換した。杵築大社が持つ公的祭祀機関「一宮」としての側面は、その「中世出雲国一宮制」に直接対応し、これを支える部分となったのであり、結果としてその公的性格は一層強められたと考えられる。もちろん、出雲国の公的領域的支配者が、これらの制度を順調に機能させるだけの「権力」と「権威」を持ちえた時期は限られるし、これによって生み出された出雲国内領主や荘郷の杵築大社への求心性がどこまで浸透し、またネットワークとしてどれほど定着したのかは、室町期の実態を見る限りかなり疑わしいと思われる。しかし、様々な限界性を持ちながらも、このような制度が存在したことは、単に杵築大社が特殊であるからではなく、最も進展した「一宮制」の一類型として重要であると考えられる。

それだけに、室町期の幕府・守護京極氏が御崎社の擁護政策を貫いたこと、造営事業・三月会興行が行き詰まったことの意味は大きいと考えられる。ここに、第三の問題である十五世紀末の歴史的意味が問われることとなる。国造家権力の自立性が高まり、広域的信仰圏の維持に守護の援助が期待できなくなった十五世紀末の段階は、すでにここで言う「中世出雲国一宮制」の範疇を逸脱していると考えられるからである。

従って、出雲国における戦国期大名権力が直面した杵築大社とは、もはや守護権限の吸収・継承によって自らの正当性強化に資する対象ではなく、むしろ強固な地域秩序の形成によってますます掌握困難な大きな桎梏となっていた可能性が高い。尼子氏は、このような状況を克服していかなければならない歴史的課題を負って登場してくるのであり、やがて独自な造営事業の完遂や塩冶氏の掌握などを足掛かりに、杵築大社を改編することによって、自らの公的領域的支配に関わる正当性を築き上げていったと考えられるのである（次章参照）。十六世紀〜十七世紀中期の杵築大社は、他の時代とは全く異なる存在形態をとっている。それは、明らかに戦国期大名権力によって生み出された体制であったと考えられる。

註

（1）中世の「一宮制」に関する研究史は多いが、代表的なものとして、石井進「中世成立期軍制研究の一視角」（『史学雑誌』七八―一二、一九六九年）、義江彰夫「中世移行期における支配イデオロギーと人民闘争」（『歴史学研究』別冊大会報告、一九七〇年）、河音能平「若狭国鎮守一二宮縁起の成立」（同著『中世封建制成立史論』一九七一年）、伊藤邦彦「諸国一宮・総社の成立」（『日本歴史』三五五、一九七七年）、同氏「諸国一宮制の展開」（『歴史学研究』五〇〇　一九八二年）、井上寛司「中世諸国一宮制の成立」（『歴史学研究』二五九、一九八二年）、同氏「中世諸国一宮制と地域支配権力」（『日本史研究』三〇八　一九八八年）、榎原雅治「若狭国三十三所と一宮」（『史学雑誌』九九―一、一九九〇年）、日隈正守「中世前期における一宮支配体制」（『古文書研究』三七、一九九三年）などが挙げられる。

なお、杵築大社を「国中第一之霊神」と記した史料は、康治元年（一一四二）八月十八日出雲国在庁官人等解（「北島家文書」〈『大社』一二六〉）。「一宮」が史料用語として現れるのは、弘治四年三月二日大社三月会三番饗銭注文案（「佐草家文書」〈『大社』一三七六〉）など一部の史料に限られる。

（2）井上寛司氏による杵築大社に関する専論として、①「中世出雲国一宮杵築大社と荘園制支配」（『日本史研究』二一四、一九八〇年）、②「出雲大社と鰐淵寺――中世出雲国一宮制の特質――」（『山陰――地域の歴史的性格――』一九七九年）、③「中世杵築大社の上官」（『大社町史研究紀要』2、一九八七年）、④「中世杵築大社の年中行事と祭礼」（『大社町史研究紀要』3、一九八八年）、⑤「中世杵築大社々領支配の構造と特質」（『大社町史研究紀要』4、一九八九年）、⑥「尼子氏の宗教政策――出雲国一宮制の解体過程との関係を中心に――」（藤岡大拙編『尼子氏の総合的研究　その一』一九九一年）、及びそれらの研究成果を踏まえて新知見を加えた『大社町史　上巻』（一九九一年）同氏執筆部分、等を挙げることができる。なお、杵築大社に関する研究史については、井上氏③論文「中世杵築大社の上官」の註(1)を参照のこと。

（3）中世杵築大社の研究史に関する問題点については、すでに「書評　大社町教育委員会編『大社町史　上巻』」（『島根史学会報』

二三号　一九九三年）において述べたことがある。ここに挙げた三つの問題点は、基本的にその時のものと変わらない。井上寛司氏からは、一九九四年三月十九日の尼子氏研究会（於松江市）の「室町・戦国期の守護・尼子氏権力と杵築大社」と題する報告において、この書評に対する反批判をいただいている。残念ながら活字化されたものではないが、井上氏の見解の真意についてより深く理解することができた。本来ならば、その際に提示された細部に及ぶ反批判について逐次回答をすべきかもしれないが、そもそもの相違点は、やはり中世出雲国や杵築大社の全体像のとらえ方にあると考えられる。本章は、その意味において、井上氏からいただいた反批判に対する筆者なりの回答である。

（4）『大社町史　上巻』六四〇〜六五八頁。

（5）前掲註(2)所引井上氏⑤論文六三〜六九頁。『大社町史　上巻』七三八〜七七四頁。

（6）「京都朝山文書」（京都大学文学部博物館所蔵影写本）。

（7）在国司については、関幸彦『国衙機構の研究――「在国司職」の研究序説――』（一九八四年）に詳しい。

（8）文永八年十一月関東下知状案（「千家家文書」〈『大社』二八四〉、「佐草家文書」〈『大社』二八五〉）。

（9）建長元年六月杵築大社造営所注進（「出雲大社文書」〈『大社』二三八〉）。

（10）宝治元年十月杵築大社神官等連署申状（「鰐淵寺文書」〈『大社』二三三〉）。

（11）前掲註(8)史料。

（12）正安二年閏七月五日関東御教書案（「出雲大社文書」〈『大社』三三七〉）。

（13）井上寛司氏は、この間の鎌倉期の国衙・一宮・守護の関係について、石井進氏が論じられた全国的な傾向（『日本中世国家史の研究』〈一九七〇年〉二一四頁）とは異なり、杵築大社による国衙機能の吸収を重視し、また幕府・守護の機能を限定的にとらえる必要性を説かれている（『大社町史　上巻』五六四〜五六五頁）。たしかにこの時期の守護権力を過大評価することは、やはり適当でないと思われる。ただし、結番体制や造営奉行が幕府によって整備・任命されたことの意味は大きい。杵築大社が国衙の造営権を一部吸収したことは事実としても、独力では造営・三月会を運営できなかったことも事実である。南北朝期に向けて幕府・守護による国衙の侵略が進展したこともまた事実であるわけで、大きな流れから見れば、石井氏が説かれた今や通説的理解から出雲国が免れうるわけではないと考えられる。

（14）出雲国衙の機能が確かな史料によって確認できる最後は、正平十二年（一三五七）正月国造北島貞孝申状案（「北島家文書」

〈『大社』五〇九〉に見られる、貞孝へ造営・三月会執行を命じた「国宣」であると思われる。『大社町史　上巻』六一八頁も参照。

(15) 観応二年十月十五日山名時氏寄進状（「出雲大社文書」〈『大社』四八八〉）、明徳四年六月六日京極高詮宛行状（「春日家文書」〈『新島史』四三二頁〉）。

(16) 曽根地之「杵築大社と国衙」（『出雲・隠岐』一九六三年）、松薗斉「中世神社の記録について――「日記の家」の視点から――」（『史淵』一二七、一九九〇年）、同「出雲国造家の記録譲状作成の歴史的背景」（九州大学国史学研究室編『古代中世史論集』一九九一年）、前掲註(2)所引井上氏⑤論文二〇～二一頁、『大社町史　上巻』五五八～五六五頁。

(17) 弘安元年と思われる五月七日佐々木泰清書状（「千家家文書」〈『大社』三〇四〉）、正安四年四月十日関東御教書（「出雲大社文書」〈『大社』三四〇〉）。

(18) 清水三男「国衙領と武士」（『上代の土地関係』一九四三年）。前掲註(9)史料。

(19) 前掲註(12)史料。

(20) 正平十二年九月十八日後村上天皇綸旨（「北島家文書」〈『大社』五一六・五一七〉）。

(21) 応安元年九月九日足利義満御教書（「出雲大社文書」〈『大社』五三八〉）、応安二年二月十五日守護佐々木高秀施行状（「出雲大社文書」〈『大社』五四一〉）。

(22) 多祢郷が室町期の守護領であったことは、応永二十四年五月二十一日足利義持袖判御教書案（「佐々木文書」〈東京大学史料編纂所架蔵影写本〉）。

(23) 応永十九年九月十一日室町幕府御教書（「東寺百合文書」〈『大社』六二〇〉）。

(24) 前掲註(10)史料。三月会については、前掲註(2)井上氏④論文五九～六三頁に詳しい。

(25) 前掲註(8)史料。

(26) 「出雲大社文書」（『大社』四六三）。

(27) 文永八年の頭役結番帳（前掲註(8)史料）によれば、この時譴責の対象となった須佐郷（現簸川郡佐田町・飯石郡掛合町）・生馬郷（現松江市東生馬町・西生馬町）は「十四番」、安来荘（現安来市）は「十五番」であるので、部分的な変更があったと考えられる。

(28) 「出雲大社文書」（『大社』五三五）。

(29) 「千家家文書」(『大社』五八四)。
(30) 前掲註(26)史料、応永二十五年七月八日室町幕府御教書(「出雲大社文書」〈『大社』六三二〉)。
(31) 応永三年十二月六日杵築大社法度条々(「千家家文書」〈『大社』六〇三〉)。
(32) 永享二年十一月一日大社三月会一番饗二番饗神物引付(「北島家文書」〈『大社』六八三〉)。
(33) 嘉吉二年六月二十五日守護京極持清判物(「佐方家文書」〈『熊本県史料　中世編　四』一九六七年〉二二号)、寛正五年六月二十五日牛尾忠実寄進状(「日御碕神社文書」〈『大社』七七八〉)、文明十四年十二月十九日室町幕府奉行人連署奉書案(「佐々木文書」)など。岸田裕之「守護支配の展開と知行制の変質」(『史学雑誌』八二―一一、一九七三年)。
(34) 杵築大社旧記御遷宮次第(「鰐淵寺文書」〈『大社』二〇一四〉)、及び杵築大社遷宮年暦符をはじめとする「佐草家文書」の覚書(『大社』二五八五～二五八九)。ほとんどは、豊臣期～江戸初期に作成されたものである。
(35) 第一編第一章参照。
(36) 前掲註(2)所引井上氏①論文二七頁など。
(37) 前掲註(2)所引井上氏⑤論文二〇～二一頁など。
(38) 前掲註(2)所引井上氏③論文一二五～一二六頁など。
(39) 「千家家文書」(『大社』四九八)。
(40) 建長元年六月杵築大社造営所注進(「出雲大社文書」〈『大社』二三八〉)、天正九年の七月二十五日毛利氏奉行人連署書状(「別火家文書」〈『大社』二〇二五〉)。
(41) これまでの研究史では、別火氏は鎌倉期以来の「上官」とされている(前掲註(2)所引井上氏③論文など)が、別火氏が「上官」であったことを示すものは、ここに挙げた史料が最初である。
(42) 前掲註(2)所引井上氏③論文一三四～一三九頁、⑤論文二四～二六頁。『大社町史　上巻』五九九～六〇七頁。
(43) 井上寛司氏は、前者を「非人格的な組織体(権力機構)」、後者を「惣領制原理に基づく人格的な結合集団」と規定している(『大社町史　上巻』〈一九九一年〉六一六頁)。本章の結論に直結する問題であるが、筆者は、非人格的組織体である神官組織を権力機構とみる点には問題があり、神官組織が権力機構的様相を示すのは、国造家の領主権力としての側面が拡大したためであると理解している。神官組織は人格的な繋がりの媒介たりうるし、大社内部の人格的結び付き形成の契機となるものであるが、それ以上ではない。史料に現れる杵築大社の「権力機構」をあえて指摘するならば、国造家「代官」「奉行」、戦国期には「年寄中」「宿老中」などであると言える。

(44) 井上寛司氏は、前掲註(2)所引③論文などにおいて、権検校を鎌倉中期以来上官に含まれるものとして論じられているが、建長元年六月杵築大社造営所注進(「出雲大社文書」〈『大社』二三八〉)などによれば、「権検校出雲兼孝并上官神人」と記され、また上官七人の中に権検校出雲兼孝の名が見られないことより、(仮に上級神官の総称としての広義の「上官」に両氏が含まれると捉えたとしても)史料上に見られる「上官」の地位にはなかったことが明らかである。永享七年四月二十八日西国経譲状(「千家所蔵古文書写」〈『大社』六九三・六九四〉)や、嘉吉三年六月十八日西直経譲状(「千家所蔵古文書写」〈『大社』七一二〉)を見るかぎり、権検校西(平岡)氏は室町期においてなお「上官職」を伝領していなかった可能性が高い。同氏の千家氏上官としての活動は、永正十七年伊弉諾社造営覚書(「千家家文書」〈『大社』一〇三六〉)において漸く確認できる。

(45) 永享八年二月二十八日北島幸孝安堵状(「佐草家文書」〈『大社』六九六〉)によれば、「上官職、神子・神人者二前」がすでに「永代佐草知行分」であったことが知られる。以後、多くの場合、上官の権益には「神子」「神人」が含まれている(『大社』八六九・九九五・一〇三二・一〇六三・一二一二・一六四一・一七三一・一八七五)。

国造の出雲氏一族に対する「神子」「神人」の宛行いは、南北朝期当初より確認でき(応安元年十月杵築弘乗代高守申状〈「千家家文書」『大社』五四〇〉)、これが上官権益に「神子」「神人」が含まれる起源となったと考えられる。そして、戦国期においては、永正六年八月二十八日中弥四郎母永代売券状(「千家所蔵古文書写」〈『大社』九九九〉)より、これ以前に中氏が平岡(西)氏から「神人壱前」を買得したことが知られ、売買の対象として完全に上官家の利権化していたことがわかる。

井上寛司氏は、鎌倉期の史料に見られる「上官」は国衙在庁官人であり、「上官神人」はそれと区別される大社神官であるとされている(『大社町史　上巻』六一二頁)。これに対して、室町期以降の「神子」「神人」は「国造」「上官」の下位に位置づけられており、その性格を大きく変貌させている。永享七年四月二十八日西国経譲状(「千家所蔵古文書写」〈『大社』六九三〉)、永正六年四月二十八日赤塚通俊譲状(「千家所蔵古文書写」〈『大社』九九五〉)、永正十七年七月二十二日椎村忠明永代売券状(「千家家文書」〈『大社』一〇三七〉)などの「神人」の但し書に、「廿八日まハり」「十五日まハり」「第二番神人」「五日まわり」などの注記があること、永正十六年四月晦日国造千家豊俊大社遷宮覚書(「千家家文書」〈『大社』一〇三〇〉)に「一神子三人内壱人ハ中座神子也」とあること、また大永五年六月二日杵築神事座敷之次第(「佐草家文書」〈『大社』一〇六三〉)に「中座」「一番　菅大夫」

などと記されていることより、「神子（一神子）」「神人」は、それぞれ神事に携わる「日」と着座する「座」を決められ、交替制によって順番に日常的神事を掌る下級神官であったと考えられる。

慶長七年と記された「杵築大社御神前御番之次第」写（「佐草家文書」）には、

三番の神人　一日　神子　上より　神人　彦右衛門
三　二〃　神子　上より　神人　佐草
三　三〃　神子　大方　神人　三郎四郎
二　四〃　神子　御つほね　神人　助左衛門
（中略）
三　廿七日　神子　高橋　神人　源左衛門（北島康兼）
五　廿八日　神子　上より　神人　北宗
四　廿九日　神子　北久□（太）　神人　さくさ
二　三十日　神子　上より　神人　太郎左衛門
右、一日一夜之御番也、

と記されており、多くは「神子」「神人」の権益所有者が名を列ねていると思われるが、こうした大社神前における日常的神事の基本的あり方は、これを遡るかなり以前からのものであったと推測される。

「神子」「神人」は実際には均一な階層から構成されていたとは言えないが、天正年間の大社神人北島分書立（「佐草家文書」〈『大社』二三三八〉）に「北島掃部助（慶孝）下人」「北島右京亮（重孝）下人」「稲岡左衛門大夫下人」「竹下藤兵衛下人」などが確認できること、「神人」の名の多くに名字が記されていないことより、国造家権力内部におけるその地位・身分は、室町・戦国期においては概ねかなり低いものであったと考えられる。

(46)「被官」については、文明十四年五月二十九日波根続兼起請文（「佐草家文書」〈『大社』八七二〉）の宛名に「北島殿御親類御彼（マヽ）官中」とあるのをはじめ、戦国期の多くの史料中に散見する。特に杵築商人の坪内氏・上田氏については、国造家や上官家の被官であったことを史料的に確認できる。「中間」については、明応四年十一月十九日国造千家高俊譲状（「千家家文書」〈『大社』九四三〉）、「下人」については天正年間の大社神人北島分書立（「佐草家文書」〈『大社』二三三八〉）など。

(47) 前掲註(43)参照。
(48) 建長元年十一月二十九日鎌倉将軍家下文（「北島家文書」〈『大社』二四二〉）。
(49) 康永三年六月十五日守護代吉田厳覚書状写（「千家家文書」〈『大社』四五九〉）、応安三年八月二十八日杵築大社神官等連署申状（「千家家文書」〈『大社』五四五〉）。
(50) 康永三年六月五日千家孝宗・北島貞孝和与状（「千家家文書」〈『大社』四五八〉）。
(51) 永和元年四月国造北島資孝代国孝申状（「千家家文書」〈『大社』五五五〉）。
(52) 正平十二年正月国造北島貞孝申状案（「北島家文書」〈『大社』五〇九〉）。
(53) 閏七月十六日守護京極氏奉行人書状（「小野家文書」〈『大社』五九八〉）。なお、『大社町史　史料編』では校正ミスにより誤りが多いので、全文を掲げておく。

御札委細拝見候了、抑両国造と御崎之検交(校)方之相論之事、先度如申入候、御崎之検交之文書理運之段、無子細之由、御意も候、面々も同心ニ被申候、但沙汰落居之事、是にてハ惣して御斟酌之事にても候之間、御セいはひあるましく候、御奉行之候事にて候へハ、御内より御せいはひ候歟、不然者京都之(へ)御注進候歟、直者可為御計(不脱)候由、先日被仰候、今も其趣同辺にてあるへく候、理運無子細候上者、それの為御計と、御さた候ハん事不可有異儀候由、上意も如此候、毎事期後信候、恐々謹言、

(閏)壬七月十六日　(後筆)「能仁寺殿奉行所」武実（花押）

塩冶備中守殿

(54) 原慶三「中世日御崎社に関する基礎的考察」（『山陰史談』二四、一九九〇年）。
(55) 応永二十八年八月十五日守護京極氏奉行人連署奉書（「小野家文書」〈『大社』六四五〉）を初見とし、応永三十三年七月十六日守護京極氏奉行人連署奉書（「小野家文書」〈『大社』六七四〉）を終見とする、古志慶千代・古志与四郎・古志与次郎（以上三名は同一人物である可能性が高い）・大熊上総入道・大熊八郎右衛門尉が、これに当たる。『大社町史　上巻』六四八頁の表7に「室町期社家奉行（推定）一覧」として取り上げられている人名は、いずれも守護の遵行命令を受けた出雲国内領主であるが、これら全てが「社家奉行」であったとは考えがたい。
(56) 正平八年三月二日御崎検校小野清政契約状案（「出雲大社文書」〈『大社』四九六〉）、正平十二年五月五日御崎検校小野清政請文（「出雲大社文書」〈『大社』四九六〉）。御崎検校が「社けふきやう」に対して、杵築大社領宇龍浦を指して「御領」と称しているよ

うに、これは杵築大社の外部の第三者機関ではなく、また国造家権力内部の支配機構でもない。公的祭祀機関としての杵築大社の一部を構成した、一つの部局ととらえるのが妥当かと思われる。

(57)『大社町史　上巻』六四二～六四三頁。
(58)康正二年七月二日京極氏奉行人連署奉書（「小野家文書」〈『大社』七四七・七四八〉）、康正二年十二月一日京極氏奉行人連署奉書（「小野家文書」〈『大社』七五三〉）。
(59)松尾（原）慶三「鎌倉期出雲国の地頭に関する一考察」（『山陰史談』一八、一九八二年）。
(60)康正三年三月九日京極持清安堵状（「千家家文書」「北島家文書」〈『大社』七五四・七五五〉）。
(61)明応四年十一月十九日国造千家高俊譲状（「千家家文書」〈『大社』九四三〉）。
(62)「出雲朝山家文書」（『大社』九四四）所収案文。
(63)明応五年四月二十三日室町幕府奉行人連署奉書（「出雲朝山家文書」〈『大社』九四八～九五三〉）。
(64)文明三年七月八日室町幕府奉行人連署奉書（「日御碕神社文書」〈『大社』七九七～七九九〉）、文明四年三月二十日室町幕府奉行人連署奉書（「日御碕神社文書」〈『大社』八〇一～八一四〉）。
(65)「千家家文書」（『大社』九七四）。
(66)井上寛司氏の尼子氏研究会報告「室町・戦国期の守護・尼子氏権力と杵築大社」（一九九四年三月）のレジュメによる。
(67)二月二十七日京極持清書状（「北島家文書」〈『大社』七九二〉）。
(68)康正二年十月二十日守護京極持清判物写（「三刀屋文書」〈三刀屋城跡調査委員会編『三刀屋氏とその城跡』一九八五年〉八三号）。
(69)一般に守護が管轄国内諸郡に「郡奉行」「郡代」を置いたことは、多くの事例が確認されている。今谷明『守護領国支配機構の研究』（一九八六年）など。守護京極氏が、十五世紀末に至るまで「郡奉行」を設置しなかったとみる根拠が不明である。
(70)こうした想定が何処から出てきたものかを推察すると、康正二年の「社家奉行」と考えられている神西氏（私見ではその可能性はきわめて低いと考えている）が、明応八年九月二十七日京極政経補任状（「春日家文書」〈『大社』九五八〉）によって「神門郡奉行」に任じられているという事実によるものかと思われる。
　両者の機能の共通性については、文明初年の三沢・広田・八田各氏（前掲註(67)史料）が「郡奉行」であるとの推測から論じられたもの（『大社町史　上巻』六五〇～六五一頁）であるが、これは史料解釈の誤りである。またこれら三氏が「社家奉行」であるとの推測も存在する（『大社町史　史料編　上巻』六〇一頁。私見では、その可能性も低いと考えている）が、そうなると、「社家奉行」と「郡奉行」は同時期に併存し、しかも守護支配機構上において「郡奉行」は「社家奉行」の下位にあったことになる。いずれにせよ、機能の継承を想定することは難しい。

(71)　前掲註(2)所引井上氏⑤論文六二～六九頁、『大社町史　上巻』七三八～七七四頁。

(72)　元亀三年の千家氏に対する徳政令をもって、国造家が大名権力を超越的な権力として承認した画期と見る見解（『大社町史　上巻』七四九～七五二頁）については、そもそも寺社興行政策である寺社徳政は、鎌倉時代以来、公武徳政の一つの軸をなすものであり、毛利氏固有の政策であるとは言えない。また、天正七年出雲国一国徳政令を元亀三年の徳政令と対比して「もはや毛利氏への忠儀等を理由として徳政の適用に限定を加える必要のない状況が生まれてきたこと、それだけ毛利氏による領主層の掌握、領国支配体制が安定してきたことを示す」と見る見解（前掲註(2)所引井上氏⑤論文六七頁）は、この惣徳政が「永代売」「祠堂銭」「酒代」などを除外して適用範囲を限定しており、また寺社徳政とは目的を異にする緊急措置であることから、成り立たないと思われる。前掲註(2)所引井上氏⑤論文の【付記】において問題とされた「坪内家文書」（『大社』一九九六・一九九七）の年代比定については、すでに『大社町史　上巻』『大社町史　史料編』において訂正されているように、元亀三年ではなく天正八年とするのが正しい。従って、天正七年出雲国一国徳政令において「忠儀」を理由とする免除が見られなくなったという事実そのものが存在しない。

以上のように、天正年間の毛利氏の徳政令を素材として、毛利氏の支配強化や杵築大社の変質を論ずることは適当でないと思われる。拙稿「戦国大名毛利氏の徳政――天正七年出雲国一国徳政令を中心として――」（『史学研究』一八三、一九八九年）においても述べたように、惣徳政の発令は、それだけでは毛利氏の領国支配の強化や貫徹を意味しない。

(73)　国造千家氏による日御崎社造営棟別銭負担をもって杵築大社の「一国人領主化」と見る見解（『大社町史　上巻』七六〇頁）は、九月十一日千家義広書状（「日御碕神社文書」〈『大社』二二六四〉）を根拠に、①国造家が自らを「国衆」と称し、②これ以前には免除されていた臨時段銭・棟別銭を初めて賦課された、という二つの点から導き出されたものである。①は誤読であり、②は確証がない。国造家が自らを「国衆」と称した事実は確認できない。

第二章　戦国期大名権力による杵築大社の掌握と改編

はじめに

本章が課題とするのは、その「権力」を一国規模に拡大した尼子氏が、いかにして公的領域的支配権を構築・拡大し、またそれを裏づける正当性を獲得していったかを明らかにすることである。その最も重要な手がかりとして、戦国期における出雲国杵築大社の歴史的変遷と公的領域的支配者（＝尼子氏・毛利氏）との関係を追究する。ここでは、前章において明らかとなった出雲国における十五世紀末の重要性を踏まえ、十六世紀から十七世紀中期までをその対象とする。

まず第一節においては、尼子氏が守護京極氏の「守護公権」を積極的に自らの正当性の論拠に組み込んでいった側面を追究する。それは、前章において明らかなように、尼子氏が京極氏の権限・権益をそのままの形で継承したとしても、出雲国において公的領域的支配権を行使することはきわめて困難であった可能性が高いからである。のみならず、尼子氏にとって「守護公権」の継承は重要な論拠の一つであったが、尼子氏が獲得・掌握しようとした正当性の論拠とはそれに止まるものではなかったと考えられる。第二節及び第三節においては、そのような尼子氏が独自に作り上げていった正当性の論拠を探るため、杵築大社をどのように掌握し、とらえ直し、改編していったかを追究する。そして第四節においては、近世初頭（十六世末～十七世紀中期）における杵築大社の基本構造から、戦国期大名権力による杵築大社の掌握・改編の歴史的意味を明らかにしたい。

一　尼子氏による「守護公権」の再生

永正五年（一五〇八）十月、出雲国守護京極宗済（政経）は孫の京極吉童子丸へ家督・権益（「惣領職」「出雲隠岐飛驒三箇国守護職」「諸国諸所領」）を譲与し、その譲状と代々証文を尼子経久と多賀伊豆守に預けて死去した。(1) 六年後の永正十一年段階において京極氏は依然として「守護」であり経久は「守護代」を務めているが、これは少なくとも永正十七年までは続いていた可能性が高い。(2) また、その後経久が「守護職」に任じられた事実を確認することもできない。しかし、京極政経の死去は、「守護公権」を実質的に担う者という経久の位置づけを、周囲に認知させていく一つの重要な契機となったと考えられる。「守護公権」の吸収・継承は、尼子氏による独自な公的領域的支配実現の足がかりとして、論理的裏づけの重要な一環をなしたと推測される。

ところが、経久が吸収・継承すべき「守護公権」とは、とりわけ十五世紀末に向けて大幅に後退し、現実に機能しうる権限がきわめて限定されたものとなっていたことは、前章において述べたとおりである。また、出雲国内には、宍道氏（京極氏一族）や多賀氏（京極氏重臣の一族）など、京極氏の一国支配権の代行者たりうる論拠を有する領主権力が、尼子氏以外にも存在した。(3) その意味では、尼子氏が正当性の論理として「守護公権」を持ち出すためには、いわば「守護公権」自体を自力で再生する必要があったと考えられるのである。ただし、尼子氏は天文二十一年以前には、本国の出雲国守護職ですら幕府から正式には補任されていなかった可能性があり、(4) これ以前の尼子氏を「守護」ととらえることにも問題がないとは言えないので、ここで言う「守護公権」の再生とは、経久が、本来「守護」が有すべきものと認識されていた諸権能や権威と同等のものを獲得しようと努めた、一連の政策を指す言葉として使用したい。以下に、その具体例を挙げてみる。

まず、室町期に停止した杵築大社最大の祭礼である三月会は、永正十六年の史料に再び現れ(5)、これ以前に復活したことが知られ、これは尼子氏による積極的な働きかけによるものと推測される。例えば、大永二年六月に朝山利綱から尼子経久に渡された三月会三頭神物注文(6)は、経久が三月会の詳細を熟知するために、利綱に提示を求めたものである可能性が高い。利綱はかつて杵築大社三月会を守護とともに執行した在国司朝山氏の子孫であり、伝来の「きうき(旧記)」に基づいて注文を作成したと記していることは、三月会復活に際して、経久が旧来の慣例を強く意識していたことを窺わせている。尼子氏が、三月会頭役結番体制を復活させていたことは、永禄四年杵築大社三月会頭役進未注文断簡(7)から確認することができる。

尼子経久は、京極政経が死去する直前の永正五年九月十五日、大原郡高麻城の陣中において杵築大社の造営を発願した(8)。これは、経久が新たな公的領域的支配者であることを宣言するものであったと考えられる。そして後の杵築大社の造営に際して、尼子氏は「国反銭」を課している(9)。また毛利氏も天正八年（一五八〇）の杵築大社造営に際して、「先例」に従って出雲国一国に臨時段銭を課している(10)。さらに尼子氏は、これ以外にも「屋形反銭」を賦課しており、恒例段銭の徴収を図っていたことが知られる(11)。

三月会頭役の徴集にせよ、造営段銭の徴集にせよ、戦国期大名権力がかつての体制の復活を図ったものであることは明らかである。これらの政策がどれだけ貫徹しえたかは全く別問題であるが、それは尼子氏が旧来の秩序の護持者であり、「守護公権」を担いうる存在であることを標榜するために、欠くことのできないものであったと考えられる。そのような尼子氏の意図は、享禄三年に塩冶氏に与同したと考えられる出雲多賀氏を、また天文十一年に大内氏に与したと考えられる宍道氏をそれぞれ出雲国内から追放し、天文二十一年に尼子晴久が中国地方東部八ヶ国の守護職に任じられたこと等によって(12)、大きく前進したと考えられる。尼子氏が、自らの課す領域的賦課を「守護役」(13)と称し、また緊迫した軍事情勢下において「守護不入」(14)特権を「寄進」していることなどは、「守護」であることを誇示することの重要性を窺わせている（ちなみに、これらの用語が史料上に現れるのは天文二十一年以降である）。その過程においては、尼子氏が「京極氏の正当な後継者」であることの必要な局面も存在したと推測される。尼子氏による杵築大社造営・三月会を担当した人物が、多胡忠重・多賀久幸ら京極氏家臣の系譜を持つ者たちであったことは(15)、尼子氏のねらいを反映しているように思われる。

しかし、「守護公権」の再生は、尼子氏の「権力」拡大＝領主層統制能力の強化（第一編第一章）がなされなければ、京極氏以上に実現困難であった可能性が高い。また、こうして再生されていった「守護公権」の行使者たる地位の標榜は、尼子氏が公的領域的支配権を確立していくための論拠の一つにしかならなかったと考えられる。例えば、尼子氏が、元来基本的に守護権限の及ばない地位にあった奉公衆塩冶氏を掌握したこと（第一編第二章）は、尼子氏による出雲国支配が守護権限を遙かに越える形で実現されたことを示しており、尼子氏と守護京極氏との質的段階差を考える上でも極めて重要な意味を持っている。また、直江郷（現簸川郡斐川町）・国富郷（現平田市国富町）・大庭保（現松江市大庭町）は、出雲国において尼子氏が前代以来の「守護不入」原則を一応承認していたと推測される僅かな例であるが、いずれも早い時期から尼子氏家臣による侵食が見られた(16)。尼子氏にとっての「守護不入」とは、自らの権力を制約する部分はこれを骨抜きにし、必要な局面においては新たに設定さえもする（前述の緊迫した軍事情勢下における「寄進」など）という性格のものであった。これは、「守護職」の主体的利用に他ならない。

以上の点は、尼子氏が、「守護公権」の再生によって「守護職」に依存することを最終目的としたわけではなく、新たな独自な公的領域的支配権の確立を図っていたこと（むしろ、図らざるをえない戦国期特有の状況が存在したこと）を窺わせており、杵築大社の掌握と改編はその重要な一環をなしたと考えられる。

二　両国造家権力の掌握

1　尼子氏・毛利氏による両国造家の掌握過程

戦国期の両国造家権力は、惣領である「国造」を中心として、国造家一族・親類衆が上級神官「上官」の大部分を構成し、惣領・親類のそれぞれが被官・中間・下人を従えていた。被官・中間・下人の中には「神子」「神人」等の下級神官を務めた者を確認でき、御師である御供宿経営者も国造家被官層によって構成されていた。戦国期の大名権力は、これら各層を順次直接掌握し、両国造家内部へ権力を浸透させていった。

その第一は、「国造」との婚姻関係の形成である。尼子氏は、十六世紀の早い時期に、千家・北島両国造家と婚姻関係を結んだ可能性が高い。[17]

国造北島雅孝の室（いとう御上）は尼子経久の息女であったが、雅孝は、永正十八年（一五二一）には「御内身上（北島氏一族神官の地位・権益）」の保障に「御上」の「合力」を重視しており、[18]また大永四年（一五二四）には北島氏惣領決定権を「いとう御上」に委ねている。[19]国造北島氏は、十五世紀末における自立的動向とは全く異なり、尼子氏に大きく依拠しはじめたことを示している。経久にとって、杵築大社における最大の障壁は国造千家氏権力であったと推測されるが、国造北島氏の掌握はその切り崩しに最も効果的であったと思われる。

尼子氏による国造家一族・親類衆・被官層の直接掌握は、大永年間初頭の秋上氏保護がその最も早い例であるが、多くは天文十年代以降の史料に現われてくる。それは、北島氏方上級神官の掌握を足掛かりとして、次第に杵築大社全神官層へと展開していった。その事例（各神官家の権益に関わるものに限定）を、各家ごとにまとめると以下の如くである（出典の数字は『大社町史　史料編』の文書番号）。

秋上氏（北島氏方・神魂社神主）

大永三年　神魂社相論を調停＝秋上孝国・孫四郎を保護（「秋上家文書」一〇五一・二・七）
享禄三年　秋上周防守に大庭内千家分北島分社得などを安堵（「秋上家文書」一〇七六）
（享禄四年）秋上大炊助に持分の大庭三社社役を安堵（「秋上家文書」一〇七七）
（天文二十年）秋上七郎に神魂・伊弉諾宮仕役等を安堵（「秋上家文書」一二四七）
（天文二十三年）秋上孝重に当知行・利銭利米の安堵（「秋上家文書」一二七八）
（永禄二年）秋上孝重に質券在所・銀山御供を徳政免除（「秋上家文書」一三九二・三・五）

富氏（北島氏一族）

天文七年　富左衛門大夫の富郷知行権を擁護（「富家文書」一一一四・五）
天文十三年　富又七に北島兵部大輔家督相続の安堵（「富家文書」一一七九）
天文十四年　富又七に阿吾郷内の安堵（「富家文書」一一八七）
永禄五年　富兵部大夫に当知行の安堵（「富家文書」一四四六）
　富兵部大夫・島河内守に杵築定連歌免林木橋爪名寄進（「富家文書」一四五二・三）
永禄九年以前　富千代菊に富兵部大夫一跡を安堵（「富家文書」一五七三）
　富兵部大夫に塩冶八幡宮神主職補任権を安堵（「富家文書」一六一二）
永禄十二年　富兵部大輔に大社領内当知行・定連歌免の安堵（「富家文書」一六九六〜九）

佐草氏（北島氏方上官）

天文九年（？）　佐草孫兵衛に知行分・社職等の安堵（「佐草家文書」一一二六）
天文二十一年　佐草・井田相論を調停＝佐草孫兵衛を保護（「佐草家文書」一二五四）
永禄八年以前　佐草扶持人上田氏の退転につき佐草氏を保護（「佐草家文書」一五六七）

市庭氏（北島氏方・佐草氏庶流）
（天文十一年）市庭泰政に阿式社神主職を安堵（「佐草家文書」一一三九・一一六三）
（永禄二年？）（義久が）高勝寺寿讃に阿式社領を安堵（「佐草家文書」一三八八）
（永禄三年）　杵築市庭田地相論を裁定＝市庭氏（寿讃）を保護（「佐草家文書」一四一六）
永禄五年　高勝寺寿讃に末社阿式社領分の安堵（「鳥屋尾家文書」一四七八）
永禄六年　高勝寺寿讃に杵築市庭氏本領を返付（「小野家文書」一四九八）

西氏（千家氏方上官・権検校・平岡氏）
天文十一年　西与四郎に目井浦を安堵（「日御碕神社文書」一一四〇）
永禄十三年　西彦三郎に当知行を安堵（「平岡家文書」一七三二）

竹下氏（北島氏方上官）
天文十二年　竹下助七郎に杵築領内の三年御子職を安堵（「竹下家文書」一一六五）

神門氏（大社大工）
天文十三年　（国久が）神門国清に塩冶郷内大工給室を安堵（「神門文書」一一八四）
永禄十二年　神門与三郎に大社大工職を安堵（「神門文書」一七〇四）

北島氏同名（北島氏一族）
天文十四年　樽千代に出西郷北島分の栖雲寺を安堵（「佐草家文書」一一八八）

島氏（千家氏方上官）
天文十七年　島氏に社官役・知行を安堵（要検討文書）（「島家文書」一二二三）
弘治～永禄三年　島河内守に杵築矢野山・屋敷田畠を安堵（「島家文書」一四〇一）
永禄五年　富兵部大夫・島河内守に杵築定連歌免林木橋爪名寄進（「富家文書」一四五三）

坪内氏（千家氏被官・御供宿経営者）

天文二十一年　坪内宗五郎に宛行約束、銀山屋敷安堵（「坪内家文書」一二六三・四）

天文二十二年　坪内宗五郎に林木荘内一名を宛行（「坪内家文書」一二六七）

弘治三年　坪内孫次郎に杵築相物親方職を安堵（「坪内家文書」一三六三）

永禄四年　坪内宗五郎に林木荘内一名を安堵（「坪内家文書」一四二九）

　坪内孫次郎に島津屋関通行を許可（「坪内家文書」一四三三）

永禄五年　坪内重吉に林木荘内当知行の安堵（「坪内家文書」一四六八）

永禄六年　坪内重吉に杵築・荒木・銀山の権益を宛行・安堵（「尼子家古記類」一五〇七）

永禄七年　坪内重吉に室・商人伯・杵築油伯の安堵・宛行（「坪内家文書」一五三四）

永禄十二年　坪内孫次郎に杵築商人相物小物諸役の安堵（「坪内家文書」一七一〇）

石塚氏（千家氏方）

天文二十三年　石塚五郎左衛門に湯立頭領を安堵（「国造千家所持之内古書類写」一二七七）

浄音寺（北島氏方）

永禄四年　浄音寺龍尊に佐木浦代官職を安堵（「北島家文書」一四四〇）

永禄十二年　浄音寺龍尊に当知行を安堵（「富家文書」一七二七）

吉田氏（御供宿経営者）

永禄十二年　吉田次郎兵衛に室二口を安堵（「国造千家所持之内古書類写」一七〇三）

　吉田彦四郎に室・御供宿等の安堵（「島根県立博物館所蔵文書」一七一一）

丹波屋（御供宿経営者）

永禄十二年　丹波屋彦兵衛尉に室を安堵（「千家家文書」一七一九）

以上のように尼子氏は、国造家一族・親類衆の有する上級神官職と知行分とを直接安堵し、国造家内部の相論を調停することによって、両国造家権力内部へ次第に権力を浸透させていった。さらに、国造家被官層以下の直接掌握は、都市杵築の発展を契機として天文年間末より実現し、御供宿経営者＝杵築商人＝都市杵築上層部（とりわけ坪内氏）を直接掌握していったことが知られる（次章参照）。

永禄五年の出雲国侵攻当初に、上官から人質を取って両国造家権力へ圧力をかけた毛利氏は、[20]以上のような尼子氏の政策を継承するのみならず、官途・受領を直接遣わすなど、国造家一族・親類衆の掌握をさらに徹底・強化している。また坪内氏に対して「杵築相物親方職」を安堵するとともに、坪内氏以外の国造家被官・御供宿経営者・杵築商人・都市杵築上層部（杉谷氏・高橋氏・上田氏・江角氏・平田屋氏など）をも次第に直接掌握していった（次章参照）。

以上のように、大名権力による両国造家権力の掌握は、社職・権益の安堵・宛行や相論調停によって、惣領、一族・親類衆、被官層以下を個別的に順次直接掌握していくことによって深められていった。大名権力による両国造家権力の掌握は、同時に既存の神官組織（国造・上官以下諸神官）を掌握し、祭祀機能を統制下に組み込んでいったことを意味している。これは、尼子氏が、杵築大社を新たな公的祭祀機関としてとらえ直していく過程の一環でもあった。ただし、これらがいずれも個別的掌握にとどまるのであるならば、惣領の変動が著しい両国造家権力全体を掌握することは困難であったと思われる。そのため特に重要な意味を持ったのが、長谷氏と佐草氏の掌握であったと考えられる。

2　長谷氏・佐草氏の掌握

戦国期の両国造家権力を考える際に、長谷氏（千家氏方上官）と佐草氏（北島氏方上官）に注目することは不可欠である。[21]

長谷氏は、暦応四年（一三四一）正月二十八日国造出雲清孝安堵状[22]に「長谷雲七郎房孝」を確認でき、南北朝初期までに出雲氏の庶子家として分出されていた可能性が高い。以後一貫して千家氏方に与した長谷氏が、上官として確認できるのは永正年間に入ってからであるが、特に注目されるのは、天文〜永禄年間における長谷信昌（大蔵丞・左衛門大夫）の機能である。それを示す事例を列挙すると、以下の如くである。

①天文十四年五月二十一日神門国清請文写（「千家所蔵古文書写」〈『大社』一一八九〉）
……千家氏に対する誓約状の宛名が「進上長谷殿」。

②天文二十四年八月二十日尼子氏奉行人連署書状（「島家文書」〈『大社』一二九九〉）
……「長谷殿」に対し、島氏へ納入の「才阿弥銭」や両国造へ納入の「御供銭」の催促・徴集を命じ、無沙汰人数の上申を島氏に命じるよう指示。

③永禄二年九月四日長谷信昌書状（「北島家文書」〈『大社』一三九一〉）
……北島氏方神官である富兵部大輔の千家氏に対する忠義を褒賞した書状形式の奉書。

④永禄四年三月晦日宇道六郎左衛門請文写（「千家所蔵古文書写」〈『大社』一四二八〉）
……宇道小井呑山の管理と大社への納木を誓約した宛名が「進上長谷殿」。

⑤永禄四年十一月二日上田久忠起請文写（「千家所蔵古文書写」〈『大社』一四三七〉）
……北島氏方から転じた際の千家氏に対する誓約状の宛名が「進上長谷殿」。

⑥永禄五年七月二十七日坪内重吉父子証状（「坪内家文書」〈『大社』一四五八〉）
……富田城へ籠城する際の千家氏に対する誓約状の宛名が「進上長谷殿」。

⑦（永禄八年）七月十二日西・長谷連署書状案写（「千家所蔵古文書写」〈『大社』一五五六〉）
……石見国一宮物部神社神主金子氏が神社再興のため杵築大社に懇望した「御神職之儀」について、千家氏が

了承した旨を伝えた書状形式の奉書。

⑧永禄八年八月十六日別火誠吉証状（「千家家文書」〈『大社』一五五九〉）

……千家氏への礼状の宛名が「長谷左衛門大夫殿」。

⑨永禄十年二月二十日毛利元就奉行人連署書状（「千家家文書」〈『大社』一六二七〉）

……千家氏に対して、寄進地への非分の課税を禁じた奉書の宛名が「長谷左衛門大夫殿」。

これらの史料によれば長谷氏は、大名権力（②⑨）、他国の神社（⑦）、北島氏方の人物（①③⑤）、上級神官（⑧）・千家氏被官（⑥）・在地勢力（④）などから、千家氏惣領家を代表する人物として認識され、また千家氏惣領の意を奉じた奉書を発給したことが知られる。天正十二年（一五八四）九月十三日に、長谷広佐が千家氏担当の神事を書き立てた「杵築大社年中行事目録」を国造千家義広「近習中」へ送っていることは[23]、長谷氏が、以前より千家氏担当神事の「久（旧）記」を所持し、国造千家氏全体の運営に精通した家であったことを裏づけている。戦国期においては東氏・西氏・中氏・長谷氏等上級神官の有力者が千家氏権力上層部「宿老中」「年寄中」[24]を構成していたと思われるが、長谷氏は中でも中心的存在であったと思われる。

佐草氏は、鎌倉末期より国造家と縁戚関係を持つ上官として、一貫して北島氏方に与した上級神官である。文明十四年に北島氏惣領となった稲岡塩太郎丸（のちの国造北島雅孝）の後見人波根続兼から「北嶋殿御親類御彼（マヽ）官中」に宛てて各知行分安堵を誓約した起請文が佐草家に伝来したこと[25]、佐草孝清が元亀二年二月二十八日北島久孝袖判同家臣連署売券[26]の奥に署判していること、同売券の文言「家之年寄」とは佐草孝清を指す可能性が高いことなどより、戦国期の佐草氏は国造北島氏権力を代表する立場にあったと考えられる。

従って長谷氏と佐草氏は、いずれも惣領と親類・被官との結節点に位置し、それぞれの国造家家臣団の代表者的役割を果たしている。両氏は、天文十九年の大社造営の棟上や別火相論において両国造の使者・名代として活動しているほか[(27)]、天文二十四年十月二十九日には長谷信昌と佐草孝清の両名が、末社神魂社の秋上長門守に対して同社遷宮に必要な「両国造道具」の書立てを遣わしている[(28)]。両氏がそれぞれの国造家を代表する立場から、相並んで杵築大社全体の運営にも関わったことを裏づけている。戦国期の長谷氏・佐草氏とは、出雲氏一族内部における国造家督や「上官職」の移動が激化する中で、各国造家権力を維持していくために不可欠の存在であり、惣領がいつ誰に交替しても対処できるよう、両国造家を実質的に担う存在であったと考えられるのである。

このことからは、戦国期大名権力が両国造家をより強固に掌握するために、とりわけ長谷氏・佐草氏の掌握が重要であった可能性を想定できる。

すでに事例を列挙したように、尼子氏は社職・諸権益の安堵や相論の調停などを通じて佐草氏を直接掌握しており、また長谷氏についても、天文七年九月五日千家氏親類・被官連署誓約状[(29)]に署判した「長谷久兼」の実名などは、尼子氏との結び付きを窺わせるものである。さらに毛利氏は、永禄六年六月二日に長谷信昌を左衛門大夫に任じ、同七年四月二十五日には佐草孝清を兵部少輔に任じており、出雲国侵攻後いち早く両氏を掌握したことが知られる[(30)]。永禄十二年の十二月二十四日尼子氏奉行人連署書状[(31)]において、佐草氏・長谷氏両名に宛て杵築大社領七浦からの「札銭」徴集を命じていることは、大名権力が両国造家を捉える際に、両氏の掌握が有効であったことを裏づけている。

さらに、戦国期において三月会の実際の執行者と言える「御供取次」「御供請取」役を務めた神官は、長谷氏・別火氏・佐草氏の三氏であり[(32)]、この役割に伴う佐草氏の地位は尼子氏から「大社奉行」と称されている[(33)]。天文二十一年～弘治二年の三月会執行をめぐる長谷氏・別火氏の相論は、尼子氏の法廷にまで持ち込まれている[(34)]。戦国期の大名権力は、これら三氏を直接個別に掌握し、三月会興行の統制を強めたと考えられるが[(35)]、「大社奉行」の呼称は、長谷氏・佐草氏が単に両国造家権力それぞれを代表する存在であるのみならず、それゆえに杵築大社全体の運営を担う存在であったこと、また大名権力もそれを重視していたことを示している。

以上のように、戦国期の大名権力は、両国造家の惣領、一族・親類衆、被官層以下とについて順次直接個別的に掌握し、とりわけ長谷氏・佐草氏を掌握することによって、杵築大社の領主権力としての側面を次第に統制下に組み込んでいったと考えられる。戦国期大名権力にこうした政策が可能であったのは、一つには守護京極氏権力とは異なり、独自な基盤を拡大させた尼子氏権力の強制力によると思われるが、同時に、国造職・家督をめぐるそれぞれの国造家内部の紛争、末社の自立化や「上官職」の移動の激化、本拠である都市杵築の経済的発展など、両国造家権力自体を揺るがす戦国期特有の状況が大きな要因であったと考えられる。

しかし、戦国期大名権力の対杵築大社政策は、このような両国造家権力の掌握によって完結するものではなかった。例えば、「大社奉行」の呼称などは、尼子氏が長谷氏・佐草氏の機能の一部を、杵築大社の新たな機関としてとらえ返していった可能性を窺わせている。戦国期大名権力による杵築大社の改編とは、国造家から独立した新たな諸機関を杵築大社内部に設置していくことであった。

三　杵築大社の改編

1　常置制「大社本願」の創設——造営事業の掌握と促進——

永正五年（一五〇八）の経久の発願によって開始された杵築大社の造営事業は、仏教色の導入に代表されるように、従来とは全く異なる画期的意味を持っていた。その一つが「大社本願」の出現である。

永正六年の「源春上人」を初見とする「大社本願」は、天文十九年（一五五〇）の「南海上人」以降常置制に移行し、以後七代百十二年間にわたり、杵築大社の中枢機関として機能したが、やがて国造・上官と対立し、寛文二年（一六六二）の江戸幕府裁許によって大社から追放された。[36]

永禄元年（一五五八）に尼子氏が発布した「於杵築法度之条々」[37]は、尼子氏が「大社本願」に担わせようとした機能を示すものとして注目される。関連する箇条を列挙すると、以下の如くである。

一、口論之事、両国造并本願令存知程之事候者、双方壱貫宛可出事、（八ヵ条目）

一、御神前御番之事、自身可相勉事勿論也（中略）自然歓楽等之故障候者、国造并本願江経案内可出別人事、（十ヵ条目）

一、右之科銭等、何茂本願請取之、御造営畢之巳後者、御蔵江納置、重而之御造営ニ可有採用事、（二十五ヵ条目）

ここからは、都市杵築における治安維持や日常的な神事の監督を、国造と同等な立場で「本願」に担わせようとしていたこと、「本願」の本来の機能と思われる造営費用の蒐集に加え、その恒常的な管理を行わせようとしたことを確認できる。天正八年（一五八〇）の大社造営のために毛利氏が賦課した「国次段銭」の徴集は、「本願坊」らによって行われているし[38]、天正十三年四月二十一日に毛利氏奉行人が発給した「大社就作事被仰付御法度事」[39]によれば、大社大工神門氏を従えて造営作事における直接の責任者・担当者として位置づけられている。尼子氏が創出した「本願」の職務は現実に機能したのであり、それは毛利氏によって継承されたと考えられる。

「大社本願」が重要であるのはその政治的位置づけの固有性にあり、その重要性は次第に拡大していったと考えられる。例えば、北島氏方上官竹下氏の不出仕という事態に対応する尼子氏から国造北島氏への指示は、「本願」を介して伝えられた。(40)永禄四〜九年頃の三月会については、「本願」が尼子義久に申請してこれを実施し、尼子氏からの指示を「頭人佐草」へ伝達している。(41)また、永禄八年に毛利元就が杵築大社において連歌万句を興行・奉納した際に、「大社本願坊」が大社側の窓口として元就に洗米を届けるなどしている。(42)さらに、永禄十二年の十一月八日大社本願周透書状は、(43)御供宿経営者（＝御師）吉田氏の権益を保護するよう尼子勝久に要請したものであり、元亀四年には有力商人の大和屋一族内部の紛争を調停するなど、(44)「本願」が都市杵築に対しても一定の政治力を持ったことが知られる。

天正八年の大社遷宮における「社奉行」は、そのような「本願」の機能拡充の延長線上に位置づけられる。天正八年十月七日国造千家義広条書は、(45)遷宮に必要な諸物資・担当者を四十六ヵ条にわたって書き立て、「社奉行」の願成寺宥光・高勝寺寿讃・本願文養に遣わしたものであるが、義広はその末尾において次のように記している。

右か条者、披旧記、各集評を以、為御神、被仰付候ハて不叶儀計記、進之候、惣別遷宮執行成就之儀式入目等之儀者、先例雖多々有之、令省略候、為御分別候、遷宮成就候者、於後日、先例、如注文、相残加条数、認置候而可進之候、為御心得委申候、猶此者含口上候、以上、

国造千家義広は、杵築大社遷宮が同月二十六日に執行されるのに際し、千家家に伝わる「旧記」の中から抜き書きし、遷宮終了後あらためて「旧記」全体を書き写して「社奉行」三名に渡すことを約している。この文書によって、従来国造によって執行されてきた杵築大社遷宮に関わる主要な機能が、千家氏の手から「社奉行」へ移行したことを確認できる。

「社奉行」の一人である高勝寺寿讃は、(46)佐草氏の庶流市庭氏の出身であること、杵築大社末社阿式社の神主や松林寺・所讃寺の住持を務めていたこと、元亀二年には北島氏の権力中枢部に参画していたこと、永禄年間初頭以来尼子

氏・毛利氏に直接結び付いて保護を受けるとともに、尼子氏とともに富田城へ籠城し、また大名権力側の使僧として活動したことなどが確認できる。(47) 高勝寺寿讃とは、北島氏権力内部に確固たる基盤を有しながら、早くから大名権力に直属する側面を色濃く有した人物である。

従って、天正八年の杵築大社遷宮に際して創設されたと思われる「社奉行」とは、「大社本願」を核とし、大名権力や国造家権力との連絡・調整機能を担う高勝寺寿讃らを配して構成されたものであり、大名権力毛利氏によって任命されたものである可能性が高い。天正八年におけるその機能は、遷宮の統括・実施という点に限られるし、慶長十四年の遷宮までに三名がいずれも死去したと考えられるので、この構成自体も結果的にこの時限りのものとなったが、遷宮の機能が国造家から独立した機関へと移行されていく様を如実に示している。

以上のように、戦国期の杵築大社は、大名権力によって設定された新たな機関（「大社本願」・遷宮「社奉行」）によって、国造家の機能が吸収されていく過程であったと考えられる。前章において述べたように、杵築大社の造営は、公的領域的支配権と密接に関わるものである。そもそも杵築大社の造営事業において「大社本願」の重要性が高まった直接の契機は、十五世紀後半期に守護京極氏による造営段銭徴集が停滞・停止し、その代替策として十穀勧進聖による造営費用の調達が行われたことにあった。戦国期の大名権力は、造営段銭徴集を行うのみならず、この新たな造営費用蒐集の担い手を積極的に擁護して構造化することにより、杵築大社の公的祭祀機関としての側面と自らの公的領域的支配権を強化していこうとしたと考えられる。

2　別火氏の掌握

別火氏（財氏）は、宝治元年（一二四七）十月杵築大社神官等解状(48)の署判者「別火散位財吉末」を初見とする杵築大社神官であるが、国造出雲氏一族ではなく、しかも中世を一貫して固有の機能を果たし続けた家である。その機能とは、遷宮の際神体の通る道を清める「延道役」と、本殿や宝殿の鍵の管理・開閉を独占的に担う「鎰役」である。建長元年（一二四九）六月杵築大社造宮所注進状(49)によれば、宝治二年十月二十七日の杵築大社遷宮に際し「別火吉末以大奴佐於清延道行」くとあり、戦国期の史料に散見する「延道」「塩道」「御幣縁道」(50)とは、仮殿から正殿に至る道を大幣（＝「大奴佐」）を以て祓い清める役目であったことが知られる。

また同注進状によれば、これに先立ち「御抜戸（中略）別火解除申天御仮殿帰参」すとあり、神体を安置する正殿の戸を祓い清める役目を務めている。例えば天正九年（一五八一）に、別火祐吉が「大社へ自前々御祈念神物社納之時者、宝殿之鎰預リ申、従国造随案内、御戸開申候段、自前代別火役候」と述べ、毛利氏もこれを全面的に支持しているように(51)、「抜戸」の「解除」とは、おそらく大社正殿・宝殿の鍵（鎰）の独占的管理権に直結する儀式であったと推測される。別火氏の「財」という姓も、これにちなむものであった可能性が高く、同氏の史料上の初見以来一貫した機能であったと思われる。

戦国期の史料からは、別火氏がこれら以外にも広範な独自な機能を果たしたことが知られ、遷宮の際の「杵役」「御鉾」「御弓」(52)のほか、三月会「二番饗」の「御供取次」役を務めている。別火氏が古くから三月会について主導的役割を担っていたことは、かつての在国司朝山家伝来の「きうき（旧記）」において、すでに別火氏が「解除饗」の「奉行」を務めると記されていること(53)から明らかである。

これらの事実は、中世杵築大社の運営上において別火氏の担った役割がいかに大きなものであったかを示しており、永正年間と天文年間に上官別火氏の帰属をめぐって千家・北島両国造家が相論を引き起こしていることも(54)、それを明確に裏づける事実と言える。

すでに前章において述べたように、鎌倉末期以降の国造家は、杵築大社の神官組織を国造家権力内部に取り込んでいく志向性を示しており、その実現が最も困難であった別火氏についても、十六世紀初頭には千家氏が「別火職」任免権を掌握していたことを確認できる。[55]

尼子氏は、永正十六年と天文十九年に、別火氏の帰属をめぐる両国造家の相論について、千家氏方上官とする旨の裁決を下している。[56] しかし、例えば永禄元年六月杵築法度の二十四ヵ条目には、[57]「年中御供之員数、翌年之正月為礼儀富田へ使者差越候時、従両国造并別火所、写引付可越事」と記されており、尼子氏の御供に関して両国造家と別火氏は、それぞれ独立した機能を果したことが知られる。さらに、毛利氏が出雲国へ侵攻した直後の永禄五年十二月五日別火氏宛ての小倉元悦書状によれば、[58]「貴所御愁訴之儀、両国造御使者之前にて申渡候」とあって、別火氏が主体的に毛利氏に直接結び付いて、両国造家からの自立性を強めようとする姿勢を示している。そして、天正九年には別火祐吉が、毛利輝元から「別火職」を直接安堵され、別火氏とその固有の機能のほとんどが毛利氏によって直接掌握されていたことを窺える。また、祐吉は、天正三年には吉川元春の加冠を受けており、同十六年には毛利元康から式部大輔に任じられている。[59] 天正年間初頭の別火氏は、なお千家氏方「上官」としての立場を残存させているが、同氏固有の機能を具現する「別火職」(「延道役」「鎰役」)の任免権は、すでに国造家から大名権力へと移行していたのである。

上級神官の諸職が戦国期大名権力によって直接安堵・補任され始めたことは、別火氏にのみ限られることではない。しかし、出自が出雲氏一族ではなく、しかも杵築大社運営上不可欠な独自の機能を果たす別火氏が、次第に大名権力との直接的結び付きを強めたことは、「大社本願」「社奉行」創設とも連動し、大名権力による大社改編策の重要な一環であったと推測される。

以上本節においては、戦国期大名権力が杵築大社を改編し、自らの公的領域的支配権を形成・強化していった政策について述べてきた。「大社本願」「社奉行」は、大名権力が新たに設定した国造家から独立した機関であり、大名権力との直接的結び付きを有する人物によって構成され、大社造営遷宮・日常的神事に主導的役割を演じる存在であった。また、元来国造からの自立的性格を有する別火氏は大名権力によって直接掌握されていくが、やはり国造家から独立した機能を果たす存在であった。このようにして、杵築大社は、戦国期大名権力によって新たな公的祭祀機関へと改編されていったと考えられる。

四　近世初期の杵築大社

1　両国造家権力の縮小

天正十九年（一五九一）、毛利氏は惣国検地に基づいて、千家氏・北島氏所領を各一〇〇〇石、千家分諸祭田を一七八石五斗、北島分諸祭田を一二八石二斗五升に定めた。(60)これらの石高は、従来の両国造家所領が大幅に削減された結(61)果のものであるとされている。(62)

文禄四年（一五九五）九月二十一日に国造千家義広が毛利氏検地奉行に指出した「国造千家領分付立之事」(63)によれば、この段階における千家氏の所領・諸祭田は、合計一一二〇石五斗五升二合であり、しかもそれらは杵築村・千家村・高浜郷にのみ所在する権益であった。国造千家氏は、かつての大社領十二郷の一部分しか確保できていない。また、慶長九年（一六〇四）十月六日に堀尾氏家臣が連署して杵築大社へ遣わした「杵築御神領目録之事」(64)によれば、千家氏・北島氏各一〇〇〇石の所領を含む、合計二四六九石七斗五升の神領が、「杵築宮廻」と千家村・北島村・富村・荒木村・知伊富村・佐木浦にしか存在していないことを確認できる。

これらの事実は、天正十九年の杵築大社領の削減幅が大きく、削減以前の石高を記した「大社領両国造裁判之内拾弐郷」(65)の数字も事実を反映したものである可能性を窺わせている。しかも、両国造家所領二〇〇〇石の中には、長谷氏・佐草氏・別火氏等を除く大部分の大社神官（上官・神子・神人）の得分が含まれている。

両国造家の経済的基盤が一挙に削減されたことにより、杵築大社の領主権力としての側面（両国造家権力）は大幅に規制されたと考えられる。

2　本願・別火氏・長谷氏・佐草氏による杵築大社の運営

毛利氏惣国検地後（天正年間末から慶長年間初頭）の状況を示す「八箇国御時代分限帳」(66)によれば、千家氏と北島氏以外にも、上官赤塚氏（一二石余）・上官長谷氏（五石余）・上官佐草氏（三一石余）・寿三（約一〇石）・本願（約五〇石）・別火（約五九石）・末社佐木宮（約二四石）が、毛利氏から直接所領を遣わされていたことが知られる。ここで特に注目されることは、第二節・第三節に取り上げた長谷氏・佐草氏・高勝寺寿讃・大社本願・別火氏が、いずれも確認できることである。

堀尾氏が入部した直後の慶長六年のものと思われる年未詳正月二十四日堀尾氏家臣連署「大社置目之事」（「別火家文書」）は、大社本願泉養と別火祐吉の両名に宛てて、惣地下中の務める毎月掃除の励行と牛馬の侵入禁止、及び「御神前御番」の励行とを命じたものである。また、慶長十年十一月二十五日の大久保長安条書（「出雲大社文書」）によれば、大社造営に関する指示を書き記した五ヵ条について「万本願江申渡候」と述べられており、慶長の造営に際して大社本願が幕府と杵築大社をつなぐ役割を果たしたことがわかる。ここからは、大社本願と別火氏がそれぞれ戦国期以来の機能を引き続き担っていたこと、堀尾氏も尼子氏・毛利氏と同様に直接本願・別火を捉え、本願・別火は国造を介さずに大社全体の運営に携わっていることが知られる。(67)

寛永三年（一六二六）十二月に藩主堀尾忠晴から両国造に宛てた「杵築諸法度」（「出雲大社文書」）の最後の箇条には、次のように記されている。

本願・別火為両家之仲人、長谷・佐草為両家之社奉行之上者、制法違背之事在之付而ハ、互相招、令談合、無親疎之嫌、加意見、可有議定、於無同心者可有注進也、（中略）緩ニ致沙汰者、長谷・佐草・本願・別火可為越度事、

ここからは、堀尾氏が、本願・別火を両国造家の「仲人」と位置づけ、長谷氏・佐草氏を「両家之社奉行」と称し、杵築大社の中枢部を構成させて「制法」の遵守と違反者の処分とを委ねていたことを確認できる。高勝寺寿讃が毛利氏領国下の慶長年間初頭に死去した可能性が高いことを勘案すれば(68)、このような堀尾氏の杵築大社支配体制は、戦国期大名権力による両国造家掌握・大社改編策を継承し発展させたものであったと考えられる。「両家之社奉行」とは、かつて尼子氏が佐草氏を「大社奉行」と称したことにまさしく対応している。

杵築大社領御書立并御法度書・御判形両通、慥請取申候、再々被仰渡候通承届候、向後　御式目之旨違背無之様、両国造江可申聞候、若御式目之旨相背、企新儀非分之儀申者御座候者、此四人何様ニも相澄可申候、不及分別儀者、致言上可得御意候、為其、仍如件、

寛永十五年十二月六日　本願　判
長谷　判
別火　判

御奉行衆中　　　　　　　　　　　　　　　　　　佐草　判

この史料（「別火家文書」）は、松平直政が松江藩主として入部した際に、差出人四名が松平氏に宛てた誓約状である。文中の「御法度」「御式目」は、同日付けで直政が発布した「杵築諸法度」を指しており、これは堀尾忠晴のものとほぼ同文である。ここからは、これらの四名が大名法令「御式目」の遵守と違反者の処分とを担っていること、大名からの「社領御書立」「御法度」がこれら四名に遣わされ、両国造へはこれら四名から「申聞」かせられたことが知られる。従って、松平氏もまた、堀尾氏支配下の体制を継承していたことを確認できる。この体制は、寛文二年に大社本願が排除されるまでの間、近世初期の杵築大社を特徴づけるものであった。

以上のように、近世初期の杵築大社中枢部の構成は、戦国期大名権力による両国造家掌握策・杵築大社改編策をそのまま反映したものであり、ある意味ではその到達点を示すものである。それは、大名権力が両国造家の権益と権限を圧迫し、杵築大社の公的性格を強めていく過程であったと言える。そして、十五世紀末に至るまでの杵築大社の歴史的展開を大きく方向転換させ、杵築大社を新たな公的祭祀機関として再編していった道筋は、尼子氏によって生み出されたものと考えられる。

おわりに

以上述べてきたことを、整理しておきたい。

「守護公権」の吸収・継承は、尼子氏による独自な公的領域的支配実現のために、論理的裏づけの重要な一環をなしたと推測されるが、十五世紀末における守護京極氏の実態を踏まえるならば、尼子氏が正当性の論理として「守護公権」を持ち出すためには、「守護公権」を自力で再生する必要があったと考えられる。三月会の復活、三月会頭役の徴集、造営段銭の徴集などは、尼子氏が旧体制の復活を図ったものであり、「守護公権」を行使しうる存在であることを標榜するために欠くことのできないものであったと考えられる。その旧体制とは、当然のことながら「中世出雲国一宮制」と不可分であり、「守護公権」の再生とは即ち「中世出雲国一宮制」の復活でもあった。しかし、尼子氏主導によって復活した「中世出雲国一宮制」は、それゆえに相対的に形骸化しており、その持つ意味も限定されたものとなっていった可能性が高い。すなわち、尼子氏にとって「守護公権」の継承はあくまでも一つの論拠にすぎず、新たな独自な公的領域的支配権の確立を模索せざるをえなかったと推測される。杵築大社の掌握と改編は、その一環であったと考えられる。

まず第一に、両国造家の惣領、一族・親類衆、被官層以下とについて順次直接個別的に掌握し、とりわけ長谷氏・佐草氏を掌握することによって、杵築大社の領主権力としての側面を統制下に組み込んでいった。さらに、「大社本願」の出現・常置化、天正八年遷宮「社奉行」の設置、「延道役」「鎰役」を務める別火氏の掌握などを通じ、国造家から独立した新たな諸機関を杵築大社内部に設置していった。それらの機関が造営・遷宮・三月会・宝殿管理・日常的神事監督など、それなくしては杵築大社の祭祀運営が不可能なきわめて重要な機能を担わされたことにより、国造家の権限は大きく制約され、杵築大社は公的性格を強めることとなった。これは、鰐淵寺内部への直接的介入、神魂社・日御崎社の自立化の擁護(69)とともに、一貫した尼子氏の政策基調を示すものと言える。

もちろん、国造が杵築大社の中心であったこと、また最大の経済基盤を有したことは各時期に共通しているが、大名権力によって改編された戦国期の杵築大社は、神官組織と祭祀機能がほとんど両国造家権力に包摂されていた十五世紀末の状況とは、全く対照的である。尼子経久の登場は、杵築大社の歴史の流れを明らかに方向転換させた契機である。

尼子経久の杵築大社造営は、自らの正当性を裏づける論理的基盤の構築を目指したものであるが、それは既存の秩序（＝「中世出雲国一宮制」を支えていた政治秩序）の護持者であることを謳いながら、同時に既存の権力（＝守護権力）とは異質であることをも「宣言」する巧妙なものであったと考えられる。造営事業・三月会において儀式内容を復活・継承する傍ら、「大社本願」を軸とする新たな造営費用調達方法を積極的に取り入れ、やがて鐘楼・大日堂・三重塔・輪蔵などの建立によって杵築大社を仏教色に染め上げるとともに、経久の発願により、出雲国を代表する密教寺院であった鰐淵寺・清水寺（能義郡）・岩屋寺（仁多郡）・興法寺（神門郡）を座頭とする一万部法華経読誦会が、杵築の浜の新設経所において大々的に執り行われたことなどは、(70)旧来とは異なる新たな領域支配者としての姿を鮮明に打ち出そうとする意識的な演出であったと推測される。国造家権力の杵築大社独占化傾向を止め、逆に国造の機能を縮小して杵築大社を公的祭祀機関として再生させていった戦国期大名権力の一貫した政策は、紛れもなく尼子経久を出発点としている。

そのような観点から見て、尼子経久が子息興久に塩冶氏を継承させたこと（第一編第二章）は、やはりきわめて重要である。これは、十五世紀末に形成された出雲国西部の自立的地域秩序を統制下に組み込んだことを意味しており、これによって杵築大社を掌握・改編していく実現可能性が飛躍的に拡大した。そして、塩冶氏の討滅、三沢氏の圧迫などを通じ、尼子氏の「権力」が拡大していくこと（第一編第一章参照）により、経久が意図した「守護公権」の再生や新たな正当性の論拠の構築は、はじめて内実を伴うものへと展開し、段階的に順次強化されたと推測される。

杵築大社の掌握・改編とは、大名権力にとって単なる抽象的な権威の獲得や、一神社の機構改革にとどまるものではなく、公的領域的支配権を行使しうる条件を拡大していく最も効果的な手段の一つであったと考えられる。それは、一つには本章において述べてきたように、杵築大社が、国衙・守護との相互補完関係に立脚した公的祭祀機関「一宮」としてではなく、戦国期大名権力特有のイデオロギー支配の拠点として再び公的性格を強めたことによっているが、より以上に重要なもう一つの点は、国造家被官層からなる都市杵築の上層部（御供宿経営者）が大名権力によって直接掌握されていったことである。御供宿経営者（御師）の台頭そのものが、十五世紀末に至る杵築大社の変質に対応して出現した戦国期を特徴づける現象であるが、それは造営段銭と頭役勤仕を軸とするものよりも、さらに踏み込んだ形で杵築大社と地域社会とが結び付く可能性を示している。そして、「御供宿」経営者の広域的な活動を大名権力が保障し、やがて個別に掌握していったことは、大名権力が支配領域内の諸地域社会に対して、直接的に介入しうる契機となった可能性が高い。次章では、このような問題関心から都市杵築に焦点を絞って検討したい。

註

（1）　永正五年の十月二十一日京極宗済書状案（「佐々木文書」四）、永正五年十月二十五日京極宗済譲状案（同上）。

（2）　永正十一年六月二十八日平浜八幡宮古棟札写（「平浜八幡宮文書」〈『八束郡誌文書篇』四〇頁〉）。なお、やや後の記述ではあるが、某覚書（「中川四郎氏所蔵文書」）によれば、永正十二年に「治部少輔殿御れう人（故京極材宗の室か）」は「八わた（八幡＝平浜八幡宮の所在地）」に居住していたことが知られる。材宗は政経の子息であり、その室とは吉童子丸の母である可能性が高い。この覚書において「御屋形」は「経久」と区別して記されている。また、永正十七年の杵築大社旧記断簡（「千家家文書」〈『大社』一〇三六〉）においても「屋形」と「伊与殿（経久）」は区別されている。

（3）　宍道氏は、尼子氏と同じく京極高秀の子息を祖とする京極氏一族であるとともに、幕府外様衆に位置づけられる存在であった。また、応仁二年頃には「宍道九郎」が一国支配権を代行するとの風聞が流れたことが知られる。尼子氏が婚姻関係を通じて宍道氏との結び付きを重視したことは、このような同氏の歴史的性格に拠っている（『宍道町史　史料編』〈一九九九年〉を参照）。多賀氏は、京極氏の重臣であり、幕府の侍所所司代を務めたこともある家である。永正五年に京極政経から京極家代々証文を預けられたのは、尼子経久と多賀伊豆守であった。尼子誠久（国久の嫡男）と出雲多賀氏息女との婚姻は、尼子氏が多賀氏との結び付きを重視したことの表れと推測される。

（4）天文二十一年六月二十八日室町幕府奉行人連署奉書（「佐々木文書」）によれば、同年四月二日、尼子晴久は足利義藤より「任惣領割分之旨」せて「出雲・隠岐両国守護職」に任じられた。「惣領割分」とは、京極氏から尼子氏への割譲分を安堵するという形がとられたことを窺わせている。わざわざこのような形をとっていることからすれば、少なくとも幕府は、両国守護職について、これ以前に将軍が経久や晴久に補任したものではない、と位置づけていたことが知られる。しかし、「大館常興書札抄」に「雲州守護」とあるように、早くから幕府内部においても、経久は出雲国の「守護」の職務を果たす存在と認識されていたようであり、正式な補任がないから、正式な「守護」ではない、とも言いきれない。

ただし、室町幕府が尼子氏の出雲国・隠岐国・石見国東三郡・伯耆国西三郡における実質的支配権を公認したものとして注目されてきている大永四年四月十九日日御崎社修造勧進簿（「日御碕神社文書」〈『大社』一〇六〇〉）については、署判は一年前に死去した前将軍足利義稙のものであり、少なくとも当時の将軍足利義晴政権によって公認されたものではない。

傍証にしかならないが、管見の限り、尼子氏当主が「御屋形様」と称されたのは、天文二十一年九月二十六日多賀久幸書状（「佐草家文書」〈『大社』一二五六、ただし月を五月と読み誤っている〉）が初見である。ちなみに、経久が「御屋形様」と称された例は確認できていない。前掲註（2）参照。

（5）永正十六年四月十五日杵築大社社頭定条々（「千家家文書」〈『大社』一〇二九〉）。

（6）大永二年六月二日杵築大社三月会三頭神物注文（「千家家文書」〈『大社』一〇四六〉）。同様のものが京極氏から尼子氏には伝えられていなかったことを窺え、京極氏権力と尼子氏権力との差異を窺わせる事実として興味深い。

（7）「佐草家文書」（『大社』一四四四）。この史料の中には、「御三月会之御番帳ニ御前帳之内無□在所之事」として五二町余の在所を書き立てた項目が見られ、鎌倉期以来のものと思われる「御番帳」（おそらく文永八年十一月関東御教書〈「千家家文書」『大社』二八四〉）と、「御前帳」（尼子氏の「御前」を意味するものと推測される）との二つの帳面が存在したことを確認できる。このことは尼子氏が、頭役結番体制の再編を試みたことを窺わせている。

（8）永正年間大社造営・遷宮次第（「千家家文書」〈『大社』一〇三〇〉）。

（9）天正十一年三月二十一日秋上良忠神魂社造営覚書断簡（「秋上家文書」〈『大社』二〇四八〉）に、天文二十四年の尼子氏による神

魂社造営の「国反銭」について、大庭保は「守護不入」であるので「伊奘諾御造営・杵築御造営、其外屋形反銭国中へあたり候へ共、一銭も不成候」と記している。

(10) 二月十五日毛利輝元袖判林就長奉書（「朝山家文書」〈『大社』一九九〇〉）、三月八日毛利輝元書状写（『萩藩閥閲録』巻四一〈渡辺源四郎〉）。

(11) 前掲註(9)史料。ただし、この「屋形反銭」という呼称が尼子氏取得段銭を意味するのは、天文二十一年の晴久の「守護職」補任以降と推測される。前掲註(4)参照。この権限がいつどのようにして尼子氏に掌握されたか明らかでないが、当初の尼子氏は「屋形(＝京極氏)」の財政収入を擁護する立場で、この権限を復活させた可能性がある。永正十七年の大庭伊奘諾社神体修造について記した杵築大社旧記断簡（「千家家文書」〈『大社』一〇三六〉）によれば、両国造から毎年「屋形」へ納めるはずの「御礼銭」「屋形銭」を復活させたのは、経久の差し金であった可能性が高い。

(12) 多賀氏の追放については、享禄三年五月一日尼子経久宛行状写（「三刀屋文書」〈『三刀屋氏とその城跡』〉）、一次史料ではないが某覚書（「毛利家文庫・遠用物」）、尼子家破次第（『毛利家文書』一五六八）による。宍道氏については、『宍道町史　史料編』（一九九九年）を参照。尼子氏の八ヶ国守護職補任は、天文二十一年四月二日足利義藤袖判御教書（「佐々木文書」）、天文二十一年六月二十八日室町幕府奉行人連署奉書（同上）によるものである。

(13) 弘治四年六月十四日尼子氏奉行人連署書状（「坪内家文書」〈『大社』一三七七〉）、永禄五年三月一日尼子義久袖判奉行人連署奉書（「中川四郎氏所蔵文書」、『萩藩閥閲録』巻三七〈中川与右衛門〉にも収載）。

(14) 永禄六年五月二十九日尼子義久袖判奉行人連署奉書（「日御碕神社文書」〈『大社』一五〇五〉）、永禄十二年十月十九日尼子勝久寄進状（「北島家文書」「出雲大社文書」〈『大社』一七〇五・一七〇六〉）、同年十一月三日中誠信・北島重孝連署書状写（「坪内家文書」〈『大社』一七〇九〉）。ただし、いずれも緊迫した軍事情勢下において、御崎社や杵築大社に対して尼子氏が「寄進」した権益の呼称であって、前代以来引き継がれてきた「守護不入」権ではなかった可能性が高い。尼子氏関係史料には、管見の限りこの宇龍浦と杵築の事例以外「守護不入」と明記されたものは見られない。

(15) 「千家家文書」（『大社』一〇三〇）、「佐草家文書」（『大社』一二三一）など。

(16) 永正十五年十一月十日尼子経久書状（「鰐淵寺文書」〈『大社』一〇二六〉）、永禄三年九月中井綱家寄進状（「秋上家文書」〈『大社』一四一三〉）。なお、直江郷・国富郷が室町期以来の守護不入地であったこと、尼子氏滅亡後の毛利氏支配下においてもその原則が守られていたことは、永享十年三月十一日足利義教御教書（「鰐淵寺文書」〈『大社』六九八〉）、永禄十三年七月二十八日毛利元就・同輝元袖判鰐淵寺掟書（「同」〈『大社』一七五一〉）。大庭保については、大庭保覚書（「秋上家文書」〈『大社』一九七八〉）など。

(17) 国造千家氏については、具体的な事実を確認できないが、系図（米原正義『出雲尼子一族』〈一九八一年〉所収系図など）によれば、尼子経久の別の息女は国造千家氏の室であったと記されている。

(18) 永正十八年四月二十二日北島雅孝書状（「秋上家文書」〈『大社』一〇四三〉）。

(19) 雅孝は、大永四年に室の「いとう御うへ」に宛てた国造職・諸権益一円の譲状を作成し、実子なき場合の相続者決定権を「いとう御上」に委ねている（「北島家文書」〈『大社』一〇五九〉）。天文十二年には、そのことが尼子晴久によって再度確認されている（「秋上家文書」〈『大社』一一六一〉）。雅孝は実際には天文十八年（一五四九）まで北島氏惣領・国造であったので、譲状がそのまま履行されたわけではない。

(20) 九月十八日毛利元就書状写（「国造千家所持之内古書類写」〈『大社』一四七三〉）。永禄七年十月朔日佐草孝清宛行状（「森脇家文書」〈『大社』一五三五〉）。毛利元就は、出雲国侵攻直後から杵築大社神官を人質に取り、千家義広から上官が欠けると神事に支障をきたすとの訴えがあったことを確認できる。

(21) 長谷氏・佐草氏についての概略は、井上寛司「中世杵築大社の上官」（『大社町史研究紀要』2、一九八七年）、山崎裕二「解説 佐草家と佐草家文書について」（八鹿町教育委員会『名草神社三重塔と出雲大社』）において、すでに紹介されている。

(22) 「長谷家文書」（『大社』四三四）。

(23) 「千家所蔵古文書写」（『大社』二〇九二）。

(24) 永禄六年の六月七日毛利元就袖判毛利氏家臣連署奉書（「千家家文書」〈『大社』一五一〇〉）。

(25) 文明十四年五月二十九日波根続兼起請文（「佐草家文書」〈『大社』八七二〉）。

(26) 「藤間家文書」（『大社』一八〇二）。

(27) 天文十九年九月二十八日千家慶勝杵築大社造営遷宮次第（「千家家文書」〈『大社』一二三一〉）。

(28) 神魂社遷宮入目注文案（「秋上家文書」〈『大社』一三〇一〉）。

(29) 「千家所蔵古文書写」。

(30)「上官卜証跡」(『大社』一五〇八)、「佐草家文書」(『大社』一五二九)。
(31)「北島家文書」(『大社』一七二四)。
(32)弘治二年二月二十日長谷信昌・別火誠吉・佐草孝清連判誓約状(「佐草家文書」「別火家文書」〈『大社』一三〇七〉)。「御供取次」が頭役人による「御供」の取次ぎを行うものであることは、年未詳二月二日付けで佐草氏に宛てた国司元武書状(「佐草家文書」)に、「御頭人之事、貴所御取次之由、尤可然候」とあることから確認できる。「御供取次」役の別火氏・長谷氏・佐草氏は、頭役人の宿舎の手配などをも担っていたと思われる。
(33)弘治四年三月二日多賀久幸大社三月会三番饗銭注文案(「佐草家文書」〈『大社』一三七六〉)。
(34)天文二十三年の二月二十五日尼子氏奉行人書状(「別火家文書」〈『大社』一二七一・二〉)、弘治二年の二月二十六日多賀久幸書状(「佐草家文書」〈『大社』一三〇八〉)。
(35)このことは、永禄十年二月十七日毛利元就家臣連署書状(「佐草家文書」〈『大社』一六二五〉)において、三氏に対して「大社御三月会入目之事、従両国造請取可被相調候、自然従国造殿不相渡候者、御祭延引不苦候」と述べて、国造家へ圧力をかけていることからも窺うことができる。
(36)山崎裕二「杵築大社の本願」(『大社町史研究紀要』3　一九八八年)。
(37)「千家家文書」(『大社』一三七八)。
(38)二月十五日毛利輝元袖判林就長奉書(「朝山家文書」〈『大社』一九九〇〉)。
(39)「佐草家文書」(『大社』二二一九)。
(40)六月二十三日立原幸隆書状(「富家文書」〈『大社』一五九七〉)。
(41)二月晦日尼子義久書状写(「佐草家文書」〈『大社』一五七八〉)。
(42)四月二十日毛利元就書状写(「毛利氏四代実録考証論断」所引「福井家什書」〈『大社』一五四六〉)。
(43)「坪内家文書」(『大社』一七一三)。
(44)元亀四年六月二日大和屋新三郎書状(「岡垣家文書」〈『大社』一八七七〉)。
(45)天正八年十月七日千家義広杵築大社遷宮儀式入目次第(「佐草家文書」〈『大社』二〇〇四〉)。
(46)高勝寺寿讃については、『大社町史　上巻』(一九九一年)七五八頁参照。ただし、日御崎社本願に就任していたとされている点は、根拠が不明である。

(47) 十月十二日尼子晴久書状（「日御碕神社文書」〈『大社』一四一六〉）、三月二十四日尼子氏奉行人連署書状（「日御碕神社文書」〈『大社』一四四八〉）、永禄五年九月二十六日尼子義久安堵状写（「鳥屋尾家文書」〈『大社』一四七八〉）、永禄六年三月二十八日尼子義久袖判奉行人連署奉書（「小野家文書」〈『大社』一四九八〉）、元亀二年二月二十八日北島久孝袖判売券状（「藤間家文書」〈『大社』一八〇二〉）、元亀三年二月三日毛利輝元安堵状（「佐草家文書」〈『大社』一八三一〉）。

(48) 「鰐淵寺文書」（『大社』一二三三）。

(49) 「北島家文書」（『大社』一二三八）。

(50) 天文十九年九月杵築大社造営遷宮次第（「佐草家文書」〈『大社』一二三二・三〉）など。

(51) 七月六日吉川元春書状（「別火家文書」〈『大社』二〇二二〉）。

(52) 前掲註(51)史料、天文二十四年十一月二十九日阿式宮遷宮儀式注文（「佐草家文書」〈『大社』一三〇五〉）。

(53) 大永二年六月二日杵築大社三月会三頭神物注文（「千家家文書」〈『大社』一〇四六〉）。

(54) 永正十六年四月晦日杵築大社造営遷宮次第（「千家家文書」〈『大社』一〇三〇〉）、天文十九年九月二十八日杵築大社造営遷宮次第（「千家家文書」〈『大社』一二三一〉）による。

(55) 永正二年五月二十一日別火俊吉誓約状（「千家家文書」〈『大社』九七四〉）。

(56) 永正十六年七月十三日亀井秀綱書状（「千家家文書」〈『大社』一〇三三〉）、天文十九年九月二十八日杵築大社造営遷宮次第（同上〈『大社』一二三一〉）。

(57) 「千家家文書」（『大社』一三七八）。

(58) 「別火家文書」（『大社』一四八七）。

(59) 「別火家文書」（『大社』一九〇〇・二二三〇）。

(60) 天正十九年十二月八日毛利氏奉行人連署打渡状（「千家家文書」「北島家文書」〈『大社』二三〇五・六〉）。

(61) 毛利氏惣国検地の結果算出された石高を示すと言われる「大社領両国造裁判之内拾弐郷」（「佐草家文書」〈『大社』二三二一〉）によれば、「五千四百五拾石四斗四升弐合」という数字が計上されている。同様の性格を持つ杵築大社領石辻資材帳写・杵築大社領書立写（「千家所蔵古文書写」〈『大社』二三二四・五〉）、杵築大社領石辻書立写（「佐草家文書」〈『大社』二三二三〉）なども、ほぼ同じ石高が計上されている。

(62)　山崎裕二「近世初頭の杵築大社領について」(『大社町史研究紀要』2　一九八七年)。

(63)　「千家家文書」(『大社』二四二七)。

(64)　「北島家文書」(『出雲国造家文書』一七〇号)。

(65)　前掲註(61)所引史料。

(66)　岸浩編『資料毛利氏八箇国御時代分限帳』。

(67)　この内の別火氏については、慶長九年、その帰属をめぐる相論が再び引き起こされ、堀尾氏の裁定により、別火祐吉（北島氏方）とその嫡子別火広吉（千家氏方）との二つの「別火職」にわかれ、「両別火」が併存する形をとったが、このことは国造家が別火氏を掌握しようとする志向性をなお有していたことを裏づけている。ただし、その後の史料をみる限りこの体制は定着していない。慶長九年十月二十一日別火祐吉書状（「千家所蔵古文書写」）、慶長九年十二月九日別火広吉誓約状（「千家家文書」）などによる。

(68)　十二月十六日国司元蔵書状（「北島家文書」〈『大社』二四八二〉）。

(69)　『大社町史　上巻』六六七～六八三頁、井上寛司「尼子氏の宗教政策――出雲国一宮制の解体過程との関係を中心に――」（藤岡大拙編『尼子氏の総合的研究』一九九二年）。ただし、杵築大社と日御崎社の地位が、晴久の時代に逆転したとされる点については、その根拠である「宇龍を中心とする流通経済構造の再編」が、都市杵築を凌駕するほどの重みを持ったとは考えられない（次章参照）ので、疑問である。

(70)　岩屋寺旧蔵「岩屋寺快円日記」（横田町コミュニティーセンター所蔵写真版）の、大永二年の記事など。『大社町史　上巻』六七八～六八三頁。井上寛司「尼子氏の宗教政策――出雲国一宮制の解体過程との関係を中心に――」（藤岡大拙編『尼子氏の総合的研究　その一』一九九一年）を参照。

第三章　中世都市杵築の発展と大名権力

――十六世紀における西日本海水運と地域社会の構造転換――

はじめに

永正・大永年間の尼子経久が、新たな領域支配者であることを主張する政策を次々と打ち出したことはきわめて重要な意味を持っている。しかし、尼子氏がこれらの「宣言」や「演出」のみによって領域内個々の諸地域社会に直接関わることは、ほとんど不可能であったと考えられる。問題となるのは、尼子氏がこのきわめて困難な課題を克服する手段を何に求めたかという点である。本章においては、その手がかりとして中世都市杵築を取り上げる。

都市が重要であるのは、それの持つ複数の中心機能が様々な形で地域社会と深く結び付いていた点にある。とりわけ注目されるのは、戦国期の政治・社会状況を大きく規定したと考えられる東アジア海域の経済変動である。都市杵築を検討対象とするのは、その宗教的中心機能の深化と、西日本海水運の構造転換に伴う経済的中心機能の拡大が、周辺部地域社会に及ぼした影響を探る得がたい素材であるからである。

中世における日本列島周辺の広域的流通構造については、日朝関係を中心とする「対外関係史」の分野において、新たな事実の発掘と、公的通交システムの解明が進められている(1)。また、いわゆる「地域社会」論は、民衆の日常生活空間の拡がりとしての「地域」を分析する視角から出発し、その自立性を軸に「公権」に対する規制を重視し、新たな視点で近世への移行を明らかにしつつある。(2) この両者を、構造的に結び付けて論じることは容易でないが、実際には様々な局面において緊密な連関構造を持っていたと推測され、都市はその結節点に位置していたと考えられる。とりわけ、戦国期を考える場合、東アジア交易圏の変動・繁栄の影響をより一層重視する必要があると考えられる。

本章においては、以上のような視角から都市杵築と周辺諸(3)「地域」(4)の実態と変動を明らかにすることにより、戦国期の大名権力が支配領域内の諸地域社会へ介入しうる可能性と限界性を探りたい。第一節・第二節においては、都市杵築の基本的な内部構造と周辺構造を明確化し、第三節において、西日本海水運の構造転換が杵築とその周辺部にもたらした変動の具体的内容を明らかにする。第四節においては、以上の点を踏まえながら、出雲国の戦国期大名権力が地域社会へ直接介入する突破口として、都市杵築を重視した歴史的背景と意義を明らかにする。

なお、「銀」・「鉄」・「銅」については、流通の実態そのものを追究するのではなく、あくまでそれらのもたらした様々な経済的影響に注目したい。「銀」「銅」の流通自体については、結局のところ、小葉田淳『日本貨幣流通史』(一九六九年)、同『金銀貿易史の研究』(一九七六年)に全面的に依拠せざるをえない。

一　都市杵築の構造

本節においては、西日本海水運の構造転換以前からの都市杵築の内部構造について概観する。

1　成　立

一般に都市概念は、一次的概念である「大集落」「人口の集積地」であることに加えて、何を重視するかが問題とされる。マックス・ウェーバーが、都市の必須条件を「マルクトオルト（市場聚落）」である点に求め、それを前提に都市の諸類型を論じたことは著名であるが、[5]「市場」や「港」を中心とする経済機能が多くの都市の存立において規定的な意味を持つことは間違いない。また、エーディット・エネンが都市を「複数の中心機能の束」と規定したように、[6]単なる「市場（三斎市・六斎市）」を都市であるとは言い難い。

都市杵築は、「宮内」の外縁に形成された「市」を中心に発達した町である。杵築大社本殿の鎮座する「宮内」は、古くからの神官集住地であったと思われる。杵築の「市場」は、鎌倉期の絵図「絹本著色出雲大社并神郷図」[7]に描かれ、十四世紀にはすでに「市庭」という地名として定着している。[8]

従って、古くから存在した神官集住地が都市と呼ぶにふさわしい状況を呈した時期は、少なくとも「市場」の存在を確認できる十三世紀以前に遡ると考えられる。

2　空間構造

中世以前の杵築大社は、現在と異なり南西方向に参道がのびており、微高地の頂点「越峠」を越えた「宮内」のはずれに「市」が形成されたことは、「市」のできる場所としてきわめて理にかなっている。

都市杵築内部を構成した小地名が史料に現れるのは、康永二年（一三四三）の「杵築之内当家惣領庶子知行分事」[9]が最初である。「ヶ所」表記されたそれぞれの権益には、田畠・塩浜を含みながらも、すでに多くの屋敷が存在したと考えられる。そこに見られる「中村」「宮内」「市庭」「越峠」「大土地村」という地名は、近世杵築六ヶ村「越峠村」「市庭村」「仮宮村」「中村」「赤塚村」「大土地村」と大社近辺「宮内」に相当する。「仮宮」「赤塚」についても、永享三年七月二十八日「当家惣領庶子知行分之事」[10]に見られる。

宮)	市庭村			越峠村			町屋敷合計						
計	千家	北島	計	千家	北島	計	千家	北島	長谷	別火	佐草	寺	計
		18			10			110		14	22		
32	25.5	18	61.5	23	18	58	119.5	104	7.5	16.5	17	5	169.5

別火給打渡坪付（「別火家文書」）・天正19年12月14日杵築村佐草給打渡坪付（「佐草

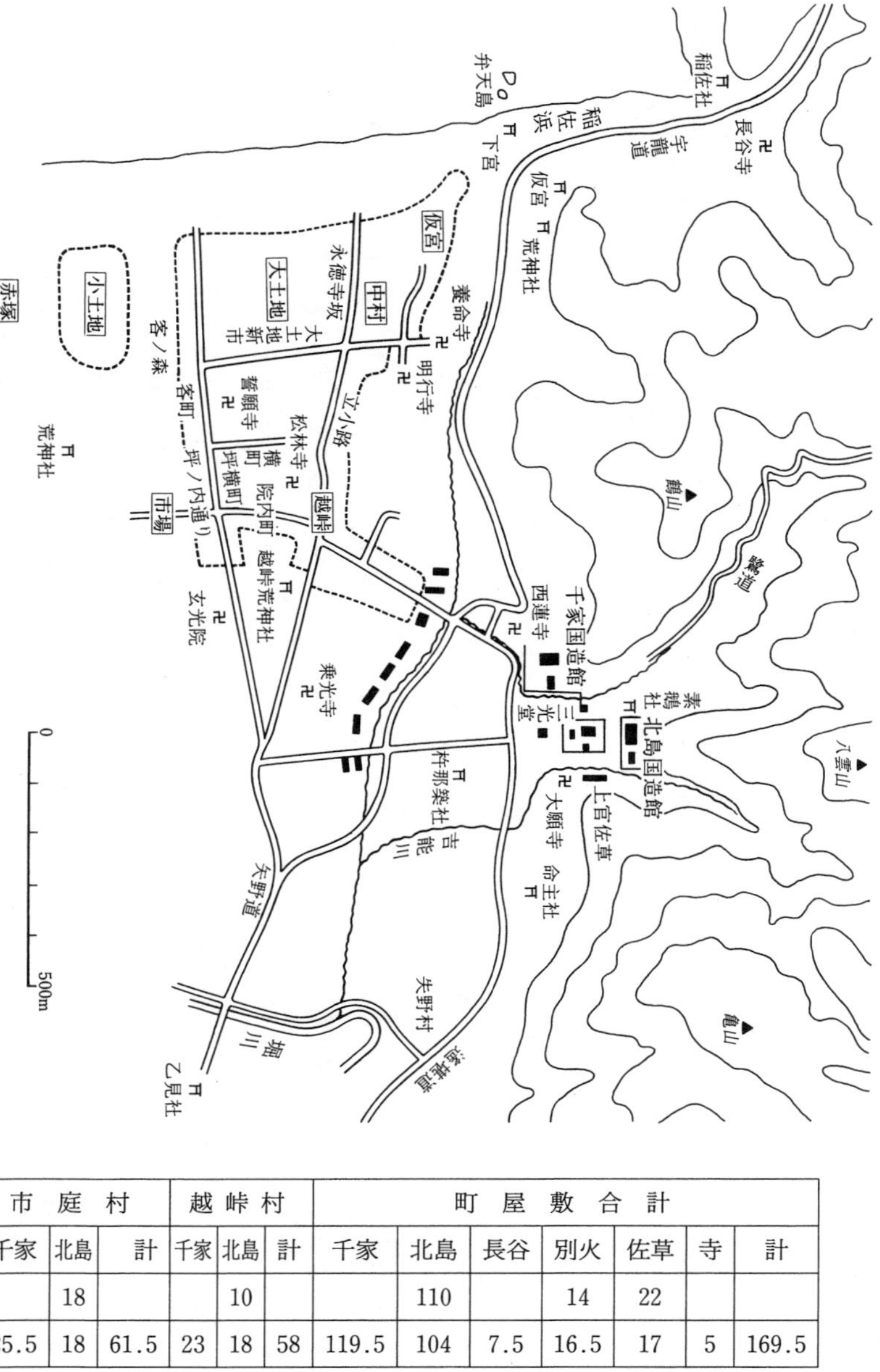

図7　17世紀前半の杵築（北部）

慶長十四年（一六〇九）のものとも、寛文七年（一六六七）をさほど遡らない時期のものともいわれる「紙本著色杵築大社近郷絵図」[11]は、十七世紀前半の杵築（北半分）を描いたものとして貴重である。図7は、この絵図をもとに作成したものであるが、現在に通じる道路配置は、主要参道が南西方向から杵築大社社殿へ至る中世の名残を強く止めている。各時期における明確な都市の範囲は不明であるが、南東は湾入した湖・低湿地を含む荒木村に接し、西は海に面していた。これに、一キロほど南の旧斐伊川河口に位置し、駄渡街道で結ばれた「湊（杵築浦）」とが一体となって、都市杵築を形成していたと考えられる。

では、この領域にはどれだけの数・規模の屋敷が存在し、どの様な支配関係が見られたのであろうか。

表6は、天正十九年（一五九一）の国造北島氏支配屋敷目録[12]と、寛永二年（一六二五）の「杵築御検地帳」[13]とをもとに、作成したものである。国造北島氏支配屋敷目録は、「宮内」と推測される上級神官の屋敷に続いて、「越峠」「市庭」「赤塚」「小土地」「大土地」「中村」「仮宮」の順に、北島氏支配下の一五一の屋敷権益所持者を記載している。一方の寛永二年の検地帳は、杵築に所在する杵築大社管轄下の全ての屋敷を書き上げたものであり、「赤塚村」「小土地村」「大土地村」「中村」「仮宮村」「市庭村」「越峠村」の順に、二六九ヶ所半の屋敷とその領有者、及び所持者名を記載している。この場合の「ヶ所」表記は、国造家庶子の領有権を示した康永二年の場合とは異なり、所持者ごとの屋敷権益数（それぞれの規模や棟数は多様）の単位である。

表6　杵築の屋敷数（単位：ヶ所）

	（宮　内）			赤 塚 村			小土地村			大土地村			中　　村			（仮	
	千家	北島	計	千家	北島	計	千家	北島	計	千家	北島	計	千家	北島	計	千家	北島
天正19年		41			18			7			21			20			16
寛永2年				16	17	34	1	1	2	16	17	39	20	20	43	18	13

典拠：天正19年12月17日北島氏支配屋敷目録（「北島家文書」）・天正19年12月14日杵築村家文書」）・寛永2年4月5日杵築御検地帳（広島大学附属図書館蔵）

従って、少なくとも十七世紀前半には、湊部分を除いて約三五〇ヶ所の屋敷権益が存在したと考えられる（表6参照）。そして、天正年間末の国造北島氏が「千家押領分」と主張した部分だけでも一二〇ヶ所にのぼっていることは、[14]戦国末期の杵築が、あるいは十七世紀前半をも上回る想像以上に大規模な都市であった可能性を窺わせている。

また、国造北島氏支配屋敷目録によれば、「市庭」には間口が狭く奥行のある屋敷が多数密集していたことが知られる。寛永二年の検地帳の中で「市庭村」にのみ「半ヶ所」の記載があることは、間口が細分され、多くは商家＝常設店舗であったことを示している。康永二年において「市庭」の権益数が格段に多いことからすれば、すでに南北朝期の「市庭」には商工業者が集住していた可能性が高い。

杵築大社の門前町である都市杵築の領有者は、杵築大社の両国造家と上級神官や小寺院である。寛永二年の検地帳によれば、屋敷領有者を「千分（千家分）」「北分（北島分）」「長谷分」「別火分」「佐草分」などの肩書きによって表示しているが、それらの記載順序には規則性が見られない。これは、寛永二年段階の領有関係が、個別屋敷単位に細分化された入り組み支配であったことを窺わせるものである。杵築は、後には両国造家による村単位の一円支配となったが、寛永年間における実態は、中世段階における屋敷領有関係を色濃く反映したものと考えられる。

3　人的構成

杵築の住民は「杵築地下中」と総称され、都市主導者層（「惣中」）と、一般都市民（「百姓」）からなっていた。

1　都市主導者層（「惣中」）の構成

杵築における都市主導者層が、まとまった形で史料に現れるのは、天文十五年（一五四六）が最初である。

天文十五年九月二十六日秋上重孝他十一名連署書状は、(15)仁多郡三沢本郷の御供宿契約をめぐり、坪内宗五郎と吉田次兵衛が争った際に、大名権力尼子氏（＝上意）による裁定までの間、坪内氏に「当座」の「堪忍」を求めたものである。これは、十二名の署判者が、都市主導者層として秩序維持機能を果たしたものと考えられる。その署判者たちの構成は、「御供宿」経営者、目代、寺院の三者に区別して考えることが可能である。

「御供宿」経営者　十二名の署判者の内、秋上重孝・杉谷彦次郎・矢田中務・杉谷次郎兵衛・江角太郎兵衛・杉谷権大夫・西村神大夫・柳原次郎兵衛らがこれに相当すると思われ、宛名の坪内（石田）氏はその代表的存在である。この他、吉田氏・高橋氏・山城屋・丹波屋・大和屋（岡垣氏）などを確認できる。

杵築大社「御供宿」経営者は、特に十五世紀から重要性を増した杵築大社の御師であり商人であった。その権益を意味する「室」の数は大名権力尼子氏によって十六に限定されていた。(16)彼らは大社への参詣衆＝道者衆の宿泊地「御供宿」を経営し、それぞれ各地の檀所引きの独占権「室」を確保して、自らは広域的な祈禱活動・商業活動にも携わった。その活動範囲が広域的であったため、「御供宿」経営者は、杵築に広範な地域の人（参詣衆＝道者衆）・物（商品）を引き付ける原動力となり、都市杵築の存立・発展に不可欠な存在であったと考えられる。「御供宿」経営者が都市の上層部を構成した所以である。尼子氏が発令した天文二十一年と永禄元年の杵築法度の冒頭三・四ヵ条が、(17)いずれも「御供宿」に関する規定であることは、「御供宿」経営者が戦国期都市杵築の中心的存在であったことを裏付けている。

目　代　十二名の四番目に署判している「目代」は、永和元年（一三七五）に存在を確認できる「市目代」(18)の系譜を引く、国造家の都市支配機構であると考えられる。杵築の領有関係（＝入り組み支配）を踏まえるならば、この「市目代」は、都市全体に領域的に賦課される公役の徴集に携わった可能性が高い。その機能は「目代」が都市上層部の一角を構成する要因となったと考えられる。

寺　院　署判している神宮寺・松林寺をはじめ、中世の都市内部には多くの小寺院が存在していた。[19]これらの小寺院は、何れも何らかの形で大社との繋がりを有する寺院であるが、同時に都市内部の小地域の地縁的結合に、一定の独自の役割を演じた可能性が高い。従って、都市内部の小寺院の中には、神宮寺・松林寺以外にも、都市主導者層を構成するものが存在した可能性が高い。

永禄元年六月の「於杵築法度条々」[20]の中に見られる「惣中」とは、これらの都市主導者層を指すものと考えられる。先の連署者十二名には、一方の当事者である吉田氏に与同する都市主導者層が含まれていない可能性もあり、天文十五年当時の「惣中」の全構成員を示すものとは言い難い。また、彼らそれぞれは杵築大社国造家・上官家の支配下にあったが、前述のように都市入組支配であったこと、また「御供宿」経営者の活動が大名権力の保障を必要とする広域的なものであったこと等により、一定度の自立（自律）性を持っていたと考えられる。

2　一般都市民（「百姓」）としての商工業者

「惣中」を除く一般都市民について、具体的な構成や規模・存在形態は明らかでない。

慶長三年（一五九八）の杵築大社年中行事次第[21]は、北島氏方上官の稲岡孝忠が、国造北島家伝来の年中行事目録の扣を写したものである。これによれば、国造家の「御家中衆」「御親類衆御被官」と区別された、杵築「御百姓衆」が神事に参画したことを確認することができる。

戦国期の杵築関係史料の中には、様々な職種・業種を冠した屋号・呼称が確認できる。例えば、鰯屋・鞆屋・大鋸・鍛冶屋・髪結・銀屋・櫛屋・槫剣・米屋・酒屋・雑魚屋・塩屋・船頭・問・塗師・番匠・船大工・舟取・風呂屋・豆屋などである。[22] 杵築に、多数の商工業者が定着・活動していた様を彷彿とさせる。これらの内の有力者は、都市主導者層の一部を構成し、やがて都市主導者層の中に占める新興勢力の比重は増大していくこととなるが、その他多くの商工業者は、国造家から「御百姓衆」として捉えられる一般都市民であったと考えられる。

二　杵築を中心とする「地域」の構造

本節においては、西日本海水運の構造転換以前における都市杵築の周辺構造を検討し、都市杵築の歴史的位置を明確にしたい。

1 杵築大社信仰圏――御師と商業――

都市杵築に視点を据えた時、想定できる「地域」として第一に注目されるのは、杵築に求心化する部分の広がり、すなわち杵築大社信仰圏である。これを知る手がかりは、罰文に「杵築大明神」を含む起請文の分布、及び御師である「御供宿」経営者の活動範囲である。その範囲は、ほぼ出雲国・伯耆国・石見国東部・備後国北部に及んでいる。一般に御師は、社寺への参詣者「道者衆」と専属契約（師檀関係）を結び、その在所を巡回して祈禱を行うとともに、参詣時には定宿を提供した。その活動が広域的であることにより、早くから領域支配者の保護を受け、また商人的性格を併せ持った。[23] 戦国期に都市杵築の指導者層を構成していた杵築大社の「御供宿」経営者も、全く同様な存在であった。

「御供宿」経営者の師檀契約は、領主との間で交わされたものとは言え、[24] 諸郷村と杵築大社との日常的結び付きを形成し維持する最も重要な契機であったと思われる。吉川元春が毛利輝元に対して、出雲国は「神国」であるから杵築大社を崇拝するよう助言していることは、(25)杵築大社信仰圏が外部から見て格別な意味を持つ領域であったことを裏付けている。こうした「神国」意識の再生産・定着に際して、「御供宿」経営者の果たした役割はきわめて大きかったと思われる。

加えて、以上のような杵築に求心化する部分の構造が、「御供宿」経営者の活動を通じて商業取引とリンクしていた点も非常に重要である。しかし、このことを以て杵築商人による出雲一国規模での商人統括権を想定することはできない。(26)次節において述べるように、中世の都市杵築が、杵築大社信仰圏に相当する領域全体の中心都市であったと単純にとらえられないからである。

2　出雲平野――市町の機能分担――

都市杵築の周辺「地域」は、杵築に求心化する部分のみから成り立っていたわけではない。そのことは、杵築大社社領の中核部分が集中し、(27)都市杵築が最も緊密なつながりを持った出雲平野の実像を見れば明らかである。(28)当時の出雲平野には湖・池・沼が広範に展開し、斐伊川は幾筋もの分流を経て日本海と宍道湖に注いでいた（図2）。この「地域」には、「鍛冶屋」を名乗る人名や名《みょう》が多数存在し、河川水運によって山間地域から運ばれた鉄が、人々の生活と密接に関わっていた可能性が高い。

出雲平野には、杵築・塩冶・平田・直江・神西などいくつかの市町が存在した。中世の出雲平野に視点を置く時、これら市町には重要な機能分担が存在したと推測される。杵築と杵築浦は、斐伊川・神戸川の河口に位置し、日本海水運との結節点である。塩冶と大津は、河川の平野への出口に位置し、多くの鉄の産出地である山間地域との結節点である。また山陰道を介した陸路の東西交通との接点でもあった。平田・直江は、斐伊川河口に位置し、宍道湖・中海水運との結節点であり、やはり陸路の東西交通の接点である。神西は、日本海にもつながる神西湊と山陰道の結節点である。

このうち、中世においてとりわけ重要な位置を占めたのは、塩冶である。塩冶郷とその周辺部には、鎌倉期の在国司朝山氏と守護佐々木塩冶氏の本拠が存在し、出雲平野の大半を領有した室町期塩冶氏は、十六世紀前半に滅亡するまでの間、京極氏・尼子氏らと競合して出雲国の政治を左右する存在であった(29)。杵築が宗教的中心地であるのに対し、塩冶は大きな政治的中心地であった。

中世出雲平野周辺における基本的な「地域」構造は、複数の市町が機能分担する流通構造に支えられ、どこか一点に求心化するものではなかったと考えられる。具体的には、同じ市町に本拠を持つ商人が結集した商人集団(「杵築商人中」「平田衆」など)が存在し、排他的なテリトリー(営業圏)を主張し、それを相互に承認しあっていたことである(30)。そして、郷村指導者層も郷村代官も、杵築・塩冶・平田・直江などの市町に拠点を有し、商業取引を中心とするネットワークとの関わり合いの中で基盤の強化を図っていたと推測される(31)。例えば、応永十九年(一四一二)には、朝山郷の尾副氏が杵築に所在したと推測される屋敷を永代買得し、文安二年(一四四五)には、杵築商人と思われる影山氏が代官として富郷へ下向している(32)。また、稲岡郷に本拠を持つ矢田氏は、天文十五年には杵築の都市主導者層を構成する「御供宿」経営者であり、商人であったこと、朝山郷内にも権益を持っていたことが知られる(33)。同様な例は、他にも見られたと推測される(34)。

これらは、杵築と周辺部郷村との密接不可分な結び付きを示しており、他の市町についても同様な実態を想定できる。

杵築の沖には、西からの漂流物をもたらす海流が存在する。杵築湊の近辺に「唐島」の地名が残されたように、十四～十五世紀段階の東アジア海域において、杵築及びその周辺部は、すでに様々な接点を持っていた。(35)貞治五年（一三六六）、高麗使節金竜らはこの海流に乗って杵築に着岸し、(36)同じ頃、出雲の地元住民（「村翁」）は高麗人漂着民に同情を寄せている。(37)この出雲における在地の「感覚」は、接触の機会が多いことによる洗練された高麗人観を示すとされている。(38)応永二十七年（一四二〇）に安来に朝鮮人町七十余戸が存在し、(39)寛正五年（一四六四）に「雲州海賊」が大陸沿岸部を襲撃し、(40)延徳二年（一四九〇）には対馬島主の宗貞国が「賊徒」の東限を出雲と認識している。(41)

3　日本海水運――鉄の積出――

こうした接点を支えていた重要な地域資源は、「鉄」や「銅」であったと考えられる。杵築北方の山塊には鷺銅山が存在し、産出量を過大評価はできないものの、古くから採鉱・輸出が行なわれていた可能性が高い。そして、より一層重要な意味を持ったものが、中国山地一帯から産出された「鉄」である。

杵築の北西八キロに位置する宇龍浦は、近世北前船の寄港地として栄えた天然の良港であるが、中世においては出雲鉄の積出港として著名である。(42)『海東諸国紀』によれば、宇龍浦の「海賊大将」藤原義忠も朝鮮に使節を派遣したと記されており、(43)海上勢力の重要な拠点であったことは確かである。しかし、ここが出雲鉄の積出港であったとされた根拠であると思われる史料は、永禄十二年（一五六九）のわずか二通の文書でしかない。(44)そして、それを読む限り、宇龍浦を通過する鉄はいずれも既に杵築を通っており、その荷駄に課せられる通行税も、杵築において納めるのが先例であるとのレトリックが成り立つだけの背景が存在したことが知られる。「宇龍鉄駄別」の寄進は、全般的な鉄需要と流通量の増大を窺わせる事実であるが、駄別徴収地が宇龍浦である必要性は、緊迫した軍事情勢下にある尼子氏と御崎社側の事情にすぎない。

鉄の積出港を一ヶ所に集約できるような流通構造は、およそ想定できないし、これらの文書からは、杵築も宇龍以上の「鉄の積出港」であったことを窺える。この同じ年にも、杵築商人は斐伊川を下って鉄を杵築へ運び込んでいる。(45)都市杵築は、鉄や銅といった得難い資源を背景として、十六世紀に向け、日本海水運の港としての重要性をすでに増しつつあったと思われる。

三　広域的流通構造の転換と「地域」の変動

都市杵築は十六世紀半ばを境に大きな変貌を遂げていくが、その決定的な契機は西日本海水運の構造転換であったと考えられる。(46)そして、それらを促した最大の契機は、大量の石見産銀が海外へ流出しはじめたことにあったと考えられる。

1　西日本海水運の構造転換

「銀山旧記」によれば、石見銀山は、大永六年（一五二六）、博多商人神谷寿禎によって再発見されたとされ、天文二年（一五三三）に朝鮮から灰吹法が導入されて現地での大量精錬が可能となったことにより、産出量が飛躍的に増加したという。(47)これらの具体的な史実はともかくとして、一五三〇年代を境に、それまでは輸入品であった銀が、突如として「爆発的」と言ってよいほど大量に流出しはじめたことは紛れもない事実である。(48)その際、石見銀山が産出量的・技術的に先駆的役割を果たしたことは、間違いないと考えられる。(49)十六・十七世紀の西欧から見ても、日本を

代表する「銀鉱山」は石見銀山であったと考えられる。(50)

十六世紀における東アジア交易圏の「倭寇的状況」(51)・「国際商業ブーム」(52)は、中国「明初体制」を崩壊させ、(53)琉球の中継貿易や日明貿易・日朝貿易などの公的通交システムを崩壊の危機に追い込み、(54)例えば朝鮮―対馬ルートにおけるシステムを孤立化させたのみならず、(55)ポルトガル・スペインの中継貿易を介して、世界的規模で経済活動を活発化させた。それは、西欧の産業革命・生活革命をも生み出したアジア・インパクトとして高く評価されているが、(56)その最大の媒介財こそが銀であった。

「倭寇的状況」「国際商業ブーム」をもたらした原動力は、中国国内への押し止めがたい銀の流れ(57)にほかならず、ポトシ銀が十六世紀スペインの繁栄をもたらし、日本銀が十七世紀オランダの繁栄をもたらしたとされるように、(58)銀の与えた世界史的な意味は極めて重い。そして、十七世紀初期にオランダ・イギリス船によって石見銀山（戦国期には「佐摩銀山」「佐間銀山」）の銀であることを示す「SOMO」「SOMA」（佐間）銀が、最上質と評価されて多量に運ばれたことからも知られるように、(59)石見産銀が、世界に与えた巨大なインパクトの一つであったことは間違いない。

石見銀山は、近年の発掘調査によって、少なくとも十六世紀末までに仙山山頂近くに形成されていた鉱山都市「石銀」の様相が明らかにされつつあるが、(60)遅くとも十六世紀半ばには莫大な富を求めて集まった人々によって銀山一帯に大規模な都市が出現していたと考えられる。杵築の坪内氏が、天文二十一年（一五五二）に尼子氏から恩賞として、出雲平野の林木荘内一名と銀山屋敷五ヶ所を与えられたことは、(61)杵築商人にとって銀山がいかに魅力的な市場であったかを示すものと言える。坪内氏によって石見国方面へ運ばれた米・酒・塩・味噌・肴・絹布・鉄(62)は、そのほとんどが銀山において売却されたと推測される。

「銀」の流れが生み出した物流の全般的増大は、すでに存在した「鉄」「銅」の流れと交錯して、とりわけ西日本海地域に大きな変動をもたらしたと考えられる。それを窺わせる事例は、温泉津・浜田に南海の船が多数着岸し(63)、一五六〇年前後から宇龍浦へ「北国船」「唐船」が着岸しはじめたことである(64)。この「北国船」は近世初期の日本海海運の主役となった北陸以北に船籍を持つ廻船(65)、「唐船」は朝鮮の船とみるのが通説のようであるが(66)、「唐船」については、当時の状況を勘案すれば、厳密には国籍を特定することはできず、明人や「マージナル・マン(67)」であったと考えられる。いずれにせよ、それらが公的な通交システムに依拠したものでないことは、間違いない。この宇龍浦における現象は、最末期の尼子氏が、ある段階までは日御崎社の掌握を通じて唯一確保可能な港であったため、偶然史料に残されたものと考えられ、むしろこの海域における一般的現象であったとみられる。「唐船」をも含む多数の船を島根半島近辺に引き寄せた力は、すでに存在した「鉄」の流れであったと思われる。銀流出にともなう西日本海水運の変動は、鉄の流通を従来以上の規模で活発化させ、同時に鉄の流れが西日本海水運の活況を支え促進していったものと推察される。

これらの事実は、西日本海水運の構造が、出雲国美保関を重要な拠点に若狭国小浜が終着点となる物流を軸とするものから、より多数の南海の船・「北国船」・「唐船」が石見・出雲海岸部に着岸して往来するという、さらに広域的な物流の優越するものへと転換し、「倭寇的状況」「国際商業ブーム」に巻き込まれていったことを意味している。十六世紀の後半に、杵築をはじめとする西日本海沿岸の港町が、明国の日本研究書に頻出するようになるのは、このような事情によると推測される(68)。

2　杵築の「発展」

すでに「鉄の積出港」として重要性を増しつつあった杵築には、以上のような広域的流通構造の転換が特に顕著な

表7　杵築坪内氏の商人統括権

年月日	補任・安堵者→被補任・安堵者		権益名	商人統括権の内容	大社町史
ⓐ一五五五・三・九	千家慶勝→孫次郎	補任	相物親方	河より内において「弟子」を統括	一二八六
ⓑ一五五七・二・一〇	尼子晴久→孫次郎	安堵	杵築相物親方職	「限鳥居田上下川」牛馬・船頭・商人を統括	一三六三
ⓒ一五五八・一二・一八	千家慶勝→重吉	補任	杵築祐源大物小物親方職	同右	一三八一
ⓓ一五六四・九・三	毛利元就→彦兵衛尉	安堵	杵築相物親方職	尼子晴久の裁許判形ⓑを追認	一五三三
ⓔ一五六四・九・二一	尼子義久→重吉	安堵	商人伯	諸町役の免除特権	一五三四
ⓕ一五六四・九・二一	尼子義久→重吉	補任	杵築油之伯	毎年百駄の関料免除特権	一五三四
ⓖ一五六八・三・一二	千家義広→彦兵衛尉	安堵	祐源職	千家慶勝の判形ⓒを追認	一六五二
ⓗ一五六九・一一・四	尼子勝久→孫次郎	安堵	杵築商人相物小物諸役	尼子晴久の裁許判形ⓑを追認、商人に役賦課	一七一〇

《坪内（石田）氏略系図》

宗五郎―重吉（尼子氏方として一五六二年より富田城に籠城）
　　重吉―彦兵衛尉（一五六二年当初よりの毛利氏方）
　　重吉―孫次郎（尼子氏方として一五六二年より富田城に籠城）
宗五郎…四郎左衛門尉（一五六四年より毛利氏に馳走）

変動をもたらした可能性が高い。果たして、都市杵築は、十六世紀の半ばより大きな変貌を遂げていく。

天文二十一年（一五五二）、尼子氏は杵築に法度を出しているが、[69]これは都市杵築に対して大名権力が発布した初めての法令である。尼子氏は、永禄元年（一五五八）にも、さらに詳細な同趣旨の法度を発布している。[70]問題は、なぜこの時期にこうした法令が出されたのかという点にある。それは、一面では尼子氏権力の拡大・浸透を意味しているが、むしろ国造家側から見て、もはや自力では門前町の秩序維持が困難と判断せざるをえないような状況が現出したためと推測される。法度の条文から導き出されるその「状況」とは、「御供宿」権益の争奪、「御供宿」契約の混乱、新規の船の着岸、盗み・喧嘩・口論・火事の頻発、はては神前御番の懈怠、殺生禁断・牛馬禁制の緩み、鐚銭や商業舛をめぐるトラブルの激化等々である。

都市支配者（杵築大社）から見たこのような憂慮すべき「状況」とは、従来にない規模で人・物が集散し、新興勢力の勃興が生み出した軋轢であり、都市杵築の「発展」の裏返しであった可能性が高い。例えば、天文十五年（一五四六）に生じた「御供宿相論」は、坪内氏と新規参入の吉田氏による檀所の争奪であり、天正四年（一五七六）にいたっても対立は解消していない。(71) 杵築商人の大和屋岡垣家は、家伝によれば、もともとは大和国筒井氏の家臣であり、一五六〇年頃の松永久秀の侵入により同国を追われ杵築に逃れてきたという。(72) 家伝の信憑性には問題があるが、当時の屋号は出身基盤や出先・取引先を示すものが多いと言われ、この時期に「大和屋」「丹波屋」「山城屋」（のちには「佐渡屋」も）という屋号を持つ有力商人が史料に現われてくることは、杵築が広域的な経済関係に巻き込まれたことを裏付けている。永禄五年（一五六二）、毛利氏に敗れた石見国福屋隆兼が潜伏先に杵築を選んだことも、(73) 単に「都市的な場」としての特質を示すのみならず、当時の杵築の雰囲気の一端を窺わせている。

もちろん国造家側も、ただ大名権力に依存したわけではなく、積極的に策を講じている。天文二十四年（一五五五）、国造千家氏は坪内氏を「杵築相物親方」に任命し、杵築周辺の限られた空間において商人・輸送業者を統括させた。(74) このいわゆる「商人司」の創設は、千家氏による北島氏（親尼子氏）に対する対抗策であり、また千家氏被官の御師坪内氏自身が大名権力の保障をも背景に大商人として成長し、一定度の商人組織を編成していたことを示しているが、何よりも、この時期の杵築において商人間秩序の維持・再構築が差し迫った課題であったことを窺わせている。これ以後、坪内氏による商人統括権は、国造千家氏・尼子氏・毛利氏の三者それぞれが任命権を主張して対立する（表7）。

しかし、都市杵築の変動はこれに止まらなかった。尼子氏から毛利氏への権力交替期（一五六二〜六六年）を経て、坪内氏の商人統括権は永禄十二年（一五六九）を最後に確認できなくなり、急速に淘汰されたものと考えられる。それは、さらなる新興勢力の台頭によっている。具体的には、坪内氏庶流の石田四郎左衛門尉が御師・商人として急成長し、天正八年（一五八〇）頃には本家筋の財力を凌駕したことや、杵築商人杉谷氏・上田氏・江角氏・高橋氏等の勢力拡大、のちに述べる平田屋・板倉氏・中井氏の杵築進出などである。(75) 例えば、杉谷氏は一五八九年（天正十七）頃に杵築において七〇ヶ所以上の屋敷を集積しており、(76) 戦国期に「唐船宿」を経営していたとの伝承を持っているし、高橋氏は、「市庭」の屋敷を領主国造北島氏から買得している。(77) これらは、史料に残された断片にすぎないと思われる。そして、一五九〇年代に確認できる毛利氏の特権商人「杵築御蔵本」には、通常では考えられない非常に多数（少なくとも八名）の商人が任命されていた。(78)

3　周辺「地域」構造の変貌

このような杵築の変貌は、杵築周辺「地域」にも様々な影響を及ぼしたと考えられる。ここでは、それらの検証を通じて、十六世紀の都市杵築における変動の歴史的意味について考えたい。

既に述べたように、中世出雲平野周辺の特質は複数の市町の機能分担による連関構造にあったと考えられるが、十六世紀の後半に入ると、杵築の持つ機能が優越する構造へと次第に変化していった可能性が高い。具体的には、杵築以外の市町が持っていた機能の相対的後退、商人間秩序における「杵築商人中」の主導権強化、杵築への有力商人の集中等々の現象である。

とりわけ重要な影響を及ぼしたと思われるのは、塩冶に求心化する部分の機能が後退したことである。塩冶郷とその周辺部の領有関係は、塩冶氏滅亡後は尼子国久領（一五三〇年代〜）、ついで尼子氏直轄領（一五五四年〜）・毛利元就領（一五六二年～）という変遷をたどっており（第一編第二章）、尼子氏や毛利元就が塩冶を重視したことは確かであるが、もはやここが領域支配の拠点となることはなかった。これは、大名領国の拡大に伴う政治的重要性の相対的後退によっているが、背景には、塩冶の特質であった河川水運・内陸交通の拠点機能の相対的縮小があったと推測される。その要因は、西日本海水運の構造転換と都市杵築の発展であったと考えられる。

既述のように、出雲平野周辺部の商人は市町ごとの集団を形成して、それぞれのテリトリーにおける取引を承認し合う商人間秩序を持っていた。しかし、十六世紀後半に確認できる商人集団間の商業紛争は、経済構造の変化に伴う旧来の商人間秩序の乱れを示す事実と考えられる。「平田衆」が「来次衆」との紛争において、「杵築商人中」の調停・調整能力に期待したことは[79]、新興勢力の台頭がもたらした「杵築商人中」全体の勢力拡大による可能性が高く、またこのような機能が出雲平野周辺部における「杵築商人中」の主導性を一層高めたと考えられる。

とりわけ、出雲平野の有力商人が次第に杵築へ主要な活動拠点を移していったことは、出雲平野全体の経済構造が大きく変化しつつあったことを裏づけている。例えば、塩冶郷に本拠を持っていたと考えられ、「塩冶市」目代の家でもある板倉氏は、「杵築御蔵本」に名を連ねるに至っている[80]。また、平田屋氏は、平田保の代官を務めたことやその屋号から、平田町に本拠を持つ存在と考えられるが、天正四年（一五七六）を初見としてそれ以前より杵築大社「御供宿」経営者となっており、「杵築御蔵本」に名を連ねるに至っている[81]。尼子氏の家臣であった中井氏は、尼子氏滅亡後毛利氏に従って杵築に拠点を持ち、やはり「杵築御蔵本」に名を連ねている[82]。杵築に進出した時期や性格は不明であるが、天正十九年に確認できる「宍道屋」は宍道に基盤を持つ商人、市庭に屋敷を持っていた宇田川氏は朝山郷公文宇田河氏の同族と推測され、また中村に屋敷を持っていた金山二郎左衛門は直江郷内に基盤を有していた[83]。論証は困難であるが、同様な存在と推測される家は他にも多い。

以上のように、十六世紀後半において、杵築の商人集団「杵築商人中」の構成と性格が大きく変化するとともに、特に出雲平野とその周辺部は、都市杵築の後背地として、杵築に求心化する「地域」へと変化したと考えられる。

四　大名権力と地域社会

都市杵築は、戦国期の大名権力（尼子氏・毛利氏）にとって、領域支配実現の鍵を握る拠点であった可能性が高い。ここでは、都市杵築とその周辺地域の変貌を手がかりとしながら、当該期の大名権力が支配領域内の諸地域社会へ介入しうる可能性と限界性を探りたい。

1　「御供宿」経営者と尼子氏権力

永正・大永年間の尼子経久は、新たな領域支配者であることを内外に強くアピールする政策を次々と打ち出した。(84)しかしながら、領域的支配権に関わるこれら種々の「宣言」や「演出」にもかかわらず、領域内個々の地域社会に大名権力が直接関わることは容易でなかった。

天文十二年に直轄化された出雲国横田荘は、尼子氏が地域社会をどのようにとらえようとしたかを窺える素材である。(85)三沢氏への圧迫をも目的とする尼子氏の横田荘支配は、臨戦体制と言うべきものものしいものであるが、地域社会に対しては、前領主の三沢氏による支配（より正確には、三沢氏が横田荘において果たしていた社会的機能）を継承している。それは、中村市場を核とする横田荘内の経済的ネットワークと、荘鎮守である中村八幡宮を核に荘内六ヶ村鎮守を拠点とする宗教的ネットワークが、強く在地に根付いていたことを重要な前提としていると考えられる。(86)大催氏は、郷村指導者層の頂点に位置し、横田荘の経済を支える鉄の生産・流通を担い、同時に中村八幡宮「大催職」の地位にあって頭役分担体制の中核に位置し、さらには「六ヶ村役人」「六ヶ村社役人」を統括していたため、まさに経済的・宗教的ネットワークを一身に具現する存在であった。そのため、横田荘の領有者（「地頭」）である三沢氏や尼子氏にとって、同荘を掌握することは、中村市場の支配と、中村八幡宮の保護と、何よりも大催氏を掌握することに他ならなかった。

しかし、横田荘はあくまでも直轄領であって、領域支配一般の問題に敷衍できない。問題となるのは、十五世紀以前の出雲国において、以上のような荘郷レベルのネットワークに連動する一国レベルの経済的・宗教的ネットワークの存在を確認できないことである。加えて、地理的条件を考えれば、横田荘のような完結性の高いネットワークを他の荘郷に敷衍させることもできない。

そのような中でも、直轄領以外に対し大名権力が介入しうる可能性は、守護権限を論拠とする公役の領域的賦課（尼子氏の場合「守護役」「公方役」「屋形反銭」「造営段銭」など）[87]、個別所領を越える問題の処理（郷村間の紛争の調停、出雲平野における堤防決壊時の人夫調達）[88]、個別経済権益の獲得（一族・直臣層による名や名内部の買得権益など）[89]等々、様々な局面に存在した。これは新たに侵攻した地域においても同様であったと思われ、例えば美作国においては、各領主に「反銭」を賦課し、また同国西部六郡の「社男務」を安堵して、二宮高野神社の神楽祭に関わる費用の領域的賦課を担わせている[90]。しかし、戦国期において守護権限のみに依存した領域的賦課が実現困難であったことは、他の多くの戦国期「守護」や既に室町期の守護京極氏によっても実証済みである。その実現のためには「権力」の拡大（第一編第一章など）がどうしても不可欠であったと考えられるが、しかし強権的な支配によって地域社会を圧伏し、郷村側の自立（自律）性を否定することは、一部の例外を除いてほとんど不可能であったと考えられる[91]。戦国期の大名権力が、公役賦課・負担関係を貫徹させることや、より日常的・一円的（領域的）に、領域内諸地域社会との結び付きを形成していくことは、容易なことではなかったと推測される。

杵築大社の「御供宿」経営者が重要であるのは、尼子氏が、領域内諸地域社会との関係においても、守護権限に起源を持つ社会的機能にとどまるのではなく、さらに深く介入して、固有の領域観の形成を意図していた可能性を窺えるからである。

師檀契約が各領主への働きかけによって形成されたことは事実と思われるが[92]、具体的な師檀関係においては、郷村側の果たす役割がきわめて大きかったと考えられる。それは、檀所が基本的には郷村を単位に設定されており、「地下中」が宿所をめぐる御師との紛争の当事者になっていることからも明らかである[93]。出雲国において、杵築大社信仰の地域社会への浸透を格段に押し進め、同社を核とするネットワークを形成した最大の功労者は、戦国期の「御供宿」経営者であったと考えられる。

尼子氏は、すでに経久の時代から「御供宿」経営者の重要性に着目していた。年未詳八月八日尼子経久書状写[94]では、国造北島氏に対して「大社御供之事、如近年可被仰付候、但他国之儀者、可為任旦那存分候」と述べており、すでに出雲国以外にまで広がっていた「御供宿」経営者の活動を保障していたことが知られる。また経久は、「御供宿」経営権を意味する「室」数を十六に限定しており、「新室」を禁止した[95]。さらに尼子氏は、家臣を「祐源職下代」に任命し、「御供宿」経営者と檀那・檀所との関係の円滑化を図っている[96]。尼子氏が杵築大社御師の権益を「室」という形で直接掌握し、それを特権的地位として秩序化できたことの意味は非常に大きい。加えて、天正年間に「杵築御供并御崎御供」[97]と併称されたように、御師の権益についても徐々に杵築大社の相対化を図った可能性があり、御崎社を御師のネットワークに割り込ませていったのも尼子氏であった可能性が高い。これらは、すでに経久段階の尼子氏が、広域的な御師の活動を保障しうる条件を整えつつあったこと（「権力」の拡大）を示しているが、同時に、地域社会へ浸透していった「御供宿」経営者の活動の護持者として、領域支配者たる自らの地位を地域社会へ認知・定着させていくねらいがあったものと推測される。

その意味では、当初の尼子氏は、必ずしも都市杵築全体に対する強力な関与を急務としたわけでも、「御供宿」経営者など杵築上層部の経済力を最も重視したわけでもないと思われる。杵築大社と「御供宿」経営者の機能が領域支配の深化において果たす役割の大きさを、何よりも重視していた可能性が高い。

2　杵築の発展と尼子氏権力

権力が流通の結節点をとらえる意味は、経済的利権（領域的課税や流通課税による収入）としての側面とともに、周辺部地域社会へ介入する拠点としての側面が重要であったと思われる。すでに述べたように、郷村指導者層や郷村代官の中には市町に拠点を有する者が存在し、商業取引を中心とするネットワークとの関わり合いの中で基盤の強化を図っていたと推測されるからである。尼子氏が、その権力拡大過程において、美保関・塩冶・横田荘を掌握していったことは、経済基盤の拡大や有力領主の勢力削減のみならず、それぞれの経済的中心機能を掌握することによって、周辺部の地域社会に介入する可能性を高めたと推測される。

都市杵築の場合にも、「鉄」の流れを押さえうる日本海水運の拠点であったことが経済的利権の大きさを窺わせるとともに、周辺部（具体的には出雲平野西北部と杵築大社領の近辺）の地域社会と密接に結び付いた拠点であったと考えられる。ところが現実の大名権力は両国造家権力を無視しえず、最後まで都市杵築全体を直轄化することはなかった。「越峠」「市庭」などの小区域を賦課単位とする「守護役（公方役）」(98)も、基本的には領域的に賦課される公役に属するものと思われる。

しかし、天文年間後半以降の尼子氏は、西日本海水運の構造転換という大きな経済変動を背景として、都市杵築に対する介入を強化していく。具体的には、天文二十一年に杵築法度を制定したこと、坪内氏に林木荘内や石見銀山において給地を宛行い、弘治三年には商人司「杵築相物親方職」を安堵したことなどである(99)。

そもそも、都市上層部を構成する「御供宿」経営者の護持者という尼子氏の立場は、都市杵築に介入できる重要な素地であった。そして、天文十五年の「御供宿」相論（坪内氏対吉田氏）において都市上層部が「上意（尼子氏）」の裁決を期待したように(100)、経済変動がもたらした種々の新たな事態の収拾やトラブルの処理などの秩序維持機能を尼子氏に求めたのは、むしろ都市上層部や国造家権力の側であったと考えられる。

天文二十四年の国造千家氏による「相物親方」の創設(101)は、元来商人的性格を併せ持っていた可能性の高い「御供宿」経営者の商業活動が経済変動に伴って格段に活発化し、また新興勢力の台頭と相まって、杵築周辺部において活動する諸商人の統制が不可欠の課題となったことを示している。都市杵築は、宗教的中心機能のみならず、商人間秩序の問題や周辺部地域社会との結び付きに関わる経済的中心機能の面からみても、周辺部の他の市町から抜きんでた拠点となりつつあったと思われる。そのため、尼子氏にとっての都市杵築は、とりわけ出雲国西部の諸地域社会をとらえうる拠点として、その重要性を高めていったと考えられる。

尼子氏が都市杵築を重視せざるをえないもう一つの理由は、本拠である富田の持つ意味が大きく変化していったことである。美保関を重要拠点とする従来の西日本海水運の構造においては、美保関を監視できる富田城の戦略的・経済的重要性は圧倒的に大きかったと考えられる(102)。西日本海水運の構造転換は、美保関や富田にもそれまで以上の活況をもたらした可能性が高いが(103)、しかし同時に、美保関—富田を押さえただけではその経済的・政治的影響力を十分活かせないような状況をも生み出したと推測される。杵築は、尼子氏が最も強固に掌握しておかなければならない港の一つになったと考えられる。

天文年間後半以降の尼子氏にとって、都市杵築は領域支配と領国経済の骨格を支える拠点と化していった可能性が高い。

3　毛利氏による杵築支配

毛利氏は、永禄五年に出雲国へ侵攻するといち早く杵築を制圧したが、毛利氏にとっての杵築は、第一に兵站基地として重要な意味を持ったと考えられる。それは、毛利氏の出雲国在陣中において、毛利氏（具体的には毛利元就）が杵築に常駐させた人物が、毛利直属水軍の中核をなした安芸佐東衆の福井景吉であったことにも、如実に現れている。[104]山陰方面における毛利氏の軍需物資は、温泉津―杵築間ルートを軸として、杵築から島根半島各所、伯耆国、さらには九州方面などへ陸上・海上を輸送された。[105]対尼子氏戦争の過程において、益田氏の「蔵本」（兵站基地を意味するものと考えられる）が杵築に設置され、益田氏自身が杵築を守備したことは、杵築が戦略拠点として重視され、山陰海岸部国衆の海上輸送機能が十二分に活用されたことを示している。[106]毛利氏が杵築を重視した最大の理由は、物資調達に適した経済的・地理的条件を備えていた点にあり、その背景には都市杵築の「発展」があったと考えられる。

しかし、その一方で毛利氏（具体的には毛利元就）は、侵攻当初から領域支配における都市杵築の重要性をも強く認識していたと考えられる。毛利氏による都市杵築支配は、多数の「御供宿」経営者・商人を直接掌握することによって次第に深められ、やがて「杵築御蔵本」の創設へと進展していったと考えられる。この間、毛利氏が杵築に派遣した実務担当者は、概ね福井景吉（永禄年間）→武広景重（元亀年間）→市来氏（天正十年代）→児玉元言・田中信重（文禄年

間）へ引き継がれたと考えられる。(107)

元就は、永禄七年（一五六四）、石田（坪内）彦兵衛尉（重吉の子息）に「杵築相物親方職」を安堵して、尼子氏支配下における既存の秩序を追認した。(108)しかし、坪内氏の庶流と思われる石田四郎左衛門尉が毛利氏に接近するとこれを擁護し、(109)やがて四郎左衛門尉は商人・「御供宿」経営者として急成長し、「杵築相物親方」も史料上から消滅したことはすでに述べた通りである。これは、杵築の「発展」が「御供宿」経営者や商人などの新興勢力（石田四郎左衛門尉などの台頭を促し、「杵築相物親方」による商人の統括が次第に困難となったことを背景に、毛利氏が既存の秩序の改編を図ったものである可能性が高い。

十六世紀末に現れる毛利氏の「杵築御蔵本」(110)（上田平右衛門尉・上田与三右衛門尉・杉谷五郎左衛門尉・江角惣左衛門尉・板倉源右衛門尉・平田屋佐渡守・山田九兵衛尉・中井秀家）は、そのような政策の延長線上に位置づけられる。

この内、十六世紀初頭以来の国造家・上官家被官であり都市主導者層であったと考えられる上田氏・杉谷氏・江角氏については、天正五年の上田春信の実名が吉川元春の偏諱である可能性が高いこと、(111)杉谷五郎左衛門尉が「先年嶋根陣以来別而遂馳走」げた者として毛利氏の厚い保護を受けていることなどより、(112)早くから毛利氏に直接掌握されていたと考えられる。また、新興勢力と推測される板倉氏・平田屋・中井氏については、天正年間の後半に入って、平田屋佐渡守が吉川氏領平田保の代官を務め、やがて「広島町人頭」となるほどに重用されたほか、(113)平田屋六郎左衛門の子息休世が毛利元康に取り立てられている。(114)尼子氏旧臣と思われる中井秀家についても、文禄年間の日御崎社遷宮に際して、毛利氏側の実務担当者として物資の調達に中心的役割を果たしたことや、(115)一族と思われる中井嘉澄が佐世元嘉の配下として物資調達に直接携わっていることより、(116)中井氏一族が物資輸送機能を有していたこと、毛利氏への帰属性が強かったことを窺える。中井氏は、「杵築御蔵本」の中では、最も国造家への帰属性が希薄な存在と思われる。

確認できる八名が国造北島氏に対する「家中並之役目」を義務づけられているように[117]、これらの諸氏が大名権力に直接掌握されたからと言って、国造家との被官関係が解消されたわけではない。また、これら八名以外にも国造千家氏に対する「家中並之役目」を義務づけられた「杵築御蔵本」が存在した可能性が高い。例えば、古くからの「御供宿」経営者であり、国造千家義広の家臣であった高橋慶信などは、天正十九年には秀吉の朝鮮侵略に際し「くろかね(鉄)」と水夫・伝馬を調達し[118]、また文禄年間には中井秀家とともに日御碕社遷宮の諸物資調達に直接携わっていることからみて[119]、その可能性の高い人物である。

従って、「杵築御蔵本」とは、早くから毛利氏によって直接掌握された有力商人・都市上層部であり、毛利氏が行う寺社造営や戦争に際し、諸物資の調達・輸送を担いうる存在であったと考えられる。それは、毛利氏の財政運用を担いうる特権商人「倉本」[120]の一例ではあるが、その人数が多いことや、杵築大社「御供宿」経営者を中心とする都市上層部であること、それぞれの経済的実力などを勘案すれば、都市杵築全体の掌握においても最も重要な役割を演じた可能性が高い。

おわりに

以上のように、十六世紀前半(尼子経久の時代)において出雲国周辺諸国に及ぶ宗教的中心機能を担った都市杵築は、銀の産出量増大に起因する西日本海水運の構造転換の影響を強く受けて、十六世紀後半には経済的中心機能の及ぶ範囲をも次第に拡大していったと考えられる。そのため戦国期大名権力にとって都市杵築は、出雲国の領域支配を実現する最も重要な拠点となった。

ところで、十七世紀以降の都市杵築は、十六世紀後半に引き続いて「発展」したわけではなかった。それは第一に、自然条件の変化によっている。寛永十六年（一六三九）、出雲平野を襲った洪水により、斐伊川の水が全て宍道湖に流れ込むようになったのである。これによって、河川水運と日本海水運の結節点としての側面が大きく後退し、「湊（杵築浦）」部分については次第に消滅していったと考えられる。

第二に、言うまでもなく幕藩体制が次第に整いはじめたことである。具体的には、幕府による石見銀山支配の強化、鎖国政策、寛文八年（一六六八）の銀輸出の禁止等々によって、東アジア交易圏とのつながりが相対的に薄れていったこと、堀尾氏が建設した城下町松江が領国経済の中心地となっていったことである。これによって、杵築はその経済的中心機能を大きく後退させていった。

そして、このような変化の背景や前提でもあるが、第三に石見銀山自体の産出量が十七世紀後半から徐々に減少したこと、これと対応するように、世界的な規模で経済活動が停滞に向かったことである。これによって、西日本海水運は再び大きな変貌を遂げ、十六世紀において形成された構造を重要な前提としながらも、北前船の航路と化した。

しかし、杵築大社信仰圏の中核としての側面、及び日本海水運との接点とについては根強く存在し、近世を通じて在町としての杵築を支え続けた。具体的には、御師の活動の広域化であり、巨大な廻船業者（藤間家）の活動である。このことは、十六世紀における「発展」と称すべき状況が何によってもたらされたものであったかを、端的に示している。

東アジアのみならず世界史の趨勢を左右した広域流通構造の変動から、地域社会は様々な強い影響を受けたと考えられる。これは、戦国期という時代が持つとりわけ際立った特質であると考えられる。大名・領主・在地のそれぞれがきわめて強力な自立（自律）性を発揮し、連合を組みながら覇権を争ったこの時代は、必ずしも地道な生産力・技術力の向上にのみ拠っていない。むしろ、巨大な物流の渦中に巻き込まれ、全般的な流通の活発化を招来し、それぞれが守るべき権益を複雑化させたことが、大きな要因の一つであったと考えられる。それゆえ、当該期においては、商業・商人秩序の問題がとりわけ重要な意味を持ったと考えられる。商人（及び商人的性格を併せ持つあらゆる存在）たちが織り成した経済構造は、それ自体が近世へ引き継がれなかった場合においても、政治的・社会的変動の鍵を握っていたと考えられるからである。

中世の商業は、広域的なものであればあるほど、商人が権力と結び付くことによって獲得した種々の特権と、取扱商品の希少性とに依拠して維持・拡大される性格が濃厚である。しかし、圧倒的な物流の増大はその特権自体をも淘汰したのであり、そこに権力が流通をとらえる限界性が露呈されている。その根本的な克服には、結局は権力による武力の独占と海禁が必要であったと考えられる。

尼子氏による杵築大社や都市杵築に対する政策は、単に抽象的な宗教政策や経済基盤の強化策にとどまるものではなく、まさに領域的地域支配に直結する問題であったと考えられる。そこには、尼子氏という広域的領域支配権力の持つ歴史的性格や独自性（独自な志向性）が、集中的に現れている。とりわけ、「御供宿」経営者の護持者として地域社会に臨むことは、郷村内部の個々の人々に帰属意識を醸成させる可能性を高めるものとして、きわめて重要である。しかし、尼子氏の諸政策からは、郷村を圧伏し、その自立（自律）性を否定していくような性格は見出せない。また、杵築法度の制定、「杵築相物親方」の安堵、「杵築御蔵本」の任命という尼子氏・毛利氏の一連の政策は、大名権力側の支配の進展と評価することも可能であるが、その実状は、杵築の「発展」過程のそれぞれの段階において選択された最も現実的な対応とみる方がより正確である。尼子氏とは、地域社会の既存の諸秩序や戦国期における経済変動に大きく規定された存在であったと考えられる。

註

（1）「対外関係史」の研究史については、田中健夫『中世対外関係史』（一九七五年）、関周一「中世『対外関係史』研究の動向と課題」（『史境』二八、一九九四年）を参照。現在の研究段階は、村井章介『中世倭人伝』（一九九三年）、大隅和雄・村井章介編『中世後期における東アジアの国際関係』（一九九七年）などのように、東アジア海域を、「関係」史としてではなく、「国家」の枠を越えた多民族性・星雲状態の「地域」として捉えており、以下においてもそれを前提として考察したい。

（2）歴史学研究会日本中世史部会「小特集シンポジウム　日本中世の地域社会」（『歴史学研究』六七四、一九九五年）。

（3）中世都市杵築に関する研究史としては、井上寛司「中世杵築大社々領支配の構造と特質」（『大社町史研究紀要』四、一九八九年）、岸田裕之「大名領国下における杵築相物親方坪内氏の動向と性格」（同上）、山崎裕二「中世都市杵築の性格」（『島根大学教育学部附属中学校研究紀要』三二、一九八九年）、『大社町史』上巻（一九九一年）がある。

（4）「地域」概念については、ひとまずその重層性・伸縮自在性、アイデンティティの複合性、そこから一つを選びとる戦略性（板垣雄三「序章」『シリーズ世界史への問い8　歴史のなかの地域』一九九〇年）の、いずれにも目配りしながら検討する必要を感じる。杵築の周辺「地域」を複層的・可変的にとらえ、求心化しない側面をも重視するのは、そのためである。

（5）M・ウェーバー『都市の類型学』（世良晃志郎訳、一九六四年）。

（6）E・エネン『ヨーロッパの中世都市』（佐々木克巳訳、一九八七年）。

（7）千家家所蔵。『大社町史　上巻』口絵収載。

（8）康永二年六月八日国造出雲清孝所領配分状（「千家家文書」〈『大社』四五四〉）。

（9）前掲註(8)史料。

（10）「赤塚家文書」（『大社』六八五）。

（11）北島家所蔵。『大社町史　下巻』口絵収載。梶谷実「慶長絵図の考察――紙本著色杵築大社近郷絵図――」（『大社町史研究紀要』一〈一九八六年〉）。

（12）「北島家文書」（『大社』二三二六）、「佐草家文書」所収写（『大社』二三二七）。

(13) 寛永二年四月五日杵築御検地帳（広島大学附属図書館所蔵）による。

(14) 国造北島氏領不知行分付立（「佐草家文書」〈『大社』二三三七〉）。天正十七年五月に殺害された北島重孝（文禄三年秋上久国覚書〈「佐草家文書」〉）の持分が記載されているので、これ以前のものである。

(15) 「坪内家文書」（『大社』一一九五）。

(16) 永禄十二年の九月十四日秋上宗信書状（「坪内家文書」〈『大社』一六八九〉）など。

(17) 「佐草家文書」（『大社』一二五五）、「千家家文書」（『大社』一三七八）。

(18) 永和元年三月十日直孝宛行状（「北島家文書」〈『大社』五五四〉）。

(19) 『日本歴史地名大系33　島根県の地名』三二五頁。中世の杵築には、そこに挙げられた十六ヶ寺以外にも、越峠の秀孝院、仮宮の地蔵堂・吉祥坊、赤塚の与楽庵、具体的な所在地は不明ながら杵築の内に聖財院（生財院）・清光院・惣持院・菩薩寺・隣光院など、きわめて多数の寺院が存在した。

(20) 「千家家文書」（『大社』一三七八）。

(21) 「佐草家文書」（『大社』二四七六）。

(22) 「榑へキ」は『大社』一〇七一、「酒屋」は『大社』一二六五、「舟取」は『大社』一五八九、「米屋」は『大社』一八四〇、「風呂屋」は『大社』一八七三、「番匠」は『大社』二一五〇、「ぬし」は『大社』二二一六、「大鋸」「さこや」「銀屋」は『大社』二三一〇、「くしや」「豆屋」は『大社』二三二一、「かミゆい」は『大社』二三一二、「うつほや」「かちや」は『大社』二三二六、「いわしや」は『大社』二三四二、「せんたう」「とい」は『大社』二三三七、「塩屋」「船大工」は寛永二年検地帳。

(23) 新城常三『新稿社寺参詣の社会経済史的研究』（一九八二年）。

(24) 藤岡大拙「出雲大社の御師」（『茶道雑誌』三九―一一〈一九七五年〉、のち同著『島根地方史論攷』〈一九八七年〉収載）。

(25) 二月二十日吉川元春書状（『毛利家文書』『大日本古文書　家わけ八』七九一）。

(26) 井上寛司「中世の都市・平田」（『郷土史ひらた』2、一九九一年）。

(27) 前掲註(3)井上氏論文。

(28) 拙稿「中世後期の塩冶氏と出雲平野」（『古代文化叢書3　富家文書』一九九七年）。

(29) 第一編第二章、及び前掲註(28)所引拙稿参照。

(30)　年未詳六月十八日平田目代等連署書状（「坪内家文書」〈『大社』一六八〇〉）によれば、来次商人は小津（現平田市小津町）・宇道（現大社町鵜峠）における商業活動を、平田商人は来次における商業活動を、それぞれ非難されており、論点はその事実認定に絞られていることから、取り決められた営業圏自体については相互に承認し合っていたことが知られる。

(31)　前掲註(28)拙稿。

(32)　文安二年十月四日影山道桂起請文（「富家文書」〈『大社』七一九〉）、明応五年三月十一日国造北島高孝注文（「北島家文書」〈『大社』九四七〉）。

(33)　文明十六年十一月二十七日矢田助貞等寄進状（「鰐淵寺文書」〈『大社』八七九〉）、天文十五年九月二十六日秋上重孝他十一名連署書状（「坪内家文書」〈『大社』一一九五〉）、毛利元就袖判日御崎社定灯領目録断簡（「日御碕神社文書」〈『大社』一七八九〉）など。

(34)　例えば、杵築の有力商人坪内氏の本拠は、高浜郷の坪之内名であった可能性がある（明応三年正月七日杵築大社歩射神事差定状〈「佐草家文書」『大社』九三二〉）。また、江角氏は国富郷・直江郷・武志郷など、高橋氏は阿吾郷・直江郷・武志郷・求院郷など、出雲平野の郷村内に広く同族の権益や基盤を展開させていた可能性が高い（永禄四年十月二十三日尼子義久袖判奉行人連署奉書〈「鰐淵寺文書」『大社』一四三四〉、天正十二年十二月二十八日千菜五郎左衛門起請文写〈「千家所蔵古文書写乙」『大社』二一〇五〉、天正十九年十一月朔日毛利様御代御検地帳〈「稲田家文書」『新修島根県史　史料篇2　近世（上）』二二頁〉、同十二月五日毛利氏奉行人連署打渡坪付〈「別火家文書」『大社』二三一三〉、同年十二月二十日毛利氏奉行人連署打渡坪付写〈『閥閲録遺漏』一ノ二　倉田玄順〉による）。なお、これらは名字以外に手がかりはなく、それぞれの人物の系譜関係・族的結合の有無がわからないので、あくまで蓋然性を示すものである。例えば江角氏については、天正十九年に直江郷の公文給を知行しており、直江郷の郷村指導者が十六世紀前半以前に一族を杵築に進出させた可能性も想定されるが、確証はない。

(35)　中世山陰海岸と朝鮮との交流については、杉原隆「日朝交渉史における山陰海岸の位置」（『島根県高等学校教育研究連合会研究紀要』一三、一九七七年）、高橋公明「中世西日本海地域と対外交流」（『海と列島文化2　日本海と出雲世界』一九九一年）、関周一「中世山陰地域と朝鮮との交流」（内藤正中編『山陰地域における日朝交流の歴史的展開』一九九四年）などがある。

(36)　中村栄孝「太平記に見える高麗人の来朝」（『日鮮関係史の研究』上巻、一九六五年）。

(37)　村井章介「文書にみる国家と社会――対外関係を軸に――」（『別冊朝日百科　日本の歴史5』一九八九年）における「旱霖集」

〈『続群書類従』巻三二四〉の解説による。

(38) 前掲註(37)村井氏解説。

(39) 『世宗実録』巻七　世宗二年閏正月甲申条。前掲註(35)高橋氏論文などによる。

(40) 『臥雲日件録』寛正五年三月二十三日条。井上寛司「中世山陰における水運と都市の発達」(有光友学編『戦国期権力と地域社会』一九八六年)による。

(41) 『成宗実録』巻二四七　成宗二十一年十一月甲午条。前掲註(35)関氏論文による。

(42) 山崎裕二「中世宇龍浦の性格について」(『ふるさと日御碕』5、一九七八年)、『大社町史　上巻』(一九九一年)。

(43) 『海東諸国紀』。「留関」を宇龍浦を指すものとみる点については、井上寛司「中世西日本海地域の水運と交流」(『海と列島文化2　日本海と出雲世界』一九九一年)註(19)を参照。

(44) 十月二十一日尼子氏奉行人連署書状(「日御碕神社文書」〈『大社』一七〇八〉)、永禄十二年十一月六日尼子勝久安堵状(同上〈『大社』一七一二〉)。後文書によれば、勝久は前文書において御崎社へ寄進した「宇龍鉄駄別」について、「於杵築右之駄別納来由申」した人物があったので、一旦は別人に与えたことが知られる。しかし「先年」より以後は「宇龍」において徴収していたことに誤りないので、御崎社へ安堵すると述べている。このことは、「先年」(おそらくは永禄四年頃か)以前、「鉄駄別」が杵築において徴収されていたことを裏付けるものであり、また宇龍における徴収を主張・承認したのは御崎社と尼子氏側の認識にすぎない可能性を窺わせている。

(45) 閏五月四日来次市庭中黒印状(「坪内家文書」〈『大社』一七一二〉)。

(46) 前掲註(43)井上氏論文、『温泉津町誌』上巻(一九九四年)。なお、本節の論旨に関しては、その初出論文(拙稿「中世都市杵築の発展と地域社会」〈『史学研究』二二〇、一九九八年〉)に対して、矢田俊文氏から、①「北東日本海経済圏」を視野に入れておらず、②「西日本海経済圏の広域化」という捉え方では不十分である、との批判を寄せられた(同氏「中世水運と物資流通システム」〈『日本史研究』四四八、一九九九年〉)。①は全くその通りであるが、②は、私はそのような捉え方はしていないので、誤解である。

(47) 戦国期の石見銀山に関する研究史は、小葉田淳「石見銀山——江戸初期にいたる——」(『日本鉱山史の研究』一九六八年)が今なお研究水準を示すものであるが、島根県教育委員会『第2回　石見銀山歴史文献研究会報告書』(一九九七年)など、注目される研究成果が公表されつつある。秋山伸隆氏の口頭報告「毛利氏の石見銀山・温泉津支配」（一九九七年度科研基盤B調査研究報告〈於大田市〉）からは、毛利氏による銀山支配がその最末期においても流通課税に依拠した間接的なものであったことなど、大きな示唆を与えられた。

(48)『中宗実録』巻九八に見られる中宗三十七年（一五四二）四月庚午条「商物内銀多至八万」、同年閏五月庚午条「倭国造銀未及十年、流布我国、已為賤物」との記述は、貿易品として大量の銀が流出し始めたことを示すものとして著名である。前掲註(1)村井氏著書参照。

(49) 山口啓二「金銀山の技術と社会」（『講座・日本技術の社会5　採鉱と冶金』一九八三年）。

(50) フェルナン・ヴァス・ドラード「日本図」（一五六八年、松本賢一『南蛮紅毛日本地図集成』）に R. AS MINAS DAPRATA（銀鉱山王国）、テイセラ「日本図」（一五九五年版『世界の舞台』所収、神戸市立博物館所蔵）に、Argenti fodinae（銀鉱山）と記されているのをはじめ、十六世紀後半から十七世紀に描かれた日本地図によれば、石見銀山に相当する場所には、ほとんど必ず「銀鉱山」の表記が見られる。

(51) 荒野泰典「日本型華夷秩序の形成」（『日本の社会史1』一九九二年）。

(52) 岸本美緒『清代中国の物価と経済変動』（一九九七年）。

(53) 岸本美緒「清朝とユーラシア」（『講座世界史2　近代世界への道』一九九五年）。

(54) 前掲註(1)村井氏著書。

(55) 関周一「東アジア海域の交流と対馬・博多」（『歴史学研究』七〇三、一九九七年）。

(56) 川勝平太『日本文明と近代西洋』（一九九一年）、同『文明の海洋史観』（一九九七年）、角山栄『アジア　ルネサンス』（一九九五年）。

(57) 前掲註(52)岸本氏著書。その数量的な見積もりには諸説あり、斯波義信「一六、一七世紀における中国の海事交渉と銀需要」（島根県教育委員会『第2回石見銀山歴史文献研究会報告書』一九九七年）によれば、一六〇〇年以前の日本銀総輸入量の推計には五〇〇〜九〇〇トンの幅がある。

(58) 前掲註(56)角山氏著書。

(59) 前掲註(47)小葉田氏論文。

(60) 島根県教育委員会・大田市教育委員会『石見銀山　遺跡発掘調査概報1』(一九九七年)、大田市教育委員会『石見銀山遺跡発掘調査概要8』(一九九七年)、島根県教育委員会・大田市教育委員会『石見銀山遺跡発掘調査報告1』(一九九九年)。

(61) 十月十日尼子晴久書状(「坪内家文書」〈『大社』一二六三〉)、天文二十一年十二月二日尼子晴久袖判奉行人連署奉書写(「坪内家文書」〈『大社』一二六四〉)。

(62) 二月五日尼子氏奉行人連署米留印判状(「坪内家文書」〈『大社』一四二一～三〉)。

(63) 銀山の西十キロに位置する温泉津は、特に十六世紀の半ば以降に、毛利氏の山陰計略の拠点として重要性を増した港である(温泉津町『温泉津町誌』上巻〈一九九四年〉)が、銀の積出港であったことがその重要な前提となっていた。

「中書家久公御上京日記」(九州史料刊行会『近世初頭九州紀行記集』〈一九六七年〉所収の島津家編輯所旧蔵本による)には、天正三年(一五七五)、島津家久(義久・義弘の弟)が伊勢参詣の帰途、山陰海岸沿いを西に向かい、浜田より肥前国平戸を経て薩摩へ帰国した行程が記されている。注目されるのは、石見銀山での家久の宿所に大隅国の加治木衆二名が酒を持って現われ、温泉津・浜田滞在中には、鹿児島・坊・泊・秋目・京泊・白羽・東郷など、薩摩半島の要所要所に位置する港町などの「船衆」「町衆」が、入れ代わり立ち代わり家久の宿所を訪れたことである。これらの中には、家久を海路帰国させるために派遣された人物も含まれているが、ほとんどの人物は家久の日記において山陰海岸以外の行程には見られない。とりわけ、家久の出港地として温泉津・浜田が選ばれたこと、伊勢参詣の長い行程の中で家久一行が島津氏領国の関係者にはじめて出交わした場所が石見銀山であったことは、単なる偶然ではないと思われる。その数の多さから見ても、彼らの多くは他ならぬ銀を求めて石見中部の海岸線に集まった幾多の船の一部であった可能性が高い。

(64) 永禄四年十月二十七日尼子氏奉行人連署奉書(「日御碕神社文書」〈『大社』一四三六〉)など。前掲註(40)井上氏論文を参照。

(65) 石井謙治「北国地方における廻船の発達」(福井県郷土誌懇談会編『日本海海運史の研究』〈一九六七年〉、柚木学「近世の日本海水運」(『海と列島文化2　日本海と出雲世界』一九九一年)。矢田俊文氏は、「中世北東日本海交通と都市」(『東北開発研究』九八〈一九九五年〉、のち渡辺信夫編『東北の交流史』〈一九九九年〉収載)、及び「文書・日記が語る北陸──中世北陸のムラとマチと流通──」(北陸中世土器研究会編『中・近世の北陸──考古学が語る社会史──』一九九七年)において「北国船」を「北東日本海経済圏」の船であるとしている。

(66) 前掲註(46)井上氏論文。

(67)　前掲註(1)村井氏著書。
(68)　前掲註(40)井上氏論文。
(69)　天文二十一年三月二十一日杵築掟書条目（「佐草家文書」〈『大社』一二五五〉）。
(70)　永禄元年六月杵築法度条々写（「千家家文書」〈『大社』一三七八〉）。
(71)　前掲註(15)史料、天正四年三月二十七日三沢氏家臣連署書状写（「国造千家所持之内古書類写」〈『大社』一九三八〉）。
(72)　立正大学文学部史学研究室『立正大学蔵岡垣家文書　中世編』（一九九六年）。
(73)　永禄五年の九月四日吉川元春書状写（「藩中諸家古文書纂十五　森脇繁生家」〈『大社』一四七〇〉）。
(74)　天文二十四年三月九日国造千家慶勝宛行状（「坪内家文書」〈『大社』一二八六〉）。その管轄範囲「自河内」（河より内）とは、旧斐伊川河道以北、浜山以西と考えられるので、決して広域的なものではない。
(75)　拙稿「戦国大名毛利氏の徳政——天正七年出雲国一国徳政令を中心として——」（『史学研究』一八三、一九八九年）。
(76)　前掲註(14)史料。
(77)　元亀二年二月二十八日国造北島久孝袖判売券（「藤間家文書」〈『大社』一八〇二〉）。
(78)　九月十九日佐世元嘉書状（「北島家文書」〈『大社』二四四九〉）。秋山伸隆「戦国大名毛利氏の流通支配の性格」（渡辺則文編『産業の発達の地域社会』〈一九八二年〉、のち岸田裕之編『戦国大名論集6　中国大名の研究』〈一九八四年〉に収載）を参照。
(79)　前掲註(30)史料。前掲註(28)所引拙稿参照。
(80)　天正八年に、大社大工神門氏の塩冶郷内給地が毛利氏に没収された際に、神門亀法師の後見を務めていた板蔵源三郎（「神門家文書」。なお「社家所蔵古文書写　神門家」〈『大社』二〇〇三〉に「板倉源二郎」とあるのは、写作成段階の誤読である）は、近世初期の年未詳十一月十二日堀尾一信安堵状写（「工藤文書」〈『出雲市誌』五一一頁〉）に見られる、「塩冶・中村両市目代」板倉源五郎と同族であると思われる。「杵築御蔵本」（前掲註(78)史料）の板倉源右衛門尉も同じ一族と思われる。
(81)　前掲註(71)史料が平田屋の初見であり、すでに杵築大社の「御供宿」経営者となっている。その屋号や、天正十六年九月の平田保熊野権現社棟札（「熊野神社棟札」）に、吉川氏領平田保の「代官」に平田屋佐渡守の名が見られることから、平田町に本拠を持っていたと推測される。
(82)　その実名より見て、「杵築御蔵本」中井善左衛門尉秀家は、尼子氏家臣の中井氏である可能性が高い。後世の記録である「森脇覚書」や「雲陽軍実記」では、元亀元年二月十四日布部山合戦において、十日前に毛利氏方へ転じた中井善左衛門が横道秀綱を討ち取ったと記されていることは、細かい事実関係を確認できないものの、何れかの時期に毛利氏へ与した尼子氏旧臣であることを示唆している。

(83) 天正十九年十二月十四日毛利氏奉行人連署打渡坪付（「別火家文書」〈『大社』二三一〇〉）からは、妙行寺の南に畠を所持する「後家宍道屋」、天正十九年十二月十七日国造北島氏支配屋敷目録（「北島家文書」〈『大社』二三二六〉）からは、市庭の「宇田川蔵助」、中村の「金山二郎左衛門」を確認できる。金山二郎左衛門は、天正十九年十一月朔日毛利様御代御検地帳（「稲田家文書」〈『新修島根県史　史料篇2　近世（上）』二二頁〉）に見られる直江郷の「金山二郎左衛門尉」と同一人物である可能性がある。なお、これらの諸氏が杵築に進出した時期や、それぞれの血縁関係（の有無）などを明確に論証することは難しく、あくまでも全体的な傾向を窺えるのみである。

(84) 杵築大社造営事業の儀式内容や三月会の復活、「大社本願」を軸とする新たな造営費用調達方法、杵築大社の寺院化、杵築における一万部法華経読誦会の執行など（前章及び『大社町史　上巻』を参照）。

(85) 拙稿「出雲国三沢氏の権力編成とその基盤——三沢氏による鉄の掌握——」（『山陰史談』二六、一九九三年）。

(86) 横田荘の六ヶ村には、横田荘鎮守である中村の横田荘八幡宮（中村八幡宮・馬場八幡宮）をはじめ、竹崎村の王子権現社、原口村の原口村天満宮（森本天神宮）、下横田村の熊野新宮権現社（新宮神社）、八川（尾薗）村の本宮八幡宮（尾薗八幡宮・八川八幡宮）が存在した。前掲註(85)所引拙稿参照。

(87) 前章第一節。

(88) 出雲平野における「河除」（堤防）の維持・強化・修復は、一ヶ所の決壊が広範囲に被害を及ぼすことから、各郷村のレベルを越える問題である。各領主は「河除井料」を徴収・備蓄して「河除」の管理を行い（明応五年三月十一日国造北島高孝注文〈「北島家文書」『大社』九四七〉）、戦国期の大名権力は、「河除」決壊時の修復に際し各領主に労働力提供を命じたが、これに従わない場合には強権を発動して各所領内に介入して直接郷村から人夫の徴発を行っている（天文十二年六月二十八日尼子氏奉行人連署鰐淵寺領書立〈「鰐淵寺文書」『大社』一一五五〉）。このいわゆる「公権」は、郷村の自立（自律）性が強まったと思われる室町・戦国期においても、再生産基盤の確保や帰属意識の問題から見て、民衆の日常生活空間に深く関わるものであったと推測される。

(89) 尼子氏の場合、出雲平野の各所（いわゆる直轄領や一族所領以外）において、様々な形で権益を拡大している。

例えば、鰐淵寺領直江郷・国富郷の中には、多数の尼子氏被官抱分の権益（名主職）、買得地・質権地、あるいは「武家」奉公の「百姓」が存在していた（永正十五年十一月十日尼子経久書状〈「鰐淵寺文書」『大社』一〇二六〉、天文十二年六月二十八日尼子氏奉行人連署寺領書立〈同一一五五〉、永禄五年八月十六日毛利氏奉行人連署奉書〈同一四六七〉）。これらの中には、塩冶氏滅亡後に出雲平野における権益を拡大しつつあった尼子国久の抱分名主職（六月二十九日尼子国久書状〈同一一五六〉）や、尼子氏家臣の牛尾幸清が同じ尼子氏家臣の米原新五兵衛尉から永代買得した直江郷倉橋名・肥前名内などの権益（天文十五年四月二十日尼子晴久袖判牛尾幸清売券状〈同一一九三〉）、在地勢力である渡辺重兵衛の逐電によって、尼子氏から家臣の目賀田幸宣に与えられた直江郷菅沢名内などの権益（永禄四年十一月十二日尼子義久袖判奉行人連署奉書〈同一四三八〉）が存在した。

このほか、波根保（郷）内には、尼子氏家臣の目賀田幸宣・松田綱秀や、牛尾幸清らの年季買得権益、塩冶郷栃島村には、牛尾信濃守・屋葺幸保の年季買得権益、亀井久清の永代買得権益二十俵地利が存在した（弘治二年二月十五日尼子氏奉行人連署奉書〈「波根家文書」『新島史』四四一頁〉）。稲岡郷高仏名内と朝山郷鍛冶屋名内には、尼子氏家臣の宇山飛騨守の買得権益が存在した（天文二十一年七月尼子晴久寄進状〈「日御碕神社文書」『大社』一二五七〉、年月日未詳毛利元就袖判日御崎社定灯領注文〈「日御碕神社文書」『大社』一七八九〉）。阿吾郷には、亀井宗兵衛の年季買得地が存在し（天文十四年正月二十六日尼子晴久書状〈「富家文書」『大社』一一八七〉）、富郷内には尼子国久の買得地が存在した（六月一日横道久宗書状〈「富家文書」『大社』一二七五〉）。

これらの事実は、尼子氏による出雲平野への積極的な進出志向を示しており、諸地域社会と密接に関わっていた側面を示している。しかし、このような事態は、尼子氏が全体的・構造的に地域社会を把握しえていなかったことを示すものに他ならず、また同様な事例は出雲国有力国人層をはじめ他の領主権力についても見られたと考えられる。侵攻勢力毛利氏が、鰐淵寺領における「富田為結恩名職相抱人」、「百姓等武家江奉公」、「沽却・質券」を堅く禁じた意図（「鰐淵寺文書」『大社』一四六七）は、寺社の保護と同時に、尼子氏と同じ轍を踏まないためと推測される。

(90)「反銭」については、永禄九年と思われる二月二十日尼子義久書状写（『美作古簡集註解』上巻四七頁）において、江見左衛門佐の「知行分反銭」を免除した例がある。美作国西半国（六郡）の「社男務（さをの司）」については、天文二年十一月二十七日尼子詮久判物（「岡田家文書」〈『岡山県古文書集　第三輯』〉）によって、真島注連大夫に安堵され、二宮における三年一度の神楽祭において「御しめ」等調達の「頭分」として機能していたことが知られる。永和三年十一月十五日某隠岐守書状写（『美作古簡集註解』下巻一七七頁）によれば、注連大夫の権限は南北朝期に遡る。

（91） 前掲註(28)拙稿第三章・第四章、前掲註(85)拙稿を参照。史料的制約により出雲平野と横田荘の事例に依拠しているが、大名直轄領・国衆領・寺社領など多様な領有関係に関わらず、「公文」「名主」「大催」などの機能を果たし得るような郷村指導者層が、役の負担システムをはじめ戦国期の地域社会においてきわめて大きな意味を持ったことは明らかである。

（92） 前掲註(24)藤岡氏論文。

（93） 御供契約が郷村単位であったことは、天文十五年の坪内・吉田御供宿相論の論所となった檀所が「三沢本郷」であったこと、年未詳八月二十六日立原幸隆書状（「坪内家文書」〈『大社』一六〇六〉）に「其村きつき御供被仕立由候」とあること、永禄八年二月十日某袖判奉行人連署奉書（「坪内家文書」〈『大社』一五四一〉）において契約された檀所が「大東本郷之内、六日市・田中村両所」であったことなどから窺い知ることができる。契約は、領主の所領単位になされたわけではないと考えられる。

また、御師と檀所とのトラブルの多くは、郷村地下中を当事者とした。例えば、年未詳十一月八日立原幸隆書状（「坪内家文書」〈『大社』一六一三〉）は、基本的には坪内氏と飯田氏の相論であるが、「いゝ田者共も、又其地下中も」坪内氏への止宿を忌避していることは、相論の背景に飯田氏所領の地下中側の意向があった可能性を示している。年未詳九月十一日石橋秀清他三名連署書状（「坪内家文書」〈『大社』一六八七〉）、同日本田幸勝書状（「坪内家文書」〈『大社』一六八八〉）は、「外波之者共」が伯耆国日野郡外波村（現鳥取県日野郡日南町）の地下中であると考えられるので、出雲国能義郡・伯耆国日野郡方面のいくつかの「村」と坪内氏との紛争であると思われる。注目されるのは「村々之引付」「自先年之引付」という村側の主張する先例の存在であり、それが御師側の主張と異なる場合があったことを示している。永禄十一年十一月十八日牛尾就忠書状（「坪内家文書」〈『大社』一六六五～七〉）は、坪内氏と「安来地下中」の紛争である。

なお、各領主の所領・知行地の範囲が郷村内部に細分化されている場合も想定されるが、ここに「御供宿」契約において大名権力の存在が要請される一つの理由があったと考えられる。

（94） 「佐草家文書」（『大社』一一一六）。

（95） 永禄十二年のものと思われる九月十四日秋上宗信書状（「坪内家文書」〈『大社』一六八九〉）に、「経久様以来御代々任御判形之旨、拾六室ニ相定、不可有新室」とある。尼子勝久の安堵状には、先例となる判形を発給した尼子氏当主の名前を明記したものが多く、尼子経久が「杵築室数」を限定する判形を実際に発給していた可能性がきわめて高い。

（96） 年未詳十二月六日目賀田幸宣書状（「坪内家文書」〈『大社』一七二二〉）。

(97)　天正二年十月十六日三沢氏家臣連署書状写（「国造千家所持之内古書類写」〈『大社』一八九〇〉）。

(98)　弘治四年六月十四日尼子氏奉行人連署書状（「坪内家文書」〈『大社』一三七七〉）。

(99)　前章第二節*1*、本章第三節*2*を参照。永禄四年に北島氏方から千家氏方へ転じた都市上層部上田久忠の実名も、尼子氏との結び付きを推測させる（永禄四年十一月二日上田久忠起請文写〈「千家所蔵古文書写」『大社』一四三七〉）。

(100)　天文十五年九月二十六日秋上重孝他十一名連署書状（「坪内家文書」〈『大社』一一九五〉）には、尼子晴久が在陣中であるので裁決できないこと、「御上意（晴久の意向）」に従って問題を処理する旨が述べられている。

(101)　天文二十四年三月九日千家慶勝宛行状（「坪内家文書」〈『大社』一二八六〉）。

(102)　第一編第一章第二節*1*を参照。

(103)　富田川河床遺跡からの出土品が十六世紀以降に集中して現れることは、この時期における町場の拡大、すなわち商職人を含む人口の増大を窺わせている。

(104)　永禄六年の八月十五日毛利元就書状写（『閥閲録』巻一一九〈福井十郎兵衛〉）に、福井十郎兵衛（景吉と推測される）に対して「北島殿え返状」を書いたのでそちらへ届ける、と述べているので、福井景吉の杵築在身は少なくともこれ以前に遡る。永禄九年十二月二十八日北島秀孝安堵状（「岡垣家文書」〈『大社』一六二二〉）には「福井出雲守当所為押逗留候」と明記されている。永禄六～七年（『閥閲録』の傍注は誤り）の七月九日毛利元就書状写（『閥閲録』巻一一九〈福井〉）に「其近辺浦々船数之儀、無残可差出催早々可申付候」とあるように、杵築における景吉の様々な活動（国造家への命令伝達、相続安堵の実務、毛利氏主催の連歌会・千部経読誦会の執行、三月会や町場に関わる問題の処理〈「森脇家文書」「毛利氏四代実録考証論断」「岩屋寺文書」「佐草家文書」「別火家文書」等による〉）の中でも、輸送船・兵船の確保は最も重要な任務であったと思われる。

(105)　七月二十四日毛利元就他二名連署書状写（『閥閲録』巻三一〈山田吉兵衛〉）、元亀元年の五月十六日毛利元就書状（「毛利家文書」〈『大日本古文書　家わけ八』五七二〉）、正月十九日毛利元就書状写（『閥閲録』巻五〈毛利宇右衛門〉）など。

(106)　三月二十日益田藤兼書状（堀勇「杵築大社別火職の古文書」〈『大社の史話』八六〉所引史料）より藤兼が「蔵本」を任命したこと、正月十九日毛利元就書状写（『閥閲録』巻五〈毛利宇右衛門〉）より、石見国沿岸部の領主に杵築浦へ指し廻す船の調達を命じたことが知られる。また九月四日毛利元就書状写（『閥閲録』巻六〈毛利伊勢〉）より、益田氏が杵築に在陣していることが確認できる。

(107) 武広景重については、元亀三年の七月九日養拙斎周棟書状写（「千家家文書」〈『大社』一八四五〉）、同年八月十四日毛利氏奉行人連署奉書写（「国造千家所持之内古書類写」〈『大社』一八四八〉）、同年十一月十日養拙斎周棟書状写（同上〈『大社』一八七〇〉）、元亀四年正月二十七日武広景重書状写（「千家所蔵古文書写」〈『大社』一八七三〉）など。市来氏については、天正十三年と思われる二月十六日北島久孝書状（「佐草家文書」〈『大社』二一〇七〉）、同年と思われる二月十七日吉川元春書状（「日御碕神社文書」〈『大社』二一〇八〉）など。いずれも毛利氏の徳政をめぐる紛争の処理などに当たっている。児玉元言と田中信重については、文禄二年二月二十日佐世元嘉書状写（「佐草家文書」〈『大社』二三七六〉）、同年の八月七日田中信重・児玉元言連署打渡坪付（同上〈『大社』二三八五〉）などによる。

(108) 永禄七年九月三日毛利元就袖判小倉元悦奉書（「坪内家文書」〈『大社』一五三三〉）。

(109) 永禄九年の三月二十八日毛利元就書状（「坪内家文書」〈『大社』一五八三〉）では、「於杵築諸役」を免除され、十一月十八日吉川氏奉行人連署書状（「坪内家文書」〈『大社』二一九〇〉）では、「先年あらわひ」陣以来の由緒を根拠に、「御供宿」経営者間の相論において吉川氏の援助を得ている。天正八年閏三月二十一日国司元武書状（「坪内家文書」〈『大社』一九九七〉）において、「先年嶋根日頼（毛利元就）様御在陣之時、別而馳走仕者」として徳政令を免除されている。

(110) 前掲註(78)史料。

(111) 天正五年八月二十七日上田春信請文（「佐草家文書」〈『大社』一九六九〉）。

(112) 元亀三年の六月晦日吉川元春・福原貞俊連署書状（「千家家文書」〈『大社』一八四四〉）。

(113) 前掲註(81)参照。平田屋氏が毛利氏によって広島町人頭に任じられたことについては、「知新集」（『新修広島市史』第六巻）。河合正治「広島築城と城下町の成立」（『新修広島市史』一九六一年）、藤木久志「大名領国の経済構造」（『日本経済史大系2中世』一九六五年）、前掲註(78)秋山氏論文を参照。

(114) 文禄三年秋上久国覚書（「佐草家文書」）。

(115) 文禄二年の十二月十三日佐世元嘉書状（「日御碕神社文書」〈『大社』二四〇七〉）、正月二十八日佐世元嘉書状（「日御碕神社文書」〈『大社』二四一九〉）、文禄三年の正月二十九日中井嘉澄書状（「日御碕神社文書」〈『大社』二四二〇〉）、二月九日中井秀家他二名連署書状（「日御碕神社文書」〈『大社』二四二二〉）、二月十五日佐世元嘉書状（「日御碕神社文書」〈『大社』二四二三〉）。

(116) 文禄二年の十二月十三日佐世元嘉書状（「日御碕神社文書」〈『大社』二四〇七〉）、文禄三年の正月二十九日中井嘉澄状（「日御碕神社文書」〈『大社』二四二〇〉）。

(117)　前掲註(78)史料。

(118)　七月四日高橋慶信書状（「秋上家文書」〈『大社』二二八四〉）。

(119)　文禄二年の十二月十三日佐世元嘉書状（「日御碕神社文書」〈『大社』二四〇七〉）。

(120)　前掲註(78)秋山氏論文。

結　論

最後に、本書を通じて明らかにできた点をまとめるとともに、それを踏まえて、戦国期大名権力の歴史的性格に関する考察を深めてみたい。

I　尼子氏権力の実像とその性格

第一編「尼子氏権力の実像」においては、大名としての尼子氏権力の実態を本国出雲国とそれ以外の他国のそれぞれについて追究した。

まず出雲国における尼子氏の「権力」は、同国内最大の経済的要地である美保関・塩冶郷・横田荘を順次掌握し、そのそれぞれを基盤として大きな実力を有していた松田氏・塩冶氏・三沢氏を制圧・掌握・討滅・圧迫することによって、段階的に出雲一国規模へ拡大されていった。このことは、十五世紀後半期に松田氏・塩冶氏・三沢氏のそれぞれと領主連合を形成した歴史的経緯を有する多数の国内諸領主についても、統制しうる条件が格段に拡大したことを意味していると考えられる。

とりわけ室町幕府奉公衆でもあった塩冶氏を掌握・討滅したことは、出雲国最大級の経済的要地である塩冶郷とその周辺部を掌握するとともに、十五世紀末に塩冶氏と強固な結び付きを形成した杵築大社へ介入していく重要な足がかりとなったほか、宍道湖・中海水運を掌握するためにも、また斐伊川を介して出雲国北部への進出を企てていた同国最大の領主三沢氏を牽制するためにも、きわめて重要な意味を持っていた。さらに、基本的に守護権限の及ばない奉公衆を排除し、塩冶氏が代官を務めた室町幕府御料所朝山郷を早い時期に尼子氏直轄領へ組み込んでいることなどは、守護京極氏と尼子氏との質的段階差を窺わせる事実である。少なくとも尼子氏は、塩冶氏の掌握と討滅によって、実質的に出雲国を一国規模で支配するための条件を一挙に拡大することができたと考えられる。

尼子氏による他国への侵攻は、出雲国内における塩冶氏の掌握・討滅、三沢氏の圧迫という大きな画期と全く対応する形で展開し、大永・享禄年間、天文年間前半、天文年間後半以降という三つの時期において全く異なる志向性を示している。そのそれぞれの転換点には、尼子氏にとってきわめて深刻な「危機」が存在した。大永・享禄年間の尼子氏は安芸国鏡山城攻略をはじめとする積極的な遠征にもかかわらず、以後は大内氏の反撃に圧倒され、ついには出雲国内の有力領主層との大規模な戦争にまで突入していく。天文年間前半の尼子氏は東（畿内方面）への侵攻を軸にこうした現状を打破し、「権力」の安定・強化を図ったが、安芸国郡山城攻略の失敗と経久の死去によって再び大きな危機に直面した。大内氏を撃退してかろうじて危機を脱した尼子氏は、天文年間後半以降は無理な遠征を慎んで地盤を固め、西（石見銀山方面）の確保（それによって実現される東アジア海域との関わり）に活路を見出そうとした可能性が高い。

以上を通じて最も重要と思われる点は、尼子氏を核とする大名権力の実態は、時期によって全く異なる様相を示しており、その性格を論ずる場合にもこの点に十分な配慮が必要であるということである。経久の時代を尼子氏の全盛期、晴久の時代を衰退期と見るのは、『雲陽軍実記』や『陰徳太平記』の示した解釈であるが、尼子氏権力の実態を見る限り、晴久の時代に領国支配が最も強化され深化したことは間違いない。経久時代の尼子氏は、大名権力の確立と維持を、他国への侵攻に大きく依存して実現しようとした段階と見るべきであろう。

尼子氏の「権力」拡大過程は、有力領主（出雲国の松田氏・塩冶氏・三沢氏、美作国の三浦氏・江見氏）の圧伏を機軸としていることは間違いないし、それなくしては本格的な権力拡大もありえなかったと考えられる。しかし、その意味するところは、単に一有力領主の統制・支配を実現することではなく、既存の政治的関係（有力領主を核とする領主間結合）を活かし領主層一般に対する統制能力を格段に高めるとともに、地域構造（とりわけ流通関係を機軸とする経済構造）に対する深い洞察に基づき、間接的ながら地域社会を掌握していく足がかりを得るという大きな政策構想と不可分であったと考えられる。それらは、室町期の守護京極氏によってついに実現することのできなかった大きな桎梏の解消でもあった。尼子氏がとらえた経済拠点は、それぞれが経済基盤としての意味を持つ以外に、諸地域社会を結び付ける経済的脈管体系を構成する最重要拠点であったと考えられる。また、経久自らがこれらの領主の掌握・圧迫を積極的に目指したことも事実であるが、その内実は存亡の危機をかろうじて脱した結果にすぎない。これらの点からみても、尼子氏が十五世紀末の段階で急速に出雲国を平定したというのは明らかな事実誤認であるし、既存の守護権の継承によって早期に領主層統制能力を獲得しえたとも考えられない。

第二編「尼子氏権力の性格」においては、第一編において明らかになった実態的側面を歴史的に位置づけるため、領国内部の諸地域社会へどのように関わっていくことができたのかという問題を軸に、南北朝期から近世前期にかけての領域支配者と杵築大社の関係の変遷・展開過程を整理しなおすとともに、杵築大社門前町を素材として経済構造の変動が尼子氏権力をいかに規定していたかについて論じた。

まず杵築大社の造営事業・三月会興行は、同社の公的祭祀機関「一宮」としての側面を具現するものであり、そのための造営段銭・頭役の徴集機能は守護の公的領域的支配の成否にも関わる重要な権限であったが、室町中期頃までに停滞・停止していった。その要因は、守護京極氏が国衙勢力の排除に成功しながら、強力な管轄国内支配を実現しえないままその「権力」と「権威」を失っていったこと、守護と両国造家の緊張関係が国造家の自立性を強め、国造家による杵築大社内部編成の強化、両国造家間や塩冶氏・古志氏との結束の強化（＝幕府・守護との対立）が進行したことにあったと考えられる。

十五世紀末における守護京極氏の実態を踏まえるならば、尼子氏が正当性の論理として「守護公権」を持ち出すためには、少なくとも何らかの意味で「守護公権」を自力再生する必要があったと考えられ、三月会の復活、三月会頭役の徴集、造営段銭の徴集などはその具体例である。しかし、尼子氏にとって「守護公権」の継承はあくまでも一つの論拠にすぎなかったと推測され、杵築大社の掌握と改編をみる限り尼子氏は独自な公的領域的支配の実現を目指していった可能性が高い。具体的には、両国造家の惣領、一族・親類衆、被官層以下とについて順次直接個別的に掌握し、とりわけ長谷氏・佐草氏を掌握することによって、杵築大社の領主権力としての側面を統制下に組み込んでいった。さらに、「大社本願」の出現・常置化、天正八年遷宮「社奉行」の設置、「延道役」「鎰役」を務める別火氏の掌握などを通じ、国造家から独立した新たな諸機関を杵築大社内部に設置していった。それらの機関が造営・遷宮・三月会・宝殿管理・日常的神事監督など祭祀運営上不可欠な機能を担わされたことにより、国造家の権限が制約され、杵築大社が公的性格を強めることとなった。これは、鰐淵寺内部への直接的介入、末社であった神魂社・日御崎社の自立化の擁護と一貫する尼子氏のねらいを示している。

尼子経久の杵築大社造営には、「大社本願」を軸とする新たな造営費用調達方法を採用し、杵築大社の建造物を仏教色に染め上げ、出雲国を代表する四大密教寺院（鰐淵寺・清水寺・岩屋寺・興法寺）を座頭とする一万部法華経読誦会を執行するなど、旧来とは異なる新たな領域支配者としての姿を鮮明に打ち出そうとする意識的な演出が盛り込まれていた。国造の機能を縮小させて杵築大社を公的祭祀機関として再生させていった戦国期大名権力の一貫した政策は、紛れもなく尼子経久を出発点としている。

尼子氏が杵築大社の改編を重視した大きな理由の一つは、「御供宿」経営者を掌握することであり、その広域的な活動の擁護を通じて領域内地域社会へ介入していくことであったと考えられる。国造家権力の相対化や上官層の掌握は、国造家被官・上官家被官でもあった「御供宿」経営者を尼子氏が直接掌握していくための、重要な前提であったと推測される。

一五四〇年頃に急速に海外へ流出しはじめた「銀」の流れは、物流の全般的増大を生み出し、すでに存在した「鉄」「銅」の流れと交錯して、とりわけ西日本海地域に大きな変動をもたらしたと考えられる。それを窺わせる事例は、温泉津・浜田に南海の船が多数着岸し、一五六〇年前後から宇龍浦へ「北国船」「唐船」が着岸しはじめたこと等である。すでに「鉄の積出港」として重要性を増しつつあった杵築大社の門前町杵築には、こうした広域的流通構造の転換が特に顕著な変動をもたらした。十六世紀の半ば以降、杵築は大きな変貌を遂げていくが、それは杵築周辺地域構造にも大きな変動をもたらした。天文年間後半における尼子氏の政策転換は、これらの事態とも密接に関わっていた可能性が高い。尼子氏が都市杵築の上層部でもあった「御供宿」経営者を掌握していったことは、急速に重要性を高めた都市杵築をめぐる都市政策・周辺地域政策を展開するための、大きな足がかりになったと思われる。

尼子氏による対杵築大社政策や対都市杵築政策は、領域的地域支配に直結する問題であったと考えられる。そこには、尼子氏という広域的領域支配権力の持つ歴史的性格や独自性（独自な志向性）が、集中的に現れている。とりわけ、「御供宿」経営者の護持者として地域社会に臨むことは、郷村内部の個々の人々に帰属意識を醸成させる可能性を高めるものとして重要であった。しかし、尼子氏が領国内の全地域社会へ強力に介入し、その自立（自律）性を奪うような政策を打ち出すことはなかった。また、杵築法度の制定、「杵築相物親方」の安堵、「杵築御蔵本」の任命という尼子氏・毛利氏の一連の政策は、大名権力側の支配の進展と評価することも可能であるが、その実状は、杵築の「発展」過程のそれぞれの段階において選択された最も現実的な対応とみる方がより正確である。尼子氏とは、地域社会の既存の諸秩序や戦国期における経済変動に大きく規定された存在であったと考えられる。

なお、本書では紙数の関係から、尼子氏家臣団や直轄領の全体像・具体像を提示することができなかったが、家臣団内部において京極氏家臣の系譜を引く人物の占める割合はきわめて低く、彼らの残存を以て「守護権力」の指標とすることは疑問である。

II　戦国期大名権力の歴史的位置

尼子氏権力の実態を以て、そのまま戦国期大名権力全体を論ずることはできない。しかし、とりわけ戦国期における「守護公権」「守護権限」の位置づけを明らかにする際には、尼子氏は恰好の素材であると考えられる。尼子氏の実態をも踏まえるならば、戦国期大名権力の基本的特徴はおおよそ以下のようにとらえることが可能である。

戦国期大名権力に共通する重要な点は、大名家自体が有力な個別領主権力として土着していたことであり、大なり小なり、外部からも内部からも他の領主層に抜きんでた存在として認識され、他の領主層に対する統制・支配が、いかに限定された形であるにせよ独自に実現されていたことである。池享氏は「主従制的編成」、黒田基樹氏は「封建的主従制」と規定して、この後者の点をとりわけ強調している。(1) その統制・支配を外部から見た場合、領主層の「権力」の結集（なかんずく領主層の持つ武力の集合体）として現出するところに大きな意味があり、たとえ大名家と他の領主家が実態として対等に近い存在であっても、またいかに大名家と他の領主との実態的関係が多様で不均質であっても、一つの権力体として立ち現れている際には、あくまでも一大名家の統制下に位置づけられていた。戦国期大名権力の本質は、大名家の直接の基盤（一領主権力としての基盤である家臣団や直轄領）にあるのではなく、有力領主層の統制によって結集された武力全体がその根幹をなすものであったと考えられる。

さらに、戦国期大名権力による地域社会に対する独自な公的領域的支配の実現は、あくまでも志向性に止まるものであったと考えられる。郷村の自立（自律）性の強さは、強大な戦国大名領国内においても一般的・普遍的なあり方であったとみるべきである。(2) 戦国期の大名が自らの支配領域を「国家」(3) と称した事実があるが、それはあくまでも大名側とその統制下に入っている段階の領主層の側の論理にすぎないのであって、領域内全階層の帰属意識にまで踏み込めるような「国家」ではないと考えられる。池享氏は、「大名領国制」を「地域的封建権力による一国人領を越えた独自の公的領域的支配制度」(4) と定義づけたが、池氏が指摘する全剰余労働を収奪し村の自立性を全面否定するような公的領域的支配制度は、戦国期段階においては確立しなかった。在地社会の側がその支配制度をどのような形で受け入れたか（あるいは受け入れなかったか）は、一大名権力の支配領域内においても様々であったからである。また、支配下の各領主が「農民に対する農奴制的支配」(5) を行っているかどうかは大名権力成立の条件ではないと考えられる。戦国期大名権力は、領域内諸地域社会との関わりからみる限りもっと相対的な位置づけを与えられるべきである。

従って、「戦国期大名権力」とは、ある一領主家が一国内最大規模の有力領主を含む他の領主層を、（いかに限定された形であっても）独自に統制・支配することによって構成された権力体であり、また戦国期社会の政治・経済変動に大きく規定されて公的領域的支配を独自に志向せざるを得なかった存在であると、ひとまず規定することとしたい。

ここで問題となるのは、ある一領主家が他に抜きんでた存在として、有力領主層の結集を形成・維持し、さらには公的領域的支配を目指すためには、それなりの根拠が必要であったことである。その根拠とは、自らの実力に裏づけられた「権力」と、自ら行使する諸種の「権限」にあったと考えられる。戦国期大名権力において「守護職」が問題となるのは、後者の中に「守護権限」が重要な位置を占めた場合があったからである。

旧鎌倉府管轄下の東国を除く他のほとんどの国々には、十六世紀にも「守護」が存在している。従って、歴史上に戦国期の「守護」が多数実在したことは言うまでもない。ただ、その多くは「権力」を十分には獲得・維持できず、その地位をかろうじて保つにすぎなかった。そのような中で、守護職を保持したまま「権力」を強大化させたもの（武田氏・今川氏・大内氏・大友氏・島津氏）や、「権力」の強大化を前提に守護職を獲得したもの（尼子氏・毛利氏）が例外的に存在した。重要なことは、同じ「守護」でありながら「権力」の強大化に成功したものとそうでないものが存在したということであり、また尼子氏が同時に八ヶ国の「守護職」に補任されたにもかかわらず、因幡・備前・備中・備後四ヶ国については勢力後退を食い止める効果をほとんどもたらさなかったということである。

それゆえ、戦国期大名権力の中に「守護公権」「守護権限」がいかなる位置を占めたのかという問題について、正面から再検討してみる必要があると考えられる。以下においては、この点について、尼子氏を素材としながら現段階における結論を述べることにしたい。

「守護」という地位が戦国期においても意味を残したのは、その機能に対する各々の（多様な）期待であったり、より漠然とした秩序意識によっていたと推測され、いわゆる「守護権」「守護公権」は、「権力」としての側面よりも、「権威」としての側面が重要な意味を持っていたと考えられる。現実の政治過程において室町期の守護家が没落し、非守護家によってその機能（もしくはその一部）や地位が掌握される事態が生じたことは、戦国期社会において守護家を相対化する見方（＝「下克上」）が現れる重要な契機となったが、そのことはただちに「守護」の機能に対する期待や秩序意識が全く失われたことを意味していない。「権威」や家格としての「守護」が重要な意味を持つ局面は、戦国期においても残されていた。その期待や秩序意識は、「守護」の地位にある者がその地位に基づくものと主張して行使する種々の「権限」（＝「守護権限」）を通じて再生産された場合があった。「守護権限」が重要であるのは、そのためである。

「守護権限」には二側面があって、一つは幕府「権力」の一分肢・代行としてのそれであるが、もう一つは幕府による「権力」の事実上の放棄としてのそれである。後者が「守護権限」と称されるのは、「守護」の地位にある者（家）が、その地位に基づくものとして行使する「権限」であるからであって、幕府の「権力」の一分肢として行使されるものだからではない。従って、本来「守護権限」自体に、幕府の「権力」を前提としない、「守護」の地位にある者（家）独自の「権力」を源泉とするものがあったこと（あるいはそうした側面がほとんど不可分に含み込まれていたこと）は自明に類する。

「権力」を、自らの政治的・経済的・軍事的実力に裏づけられた強制力を実際に独自に及ぼしうる可能性の領域であるとした場合、「権限」は、必ず「法」か「権力」にその源泉を有しているが、「権力」もその維持・存続のため自らの正当性を示す何らかの論拠・「法」が不可欠であり、それに基づいて自ら行使する「権限」が存在した。つまり同じ「権限」であっても、上位権力の一分肢としての「権限」なのか、自らの軍事的・経済的・政治的実力に裏づけられた独自な論理に基づく「権限」であるのかによって、その持つ意味は全く異なるのである。また「権力」や「権限」は、「権威」を生み出す重要な契機となるが、「権限」については「権力」の実態が失われても「権威」が存続すれば維持される可能性をも持っている。それゆえ「権限」の実効性は、その名義や形式よりも、実際の「権力」と「権威」の所在に大きく左右される。「権限」が現実に意味を持つ領域が時期的・地域的・階層的にどれだけの範囲であるのか、「権限」の行使によって負担を強いられる側にそれを受け入れたり拒絶したりする観念がどのように存在したかによって、その「権限」の位置づけは全く変わってしまう。すなわち、歴史の表面上に表われた「守護権限」の分析を行う際には、「権力」と「権威」の所在とその変化に細心の注意を払わなければ、それがどのような意味を持ち、どのような位置づけを与えられるべきものか判断できないのである。

守護や戦国期大名権力が行使した「権限」の内、軍事動員権・軍事指揮権・検断権などは、「権力」の裏付けが無い場合、行使することの困難な「権限」と考えられる。これらの「権限」の論理やその標榜のみを以て、軍事力の結集に直接寄与する可能性を論ずることは誤りであるし、規定的な「権力」がどこに存するかを明らかにしなければ、個々の「権限」の位置づけも困難である。戦国期大名権力にとって、これらの「権限」はその行使が実現されない限り自らの正当性を支える論拠となる保障のないものであった。

これに対し、守護・戦国期大名権力が行使する「権限」の内の、段銭など公役賦課権・寺社興行権などについては、軍事動員権や軍事指揮権・検断権に比して（あくまで比較してのことであるが）、「権限」行使の有無が「権力」の所在と関連しない可能性を含んでいる。それは、これらの多くが基本的には平時において発動される「権限」であるからであり、「権限」を行使される側の人間が、とりわけ緊迫した局面において顕在化する「権力」の所在よりも、既存の秩序・「権威」を慣習的に重視する場合が多いためであると推測される。

公役賦課権・寺社興行権は、多くの場合室町期までに国衙から守護へ移行し、戦国期へ向けて拡大・変質されていった「守護権限」の中核をなす権限として、注目されてきたものである。(6) 可能性とすれば戦国期大名権力にとって、既存の「守護権」「守護公権」に依拠する必要性が軍事動員権・軍事指揮権・検断権等に比して大きく、「守護」の地位にあることが重要な意味を持ったと考えられる。もちろん、この場合にもそれらを現実に貫徹させるためには、時に応じて「権力」も必要であったと考えられる。大名家の側から見れば、第一編において取り上げた「権力」が拡大されればされるほど、これらの権限を独自に行使し得る可能性が拡大し、それが実現された場合、公的領域的支配者としての権威が高まり、さらなる「権力」の強化に寄与したものと推測される。

もう一つ、公的領域的支配に関わる最も重要な「権限」とみなされているものに裁判権がある。しかし、笠松宏至氏が西欧中世社会と大きく異なる特質として的確に指摘されているように、「中世における各種裁判権の重層関係は、常に上部権力からの疎外と委任、下部権力における現実的な管轄によって結ばれていた」と考えられ、「権力の拡大・浸透の手段として裁判権の掌握をそのテコに用いる事が殆ど行なわれなかった」ことは、(7)戦国期大名権力の裁判権についても同様であると思われる。裁判権は、相論当事者が大名に対して、日常的結び付きに基づく調停機能を期待し、もしくは調停可能と判断される「権威」として、調停を依頼することによって発動されるものであり、大名権力の実態や性格と直接対応するものではないと考えられる。例えば出訴先の「権威」が「守護」であっても何の不思議もないが、その「権威」が「守護」である必要性は当事者側の認識と判断（＝「守護」の地位にある者が調停能力を発揮して自らの主張を受け入れてくれる可能性が高いと判断すること）によるものであって、必然的なものではない。もちろん、「権力」の強化は、相論当事者の側の認識として大名の「権威」を高め調停依頼の頻度が増加すると推測されるし、裁判権行使の結果発動される強制力の強化に結び付くものである。しかし、実際に裁判権を行使した場合、それが支配の強化に直結するとは限らない。裁決を断行した場合排除された側の支持を失う可能性を否定できないからである。

その意味では、人返し法を以て領主階級を結集させる根本的課題とみなし、その発展の結果、領主階級が結束して一大名権力のもとに国法秩序を形成したとする著名な説や、(8) 国法成立の根本的契機は所領問題であるとし、領主間所領紛争の激化が大名裁判権への期待感を高め、領主層共通の支持を基盤に国法が確立し大名領国制が必然的に形成されたとする説(9)などは、特に注目すべき考え方である。下から（具体的には領主層によって）委任された裁判権の存在が大名権力存立の根幹をなしたとすれば、確かに裁判権行使によって自らの基盤の一部が失われるような事態は、それほど重大な意味を持たなくなるからである。けれども、前者の説においては、人返し問題が領主間の横の秩序によって解消しえない理由と国法秩序形成の必然性が明らかでないし、後者の説については、諸領主間の矛盾が共時的に進行し、「守護」などの既存の秩序に拠らず、また大名権力としての武力の結集・強化を前提とせずに、一国規模で領主層から一権力の裁定を期待されるような事態が現実に広範に起こりうるのかという点に疑問があり、「根本的契機」と位置づけうるかどうかは今一つ判然としない。尼子氏の場合も、「人返」規定を含む「国之法度」を制定していたと考えられるものの、(10)「権力」の段階的な拡大過程を見る限り、領主層の要請によって大名権力が成立した側面よりも、尼子氏自体の拡大志向と危機打開の結果として成立した側面の方が、大きな比重を占めていたことは明らかである。裁判権強化の前提には「権力」強化が不可欠であり、裁判権の行使はむしろ自らの正当性を主張するための方策であって、それを損なわないための装置が国法秩序であったと考えられる。

以上、述べてきたことを踏まえるならば、大名権力が「守護公権」を最も必要としたのは、第一義的には対領主層統制の問題というよりも、領域的支配における権威を獲得し、地域社会とつながる「回路」を手に入れることであったと考えられる。その権威や「回路」自体が室町期においても確立・貫徹しえたものではないし、各国毎に事情も異なっていたが、公役賦課権と寺社興行権を獲得するためには、まずは「守護」の地位にあることが必要不可欠であったと考えられ、それらを行使する正当性を獲得・維持して地域社会へ介入する素地を確保するとともに、その結果として他の領主層に対する優位性を権威の側面から補強しようとしたと考えられる。戦国期の領主層の中には「守護」の統率下に属する論理を保持していたものが存在しており、領主層統制のための論拠として「守護公権」が全く必要ない状況を想定することはできないが、それは言わば「あるに越したことはない」論拠の一つにすぎなかった可能性が高い。尼子氏の場合にも、経久が自らの手で「守護公権」や「守護権限」と同等の権限の行使を復活・再生させていった最大の理由は、地域社会との接点を見出すところにあったと推測される。しかし、より重要な点は、それが地域社会へ介入していく手がかりの一つにすぎなかったと考えられることであり、また実際に公役賦課などを実現するためには領主層を一定度統制しえていることが前提条件であったと推測されることである。戦国期における変動によって、既存の「回路」がそのままでは機能しない局面はむしろ拡大していった可能性が高い。戦国期は、大名権力が段銭徴収権や旧来の寺社興行権の行使のみによってでは、その立場を維持できない段階に入っていったと考えられる。それゆえに、大名権力は独自な公的領域的支配の実現を模索せざるをえなかったのであり、尼子氏が流通の結節点の掌握や杵築大社の改編、「御供宿」経営者の統制・掌握に努めたのはそのためと考えられる。

ところで、実際に尼子氏が幕府から「守護職」を与えられたのは、既に領主層の統制を最も強化し杵築大社の改編や御師の統括を実現していた天文二十一年四月のことである(11)。この補任は、前年の大内義隆の自刃を踏まえた幕府側の意向をも反映したものである可能性が高く、尼子氏はこの機会をとらえて支配の正当性に一つの論拠を加えたのである。従って、実際の「守護職」補任と、支配領域内の諸領主・諸地域社会にとっての「守護公権」とでは、その持つ意味が本質的には全く異なっていたと考えられる。とりわけ、強大化した後で「守護職」に補任された尼子氏・毛利氏については、補任の事実を以て「戦国期の守護権力」と概念規定することはほとんど意味がない。これらの補任によって大名権力が大きな質的変化を遂げた形跡を認められないからである。尼子氏の場合、少なくとも天文年間以降においては、経久によって再生が図られた「守護公権」のみでは公的領域的支配が成り立たない段階に立ち至っていたと推測され、この段階の尼子氏権力の性格を「戦国期の守護権力」と概念規定することは誤りであると考えられる。

最後に残された問題は、十六世紀初期（永正〜大永年間頃）の尼子氏をどのように位置づけるかという点である。経久が「守護公権」の再生を図ったことは、公的領域的支配実現の手がかりとしてとりわけ重要であったと考えられるからである。すなわち、仮に尼子氏が正式な「守護職」補任を経ていなかったとしても、また十五世紀末の守護京極氏との間に歴然とした質的段階差があっても、十六世紀初期の尼子氏に「守護権力」としての側面を見出すことには大きな意味があると考えられる。しかしながら、重要なことはそれが領主層の統制強化に直結するものではなく、また経久自身は明らかに全く新しい領域支配者の姿をも志向していたのであり、「守護権力」としての側面は一つの側面であったということである。十六世紀初期の尼子氏についても、大名権力の本質を「守護権力」と概念規定してしまうことは妥当ではないと考えられる。

既述のように、尼子氏の事例を以て「戦国期大名権力」全般を論じることはできないが、畿内近国でもなく、また守護家でもない尼子氏が「戦国期の守護権力」の典型と位置づけられてきたことは、「戦国期守護」論のみならず戦国期研究全体において特に重要な意味を持っていたと考えられる。しかし、この点について修正が必要であることは、以上述べてきたことによって明らかであろう。戦国期大名権力の根幹をなす部分は、あくまでも大名家と他の領主層との関係の中に見出されるものと考えられる。尼子氏は、国衆本領の安堵に知行高を明示せず、また大内氏や毛利氏の大規模な侵攻の前に領主層の結合が一挙に崩れ去る脆さを併せ持っていたが、そのような権力においてすら、「守護公権」を最も必要としたのは、大名権力存立の根幹に関わる側面ではなかった可能性が高いのである。

最後に、今後への課題を述べて閣筆したい。

まず尼子氏については、さらに新しい史料の発掘に努めるとともに、発掘調査や城館調査が進展するに連れて、より総合的に研究を深めていく必要がある。特に近年、大きな成果を挙げてきた城館跡研究は[12]、尼子氏の武力や権力構造をより緻密に再現する手がかりとなるであろうし、また富田川河床遺跡はなお多くの可能性を秘めており、本拠富田の城下町研究[13]もさらに本格化させていかなければならない。そして、山陰地域をはじめとして中世遺跡・遺物の検出が蓄積されてゆけば、地域の全体構造の究明を進めることが可能となり、尼子氏をより客観的に位置づけることも可能となるであろう。それらを通じ、尼子氏の実態解明がさらに進み、本書において述べた個別の事実にも修正されなければならないものが出てくるであろう。

もう一つは、近世への展望を含めた「戦国期大名権力」全体の歴史的位置づけをより明確化していくことである。本書においては、この点に関するいくつかの回答を得ることができたが、なおきわめて不十分である。とりわけ、地域社会との関係において大名権力を相対化したとしても、戦国期社会が近世へと移行する過程において、各大名権力が（それ自体大きな変質を余儀なくされながら）いかなる役割を果たしたのかという点は、最も重要な問題として検討し続けなければならないであろう。いずれも今後の課題としたい。

註

（1） 池享「大名領国制試論」（永原慶二・佐々木潤之介編『日本中世史研究の軌跡』〈一九八八年〉、のち同著『大名領国制の研究』〈一九九五年〉収載）、黒田基樹「戦国大名北条氏の他国衆統制（一）」（同著『戦国大名領国の支配構造』〈一九九七年〉）。

（2） 第二編第三章第四節参照。現在では、独自な支配システムを最も整備したとされる北条氏でさえも、村落支配に関する専制性には疑問が提起されてきている。則竹雄一「大名領国下における年貢収取と村落」（『歴史学研究』六五一、一九九三年）、同「棟札にみる後北条領国下の地頭と村落」（永原慶二編『大名領国を歩く』一九九三年）参照。

(3) 勝俣鎮夫「一五―一六世紀の日本」(『岩波講座日本通史　中世4』一九九四年、のち同著『戦国時代論』〈一九九六年〉収載)。

(4)(5) 前掲註(1)池氏論文。

(6) 藤木久志「大名領国の経済構造」(『日本経済史大系2　中世』一九六五年)、同「戦国大名制下の守護職と段銭」(『歴史』三二一九六六年、のち同著『戦国社会史論』〈一九七四年〉収載)、同「戦国大名制下における買地安堵制――永正～天文期の伊達氏について――」(『地方史研究』八〇、一九六六年、同上収載)、同「戦国大名について」(『日本の歴史別巻　日本史の発見』一九六九年、のち同著『戦国大名の権力構造』〈一九八七年〉収載)、小林清治「奥州における戦国大名の成立と守護職」(『歴史』三四、一九六七年)、など。

(7) 笠松宏至「中世在地裁判権の一考察」(『日本社会経済史研究　中世編』一九六七年、のち同著『日本中世法史論』〈一九七九年〉収載)。

(8) 藤木久志「戦国法形成過程の一考察」(『歴史学研究』三二三〈一九六七年〉、のち同著『戦国社会史論』〈一九七四年〉収載)。

(9) 池享「大名領国形成期における国人層の動向」(『新潟史学』二〇〈一九八七年〉、のち同著『大名領国制の研究』〈一九九五年〉収載)。

(10) 尼子氏が制定した永禄元年六月杵築法度(「千家家文書」〈『大社』一三七八〉)の五ヶ条目に、「盗賊人之事、守国之法度、可有其沙汰事」、十八ヶ条目に「下人公事之儀、可準国之法度事」とある。この内の後者は、天文二十一年三月二十二日杵築法度(「佐草家文書」〈『大社』一二五五〉)十八ヶ条目の「人返事」に相当する可能性が高い。

(11) 第二編第二章第一節参照。

(12) 島根県教育委員会編『島根県中近世城館跡分布調査報告書』第1集(一九九七年)、同第2集(一九九八年)。

(13) 原慶三「富田城下町の研究」(藤岡大拙編『尼子氏の総合的研究　その一』〈一九九二年〉)。

あとがき

旧出雲国地域に生まれ育った筆者にとって、「尼子氏」というのはあまりにも古めかしい「伝説」めいた存在に感じられた。むしろ強く心をとらえていたのは、鉄を含んだ斐伊川の赤い色、時に神秘的な宍道湖・中海の光景、日本海の美しさ荒々しさであり、それらに奥深く秘められて沈黙しているように思われた歴史への興味関心であった。海・湖・川は、陸とは異なるそれぞれ独自な世界を持っていたと推測されるが、それゆえにこそ、陸の歴史は海・湖・川から見なければわからないし、海・湖・川の歴史も陸から見なければわからない。史料的制約が大きな要因の一つではあったが、「伝説」めいた尼子氏の存在は、そのような視野から戦国時代を理解する大きな妨げとなった。

近代に入って山陰地域が「裏日本」と化し、繁栄から取り残された時、尼子氏は「英雄」となって再びその姿を現した。旧出雲国地域において、「尼子さんの時代」は、「古代出雲王国」に準じる「繁栄」の歴史の証明ととらえられ、アイデンティティーの象徴となった。尼子氏は、まさに「伝説」として語られるところに、重要な存在意義を有したのであろう。

尼子氏を「戦国期の守護権力」と概念規定した今岡典和氏の見解がなぜ重要であったかと言えば、そのような「伝説」を喝破する強いインパクトを持っていたことである。本書の前半では、その「伝説」に対置すべき「実像」の解明を試みた。もちろん、「地域づくり」や「地域の活性化」に「戦国大名」を活用することは誤りではない。しかし、今はもう右のごとき「伝説」がそれなりの意味を持つ時代ではないし、「実像」の背後からは、良きにつけ悪しきにつけ、新鮮で輝きを持った十六世紀の全体像が浮き彫りにされてきた。その中における戦国期大名権力は、きわめて特異な存在に見えてくる。

そうした観点から、戦国期大名権力一般を位置づけ直したいというのが、本書の最も大きな課題であり目的であった。「守護公権」など既存の政治支配秩序が、当該期の諸変動に直面して、どこまでどのような役割を果たしえたものか、という本書における基本的な課題設定も、そのための一つの（しかしきわめて重要な）切り口にすぎない。だから、本書に付させていただいた題名は検討対象そのものを正確に示すものではあるが、目指したところの課題や目的そのものではないし、逆に本書の成果から見ればおこがましい題名である。課題や目的に対する成果の乏しさと、残された課題があまりに多いことを痛感する。

尼子氏に限ってみた場合、その研究の大きな立ち遅れは、散在して伝存する関係史料を全て活字化・公刊し、一人でも多くの人に研究材料として提供することなくしては、決して克服できないものと考えられる。尼子氏研究の基盤整備は、なおこれからの課題であり、その実現のためにできうる限りの努力をしていきたいと思う。

ところで、本書は一九九三年九月に広島大学へ提出した学位請求論文「戦国期大名権力の形成と展開――出雲国尼子氏を素材とする『戦国期守護』論の批判的研究――」の主要部分を基にしている。ただし、厳しい出版事情を踏まえ、尼子氏家臣団と直轄領の全体像を提示した部分（及びそれに関わる部分）は全て割愛したため、本書の論旨の中には、十分意を尽くしえなかったところも残された。例えば、本書において「尼子氏家臣」という用語は、いわゆる「出雲州衆」や他国の尼子方国衆を含まないものと規定して使用している（「直臣」という用語は「尼子氏家臣」の内の当主直属家臣の意味として使用している）。このようなとらえ方自体、多くの研究史とは異なるものであるが、その具体的な根拠などについては言及することができなかった。これらについては、別の機会を期したいと思う。

本書に何らかの形で掲載した既発表論文の初出は、以下のようである。

「戦国期出雲国における大名領国の形成過程」（『史学研究』二〇一、一九九三年）

＝一部改稿して本書第一編第一章に収載した。

「戦国大名尼子氏権力の形成」（『史林』七六―三、一九九三年）

＝塩冶氏に関する具体的な事実を記述した部分を削除し、一部改稿して第一編第二章に収載した。

「尼子氏の美作国支配と国内領主層の動向」（岸田裕之・長谷川博史『岡山県地域の戦国時代史研究』〈『広島大学文学部紀要』第五十五巻特輯号二〉一九九五年）

＝尼子氏家臣団と直轄領に関する部分を削除し、一部改稿して第一編第四章に収載した。

「尼子氏直臣河副久盛と美作倉敷江見久盛」（同右）

＝河副久盛に関わる部分を削除し、一部改稿して第一編第四章補論に収載した。

「中世都市杵築の発展と地域社会――西日本海水運の構造転換――」（『史学研究』二二〇、一九九八年）

＝一部削除・修正して第二編第三章第一節〜第三節に収載した。

学位論文の提出から既に六年半もの月日が流れてしまったことについて釈明の余地はないが、一つには、この間に新出を含む多数の尼子氏関係史料を掲載した『大社町史　史料編』の編纂に携わったことから、同書の公刊を前提に全面改稿を行ったこと、もう一つは、一九九六年度文部省科学研究費補助金（奨励研究A）の助成を受け（研究題目「戦国大名尼子氏の権力基盤に関する研究」）、家臣団や直轄領に関して多くの新たな事実を発見できたことによっている。前者によって、典拠を活字史料によって示すことが可能となり、引用史料の削減と表記の簡略化が可能となった。ただし後者については、既述のように本書においては全て割愛した。このような関係で、数度にわたって全面改稿を繰り返すことになってしまった。既発表論文と比べて、ほとんど原形をとどめない程の加除・修正を行った箇所もある。あらためて、自身の要領の悪さを痛感せざるをえない。本来ならば、それぞれの箇所について注記を付して明記すべきものであるが、本書に何らかの形で掲載した五本の既発表論文の内容については、本書の内容を以て現在の見解とさせていただきたい。

本書の刊行に至るまでには、実に数多くの方々の御世話になった。学生の頃より御指導を賜わり、学位論文の主査を務めていただいた岸田裕之先生には、長年にわたり公私ともにひとかたならぬ御世話をいただいた。また、井上寛司先生からは、史料の所在はもとより、研究者の地域貢献のあり方などについて実に多くのことを教えていただいた。池享氏・矢田俊文氏から折に触れいただいた御叱正や御助言は重要な財産となったし、今岡典和氏の説を批判した拙論の『史林』への掲載を取り次いで下さったのは、他ならぬ今岡氏御自身であった。さらに、学生・院生として御指導を賜わった坂本賞三・有元正雄・谷山正道・秋山伸隆・下向井龍彦の各先生、学位論文の審査をしていただいた頼祺一、向山宏、寺地遵の各先生、「博士論文の公刊はまだか」と度々心配して下さった渡辺則文先生をはじめ、広島大学関係の諸先生方、同大学文学部国史学研究室の諸先輩・同級生・後輩の諸氏、本書に使用させていただいた史料の所蔵者・所蔵機関の方々に対して、厚く御礼を申し上げたい。その他、御世話になった方の数が多すぎて、一々御名前を記せないことをお詫び申し上げたい。

最後に、迷走しかかった本書の刊行に際して、いろいろと御迷惑をおかけしてしまった吉川弘文館に対して、あらためて厚く御礼申し上げたい。

二〇〇〇年四月二十六日

長谷川博史

著者略歴
一九六五年　島根県に生まれる
一九九四年　広島大学大学院文学研究科博士課程修了、博士（文学）
広島大学文学部助手、明石工業高等専門学校准教授などを経て
現在　島根大学教育学部教授

〔主要著書・論文〕
『中世水運と松江』（松江市教育委員会、二〇一三年）
『国人一揆と大名家中』（『岩波講座日本歴史9　中世4』岩波書店、二〇一五年）
『松江市史　通史編2　中世』（共著、松江市、二〇一六年）

戦国大名尼子氏の研究

二〇〇〇年（平成十二）五月二十日　第一刷発行
二〇一八年（平成三十）五月　十　日　第三刷発行

著　者　長《は》谷《せ》川《がわ》博《ひろ》史《し》

発行者　吉　川　道　郎

発行所　株式会社　吉川弘文館
郵便番号一一三—〇〇三三
東京都文京区本郷七丁目二番八号
電話〇三—三八一三—九一五一〈代〉
振替口座〇〇一〇〇—五—二四四番
http://www.yoshikawa-k.co.jp/

印刷＝亜細亜印刷株式会社
製本＝誠製本株式会社
装幀＝山崎　登

ISBN978-4-642-02793-9

索　　引

・尼子氏当主の名は省略した。
・章・節の表題や、図表については、除外した。
・本文と註に重複して用いた用語については、本文のみを採用した。
・各家名・人物名には、必要に応じて基盤の所在地や立場などを〈　〉に略記したが、もとより十全なものではない。別名などは（　）に記した。

I　事項・寺社・城郭

あ　行

か　行

さ　行

た　行

な　行

は　行

ま　行

や　行

ら　行

わ　行

II　人　　名

あ　行

—源次郎 ……………………124, 138, 144
—権次郎 ……………………………138
—左衛門佐 …………………………254
—左馬助 ………………124, 136-138, 143, 144
—久誠(江見氏カ) ……………………152
—久資…105, 106, 116, 124, 125, 142, 144, 146, 147
—久盛…107, 115-118, 124, 125, 138, 143, 144, 146, 147, 149-153
—幽斎 ……………………………………150
—若狭守 ……………………………115, 136
塩冶氏…22, 26, 27, 35-37, 45-85, 87, 94, 108, 162, 168-170, 172, 174, 176, 188, 189, 209, 227, 234, 254, 259-262
—詮清〈庶流〉……………………………49
—氏盛〈山名氏家臣〉……………………80
—興久……………26, 62-65, 75, 79, 82, 87, 209
—五郎左衛門尉〈惣領〉…………………47
—貞綱〈惣領〉 ……………48, 58, 60, 61, 79, 81
—新九郎〈一族〉…………………………58
—周防〈但馬塩冶氏〉……………………80
—高清〈惣領〉……………………………71
—高清〈但馬塩冶氏〉……………………80
—綱〈山名氏家臣〉 …………………42, 80
—豊高〈惣領〉 ………………………47, 80
—豊綱〈山名氏家臣〉 ………………80, 96
—備中守〈庶流〉 ……………………46, 60, 183
—政通 …………………………………79, 80
—光清〈惣領〉……………………………47
—民部丞〈但馬塩冶氏〉…………………57
大内氏…1, 3, 6, 10, 33, 41, 63, 64, 82, 85-87, 90-94, 101, 108-110, 119, 121, 188, 260, 266, 272
—義興………………………………82, 86, 95
—義隆 ……………………37, 92, 118, 121, 271
—義長(晴英) ……………………………92, 98
大河原氏〈美作〉 ……………………111, 114, 122
—貞尚 ……………………103, 104, 111-114, 122
大久保長安 ………………………………205
大熊氏〈塩冶氏庶流〉…46, 48, 49, 66, 168, 170, 173
—上総入道〈社家奉行〉 …………………183
—貞季…………………………48, 49, 60, 162
—次郎左衛門尉……………………………48
—八郎右衛門尉〈社家奉行〉 ……………183
—久家〈尼子国久家臣〉…………………66
—又次郎……………………………………48
大蔵氏〈美作〉 ………………………113, 118
大館常興〈幕府中枢〉……………………90, 211
大友氏…………3, 10, 102, 112, 113, 129, 132, 266
—持直………………………………………28
—義鑑……………………………………90, 109
大催氏〈出雲・横田荘〉 ………………236, 237
小笠原氏〈石見〉…………………………92
小倉元悦〈毛利元就家臣〉 ……………203, 257
小河新右衛門尉〈播磨〉…………………89
小沢頭次郎兵衛〈出雲・塩冶郷高岡村〉………47
小瀬氏〈美作〉 ………………………113, 118
尾副氏〈出雲・朝山郷公文〉……………73, 227
織田氏………………………………10, 117, 153
小田就宗〈毛利元就家臣〉………………73
小野清政〈日御崎社検校〉 ………………183
小野政久〈日御崎社検校〉………………66
小山田氏〈甲斐〉 …………………………3

か　行

香川氏〈毛利氏家臣〉 …………………131, 132
角田八郎左衛門尉〈宇喜多氏家臣〉 …………147
覚日〈出雲泰孝室〉………………………60, 167
影山氏〈富郷代官〉 ………………………227
—道桂 ……………………………………248
笠置氏〈隠岐〉……………………………31
桂元忠〈毛利氏家臣〉……………………78
金子氏〈石見一宮物部神社神主〉…………98, 195
金山二郎左衛門〈出雲・直江郷〉 …………235
神谷寿禎〈博多〉 …………………………229
亀井氏〈津和野藩主〉 ………………102, 113
亀井宗兵衛〈尼子氏家臣〉 ………………254
亀井久清〈尼子氏家臣〉 …………………254
亀井秀綱〈尼子氏家臣〉…………………84, 215
亀井安綱〈尼子氏家臣〉…………………96
河村氏〈江見氏庶流〉 ……………………146
河副玄蕃〈美作・壬生村〉 ………………151
河副久盛〈尼子氏家臣〉…90, 97, 99, 128, 136-138, 149-151
菅一族〈美作〉 ……………………………101
願成寺宥光〈杵築大社社奉行〉 …………200
菅納氏〈美作〉 ……………………………118
上郷氏〈塩冶氏庶流〉……………………48, 49, 51
—泰敏………………………………………49
上郷為治〈三沢氏家臣〉…………………77

さ 行

た　行

—元繁……85
武田元光〈若狭〉……97
武広景重〈毛利氏家臣〉……241
多胡氏〈出雲・意宇郡〉……30
—宗右衛門尉……29
多胡忠重〈尼子氏家臣〉……189
多胡辰敬〈尼子氏家臣〉……92
多治部氏〈備中〉……122
—徳光……122
立原十郎左衛門尉〈尼子氏家臣〉……19
立原久綱〈尼子氏家臣〉……130,132
立原幸隆〈尼子氏家臣〉……65,71,214,255
田中氏〈美作倉敷〉……124,144
—信濃守誠□……105,124,144,152
田中左京亮〈出雲〉……23
田中信重〈毛利氏家臣〉……241
棚守房顕〈厳島社社家〉……99
多祢氏〈出雲・国衙在庁〉……161,162,168,173
—頼茂……161
田総氏〈備後〉……87
丹下氏〈備後〉……91
丹波屋〈杵築御師〉……193,223,233
—彦兵衛尉……193
筒井氏〈大和〉……233
坪内(石田)氏〈杵築御師〉…182,193,194,223,230,233,234,240,248,255
—重吉……193,195,242
—四郎左衛門尉……234,242
—宗五郎……193,223
—彦兵衛尉……242
—孫次郎……193
都万忠綱〈三沢氏大工〉……32
田路氏〈但馬〉……117
藤間氏〈杵築商人〉……244
富氏〈杵築大社上官〉……191
—左衛門大夫……191
—千代菊……191
—孝隆(兵部大輔)……84,191,192,195
—又七……191
友田氏〈厳島社神主〉……87
—興藤……86
鳥屋誠幸〈尼子氏家臣〉……66
鳥屋清誠〈尼子氏家臣〉……66

な　行

中氏〈杵築大社上官〉……181,196
—誠信……212
—弥四郎母……181
中井綱家〈尼子氏家臣〉……72,212
中井久家〈尼子氏家臣〉……129,130
中井氏〈杵築都市住人〉……234,235,242
—秀家〈杵築御蔵本〉……242,243,252,253
—嘉澄……242
長尾勝明〈津山藩家臣〉……128
長瀬氏〈美作倉敷〉……124,144
長谷氏〈杵築大社上官〉…194-198,205,206,208,222,262
—信昌……195-197,214
—久兼……197
—広佐……196
—房孝……194
中村氏〈美作〉……91,110,132
中村氏〈播磨〉……117
鯰氏〈江見氏庶流〉……124,142,143,146
—小太郎…115,124,136,138,142,144,146,152
—若狭守……142,146
南海上人〈杵築大社本願〉……199
南条氏〈伯耆〉……119
難波氏〈美作倉敷〉……124,125,144
新見氏〈備中〉……85,88,108
—国経……64,95,96,108,119,122,129
西(平岡)氏〈杵築大社上官〉…164,181,192,195,196
—国経……181
—塩童丸……67
—直経……181
—彦三郎(春俊)……192
—与四郎……192
西村神大夫〈杵築都市上層部〉……223
布弘氏〈三沢氏一族〉……23,30
沼元氏〈美作〉……118
野口誠次〈美作倉敷〉……105,124,144,152
野波氏〈出雲・島根郡〉……30
—次郎右衛門尉……29

は　行

梅叔法霖……130

ま 行

や　行

ら　行

わ　行

III 地　　名

あ　行

か　行

さ　行

た　行

な　行

は　行

ま　行

や　行

わ　行

IV　研究者名

あ　行

か　行

さ　行

た　行

な　行

は　行

ま　行

や　行

わ　行